那子纯

著

# 洞见

## 国企领导力行知录

中国出版集团有限公司

世界图书出版公司
北京 广州 上海 西安

# 图书在版编目（CIP）数据

洞见：国企领导力行知录/那子纯著. —北京：世界图书出版有限公司北京分公司，
2024.6
ISBN 978-7-5232-0470-2

Ⅰ.①洞… Ⅱ.①那… Ⅲ.①国有企业—企业领导学—中国 Ⅳ.①F279.241

中国国家版本馆CIP数据核字（2024）第103161号

| 书　　名 | 洞见：国企领导力行知录 |
| --- | --- |
| | DONGJIAN |

| 著　　者 | 那子纯 |
| --- | --- |
| 责任编辑 | 罗明钢 |
| 装帧设计 | 崔欣晔 |
| 责任校对 | 王　鑫 |

| 出版发行 | 世界图书出版有限公司北京分公司 |
| --- | --- |
| 地　　址 | 北京市东城区朝内大街137号 |
| 邮　　编 | 100010 |
| 电　　话 | 010-64038355（发行）　64033507（总编室） |
| 网　　址 | http://www.wpcbj.com.cn |
| 邮　　箱 | wpcbjst@vip.163.com |
| 销　　售 | 新华书店 |
| 印　　刷 | 河北鑫彩博图印刷有限公司 |
| 开　　本 | 710mm×1000mm　1/16 |
| 印　　张 | 25.75 |
| 字　　数 | 330千字 |
| 版　　次 | 2024年6月第1版 |
| 印　　次 | 2024年6月第1次印刷 |
| 国际书号 | ISBN 978-7-5232-0470-2 |
| 定　　价 | 89.00元 |

哲学家只是解释世界，问题在于改变世界。

——卡尔·马克思

# 阅读指南

1. 本书所称领导者，不仅仅指在领导岗位上的人，亦泛指一切朝着不易辨识的正确方向、运用独到的专业精神和技能、对他人潜移默化地产生导向和带动作用、能够无形而深刻地影响组织的工作方式与工作成果的人。

2. 全书共分十一部分。第一部分是前言，讲"每一个人都迫切需要提升领导力"；中间九个部分是核心内容，讲国企领导力九个方面内涵及修炼途径；最后一部分是结论，讲"唯有坚韧直行才能在夹缝中成事"。

3. 每部分配有导语，代章节与题目。读者不必逐部分阅读，每部分也不必逐段阅读，完全可以随机翻阅，挑自己感兴趣的看；凡案例，都须对照自己工作和生活中遇到的真实问题来思考，才会经由反思产生良好的效果。

4. 本书源于实践，也指向实践。因此，对于阅读后产生的反思，唯有在工作和生活中进行运用和验证，才会真正汲取到本书的实用价值。

# 成熟领导者、一流培训师的悟道之作

爱读书、爱买书的朋友大都有一种感觉，近年来新书越出越多，可真正值得一读的好书却寥寥无几。有关领导力方面的著述尤其如此。我买过的上百本书中，能让我读下来并感到有收益的，屈指可数。

失望多了，多少长点儿经验。我总结的购书经验有两条：一是上网搜索或到机场、车站的书摊找畅销书，因为许多读者已用真金白银做了一遍筛选；二是买知名的或熟悉学者的新作，他们的成名绝非偶然，想必新作不会差到哪儿去。

那子纯老师就是我喜爱的一位领导力专家。他写的《管理者怎样学习》是迄今为止我读过的最好的一本管理培训专著，不仅见解独到、案例生动、语言精到，而且内容特别丰富，简直称得上是管理培训方面的百科全书。该书四十多万字，我基本上是一口气读完，至今仍放在案头，不时拿出来翻翻，而且每读一遍都有新的心得感悟。

读完那子纯老师的新作《洞见：国企领导力行知录》书稿，我有同样的感觉。本书最大的优点是实用。现今有关领导力方面的论著，多是阐述领导者应当具备的能力素质。仅从这点看，本书提出的人文情怀、责任感、贡献意识、大局观等九条领导力内涵，似无新奇之处。可难得的是，作者简要阐述这些要素的核心要义后，并没有像多数专家那样，广征博引，洋洋洒洒，详尽地论证这些要素如何重要，而是独辟蹊径，结合个人经验体会，重点论述国企领导者应当如何运用这些原则，解决实际工作中经常遇到的各种具体问题。例如，走上领导岗位后会遇到哪些风险？面对复杂情况如何权衡利弊？怎样集中时间和精力抓好主业？领导者要不要关注小事小人物？接到员工的辞职报告后应当怎么处理？明知领导意图后该不该发表不同意见？如何既讲了真话，又不使当事人难堪？什么情况下应主动为部属承担责任？如何承担责任？等等。类似问题，书中至少有两三百个。在体制内当过领导或即将走上领导岗位的人，估计对此都会有浓厚的兴趣。

更难能可贵的是，那老师书中所用的事例，百分之九十以上是他自己的亲身经历。其中，有成功的经验，也有失误的教训；有工作心得，也有人生感悟；有原则的概述，也有细节的描述，一一呈现，娓娓道来，明显地是在用心与读者交流。这也是那老师本人的追求："领导力都在案例里。"我曾在体制内多个单位担任过领导，对于书中许多问题也遇到和处理过，深知解决得好有多么不易。可恰恰是对这类问题的处理，直接影响单位的风气、员工的士气，最能体现一位领导者的能力水平和精神境界。退休后我开始接触管理咨询，结识了不少民营企业家，在私下交谈中，发现真正困扰他们的也是类似问题。可见，这些才是影响领导者成败的关键，应该成为领导学研究的重点。那老师从切身感悟中总结出来的这些思想，想必对各级各类领导者都有借鉴意义。

管理学界曾争议领导与管理有何不同。观点各异，都有一定道理。在我看来，管理与领导的不同，主要在语用方面：管理可以对人、对事、对物，而领导关系只发生在上下级或领导者与追随者之间。中国是一个特别讲究人情世故的社会，越是封闭的单位，内部人际关系越复杂。要想当一个称职的领导，起码是不挨骂或少挨骂的领导，非常不容易。为什么一些管理学专业的硕士博士，走上领导岗位后迟迟不能进入角色，原因也在这里。领导岗位上复杂的人际关系如何处理，不是理论知识能够教得会的。

前些年，港台及海外一些华裔学者回到国内讲领导力，大都围绕着中国式管理这一主题做文章。有些讲的还不错，但也有的越讲越复杂越微妙，最后讲成了管理厚黑学。那老师的这本书完全不同。他讲的是领导问题，读后却能够让人明显感受到一股正气。在领导岗位上，面对各种错综复杂的人际关系，那老师敢于坚持原则，秉公办事，直抒胸臆、仗义执言，不看领导眼色，不计个人得失，尽管有时得不到理解，甚至在职级待遇方面吃点亏，仍无怨无悔，一如既往。正因如此，本书最后给出的结论是：国企领导者"唯有坚韧直行才能在夹缝中成事"。在当下这个讲究实际、实利、实惠的社会，能做到这一点实属不易。在中国特别是在国有企业，要想当一个好领导，不光要有学识本领，研究方式方法，更需要有一种人格境界。我认为，这才是最值得研究和倡导的中国式管理、中国式领导力。

人们常说，书品如人品。那老师之所以能写出这样的书，很大程度上得益于他本人的成长经历和工作环境。那老师工作过的中国石油大庆油田，曾经是我国工业战线上的一面旗帜。大庆油田的成功经验，蕴含着丰富的领导智慧。那老师从油田基层单位干起，几上几下，经历过多个重要岗位的锻炼。特别是在大庆油田党委组织部任职期间，直接分管干部工作，最了解国企领导者将面对哪些情况，需要具备什么素质，怎样才能成熟、进步、胜任工作。担任油田培训机构主要领导后，他潜心钻研教育理论，不断创新培训方法，对领导者怎样学习才能提高实际本领，有许多独到的见解。没有这种经历，不善于总结经验，很难写出这本书。那老师个人的优长在这里，本书最大的特点也在这里。

总之，这是一本由实际经验丰富的领导者、真正的领导力培训专家写的，能够让人读得进、记得住、用得上的好书。我相信，读过本书的读者朋友多会认同这种看法。

是为序。

中国管理科学学会领导力专业委员会主任

# 国企领导力——具有中国特色的领导力

非常喜欢作者书中引用的那句话:"在某种程度上,领导力就像美,很难定义它,但当你看到它时,你就知道那是美。"

没有人不喜欢领导力,就像没有人不喜欢美。身在职场,不管你想不想当领导,具有能够影响别人的能力,每个人大抵都是渴望的。金庸先生在《天龙八部》中刻画了一位少林寺藏经阁扫地僧,激活了那些当不上或不想当方丈、住持的草根们童话般的情结——我们可以默默无闻,但最好能有绝世武功。至于真正走上管理岗位的,领导力就属于标配了,没点功力,如何仗剑走天涯呢?

作者的这本书,完成了对自己的一次升华。打开这本书,我明显感受到,一经上升到领导力这个层面,他对自己的过往实践,特别是对培训生涯的梳理和反思,就有了一个更为清晰而坚定的锚定——他这些年所做的一切,都是在着力提升国企领导者的领导力。他将之视为一生的使命与责任,并正在为此付出着他的全部。

回过头看,从《思维创新》《大匠无弃材》到《隐藏的教练》《管理者怎样学习》《让对话温暖而有效》,一直到这本《洞见:国企领导力行知录》,这些专著或偏重价值观,或偏重方法论,但总的讲，都是根植于和着眼于提升国企领导力的实践。当我站在这个层面看问题时，突然感到，以前给他写过的序，有些认识其实是比较狭隘的。比如，上一本书《让对话温暖而有效》，我给它的定位是"切问切答，且修且行——关于修行的修行"，基本是从修身的角度去解读的，其实，那何尝不是领导力的修行呢？

从先秦诸子，到浩瀚的史籍，那些关于治乱的讨论，本质上都是在讨论如何保持和提升领导力。最典型的当属《大学》，"格物致知修身齐家治国平天下"，这就是儒家主流思想中关于领导力的修炼程序和方法。唐太宗的以铜为镜、以史为镜、以人为镜，镜鉴的是什么？本质上就是领导力。诸葛亮的《出师表》，国事政务、经济军事、选人用人详详细细嘱咐个遍，中心思想还是教刘禅做个好领导。刘邦见始皇出巡，脱口说："嗟乎，大丈夫当如是也。"如果他看到的不是领导力，而仅仅是威风场面，那很可能就会走上一条万劫不复的自取灭亡之道路。

获得和提升领导力，是亘古难题。最容易获取优质教育资源的，自然非王侯将相莫属，但不可胜数的帝王之师中，有所建树的似乎并不多。宋哲宗折了一根春天正在萌发的树枝，程颐老夫子也要严肃教育一番，如此之大儒，又如此之用心，但结果呢？最终近乎完败。如果我们把程颐的失败归结于迂腐，那张居正可是要学问有学问、要政绩有政绩，整个大明能与他比肩的寥寥无几，但他的学生万历皇帝，却败光了已经"中兴"的大业。康熙的帝师团队有中有洋、中西合璧，但对他成长的影响，据说还不如那个叫苏麻喇姑的宫女，可见领导力的培养并没有一定之规。

《道德经》讲："道可道，非常道；名可名，非常名。"又讲："天下皆知美之为美，斯恶矣；皆知善之为善，斯不善矣。"美可以被定义，可以被感知，但如果按照自己的认知去塑造它，我们真的放得下华服美饰、离得开淡妆浓抹、关得了美颜滤镜吗？我们真的拒绝得了那些精心雕琢的假象和东施效颦的魔幻吗？

相较于"美"，领导力还会因职务影响而自带光环、自带流量，虚实之别、真伪之辨、强弱之分、阴阳之属、拙巧之好，就愈加复杂。领导力是在特定环境下各种关系的综合呈现，领导与被领导、队友与对手、挑战与资源、基础与机遇，它们都在交互作用着，换一个环境、换一项任务、换一种难度，同样的领导者、同样的领导方法，产生的结果也可能完全不一样。即使面对同一人、同一事，不同的人也会见仁见智。

武则天时期的名相狄仁杰，就像前几年影视作品中塑造的那样，刚直不阿，知人善任，能力超群，有人誉之为"北斗之南一人而已"。和他同阁的有一位叫娄师德的宰相，进士出身，且立有军功。娄相的弟弟到代州做官，他嘱咐弟弟凡事要忍让，弟弟说哥你放心，就算别人往我脸上吐口水，我擦掉就完了，绝不还口。娄相说不行不行，你擦了，别人的气儿可能还消不了，你不能刺激他，得让口水自然干掉。上学时每每读到"唾面自干"这个成语，就想，这也太没血性了吧？这样的人也能出将入相？你是不是也这样想过呢？当时的狄仁杰大概也是这么想的，所以他就想方设法要把这位前辈排挤出内阁。这当然逃不过武则天的法眼，一天她问狄仁杰，娄师德还是很有能力吧？狄仁杰说，他带兵时也就是胆小谨慎地防守，没看出他有什么能力。武则天又问，那他看人识才还是比较准的吧？狄仁杰说，没听人夸过他呀。武则天再问，知道我怎么会选你当宰相吗？狄仁杰说，因为我文章好、品行端、能干事啊！武则天说，错！本来我并不了解你，用你，全是因为娄相的推荐。说着让人拿出十几篇推荐狄仁杰的奏折，十几篇啊！《唐语林》记载，狄仁杰"恐惧引咎"。

还有一个案例。晚清四大名臣中，曾国藩曾数度提携左宗棠，但左宗棠认为曾国藩资质平平，不是什么了不起的人物。曾公兵败跳江，左说老曾死了又如何，我们一样能平定太平天国。曾国荃攻克天京后，带一干将领劝曾国藩效仿赵匡胤陈桥兵变，曾国藩避而不见，久之传出一副集句联："倚天照海花无数（苏轼），高山流水心自知（王安石）"，众人看罢默默散去。据传他的这个九弟事后问他，天下能打仗的兵都在我们手里，你怕什么呢？曾国藩说，你以为那个左宗棠会甘于屈居我们之下吗？果然，没多久左公就公开与曾公交恶。后来，左公西北平叛，艰难时刻被同僚攻讦。慈禧没了主意，向曾国藩求证。曾公说，刘松山原是我的老部下，现在是左宗棠的主力战将，刘是正人君子，且洁身自好，他如果能真心服从左，左就应该差不了。千万不要小看了这几句话，如果当时左宗棠一旦失去慈禧的信任，那西北的平叛以及之后的收复新疆，可就要面临巨大的变数了，"我退寸，而寇进尺"，这两件事如果没有在中华民族至暗时刻到来之前彻底解决，中国恐将发生分崩离析的巨变，这可是影响着中华民族永续发展的千年大计啊！这些盖世英杰对一个人的领导力尚且是雾里看花，平平吾辈足以感受到领导力辨识之难、建设之难了。

所以，我非常赞同作者的观点，"管理的本质就是实践"，领导的本质也是实践，领导力就是实践力，只有在实践中锻炼出来的能力才是远离粉饰、远离虚幻的能力。因此，培育领导力必须立足实践、着眼实践，在实践中学习实践。

尤其是，我们今天探讨的是国有企业领导者的领导力，这又多了一层国企改革发展的大背景，从这个角度讲，需要探索的空间是巨大的。我们所讲的领导力，与西方学界的领导力学并不在同一个实践基础上。我们的国企领导力研究，必须把一般意义、普遍意义上的领导力理论，与中华民族优秀传统文化相结合、与国企改革发展的具体实践相结合。这本书的突破也正在于此，它从人文情怀、贡献意识、大局观、责任感等九个方面，探讨了在国有企业这个平台上，如何认识领导力、提升领导力。这些探讨中，有对西方理论的吸收，有对国企实践的观察，呈现的理论和案例，都是作者自己的所思所想、所历所为，既为我们建立一个相对完整的理论体系，也为我们提供了一套具体鲜活的实践坐标。我以为，这就是作者给予领导力研究的最大贡献。

我与作者已交往数十年，深知他对于国企发展的那份责任感，他真心地希望国企强起来，真心希望每一个管理者强起来，真心希望身边每个人都能有事业心、有大担当、有大作为。我觉得他之所以能有此情怀，原因很多，家风传承应该是非常重要的一个方面。这本书在讨论中涉及了作者的家世，篇幅虽然不大，但已经是最详细的一次了，很多故事对我也从未提及过。看了这一部分内容，本想对他的品格与胸襟做一些评价，但对照一下以往为他作的序，感觉那些评价真是恰如其分，再重复一遍就多余了。如果你觉得对作者的了解还不够深入，可以回头再翻翻那些文字。

读《管理者怎样学习》的书稿时，就曾以为是最后一次为作者作序了，所以那一篇写的就比较长。不料时至今日，我还在被他推着学习、推着思考。我自己多年身处管理岗位，惭愧的是始终不得要领，以至于竟日诚惶诚恐、如履薄冰。这本书对我触动很大，也引起了我诸多反思，但我更知道，解决好自己的问题，唯有回归自己的岗位、自己的工作、自己的实践。

大庆油田采油五厂党委书记

# 自序

　　在中国，关于领导力方面的畅销书大多是西方著作。而本书将立足中国，探讨当代中国国有企业背景下的领导力问题。事实上，西方领导力著作对中国企业领导者的影响远不如对中国领导力著作者的影响更为深远。而中国领导力著作对中国国有企业领导者的影响，显而易见尚是有限的。

　　西方领导力著作大多出自西方领导力学者（领导力学者与领导力著作者有着明显差别）之手，而这些学者最多曾长期担任过企业咨询顾问。可想而知，这些著作从未真正在中国企业被实实在在地验证过。而在中国，国有企业更是特殊的存在。从董事长到班组长，每天都面临许多重要且紧迫的问题需要解决，不仅忙于生产经营，还要顾及员工的家庭生活。

　　毋庸置疑，领导者必须具备领导力，才能堪当领导者。但很少有人知道或认同，每一位员工都必须提升领导力，才能更好地履行本岗位职责。而现实情况呢？却并非如此。相当数量的领导者只是自以为具备领导力（误将权力视为领导力），而几乎所有的员工都会惊讶地质问："我只是一名普通员工，又不想当官，为什么要提升领导力呢？"正因现实如此，提升包括领导者在内的每一位员工的领导力，早已成为任何组织的一项重要任务。

必须这样理解：每一个人都是自己的领导者，他都必须首先领导好自己，才能成为优秀的领导、优秀的下属、优秀的父母、优秀的子女、优秀的公民。从这一点说，迄今为止所有的领导力著作从来都不只是写给担任领导职位的人，而是写给迫切需要提升领导力的每一个人。本书着重要解决的问题，即完全基于发生在中国国有企业里的真实故事，解码中国国有企业领导力的本质及提升领导力的重要途径。

在中国人崇尚的生命体验里，一直传承着含蓄而又坚韧的集体性格、忍耐力与适应力极其强悍的生命能量、旺盛而又淡泊的自我意识等独特品质。就方向而言，可谓大道之行，求得始终；就方法而言，可谓直道而行，不避艰险；就态度而言，可谓朝闻夕死，足慰平生。由此观之，中华五千年文明土壤里才能孕育出独有的中国式领导力的古典特质，那就是"太上不知有之""无为而治"的超拔境界与"天行健，君子以自强不息；地势坤，君子以厚德载物"的人格力量。

但自1921年中国共产党诞生至今的100年，崭新的中国又发展出世所罕见的中国式领导力的现代特质，那就是"全心全意为人民服务"的宗旨与"全国一盘棋""集中力量办大事"的效能。在中国共产党领导下的中国经济生态，一直生生不息地蕴藏着两种宝贵特质：延安大生产运动以来，自力更生、艰苦创业的精神；改革开放以来，兼容并包、自主创新的活力。

今天，包括领导者在内的每一位国有企业员工都迫切需要提升领导力。而唯一的途径就是志存高远并采取行动，靠内在动力和亲身实践获得领导力的提升。除却坚韧，没有选择；除却直行，没有捷径。

中国将在21世纪中叶成为发达国家，未来的中国社会将愈加清晰地由各种高效组织所构成，每个人的领导力将聚炼成为组织的竞争力，组织的竞争力将转化成为国家的运转效能。每个人的坚韧直行将汇合成为推动中国向发达国家迈进的基本方式，具有较高领导力的每个人都将成为全社会最为紧缺的资源，也将成为每个人获得成功的重要标志。

那子纯

2021年9月24日

于关东卧听斋

# 目录

前　言

# 每一个人都迫切需要提升领导力

**导语：**什么是领导力？如何区分管理与领导？为什么每一个人都需要且能够提升领导力？提升领导力的背景、迫切性及遇到的挑战是什么？

# 什么是领导力？

关于领导力的概念，据统计有850多个，足见试图给"领导力"下定义是多么难，也是视角多么丰富的一件事情。被西方誉为"领导力之父"的沃伦·本尼斯对此有一个比喻："在某种程度上，领导力就像美，很难定义它，但当你看到它时，你就知道那是美。"但恰恰是这句比喻，暴露出本尼斯所忽视或轻视的领导力的某种特质。因为美对于不同时代的人、不同民族的人、不同宗教信仰的人、不同阶层的人、不同个性的人，都有着不同或差异较大的审美标准。那么，领导力呢？同样如此，即对于不同时代的人、不同民族的人、不同宗教信仰的人、不同社会制度的人、不同职位的人、不同个性的人，其领导力也存在着较大的差异。举一个最简单的例子，诚实在中西方都被认为是极其重要的品质，但落实在具体事情上却有着并非完全同样的解读。

一次，我问精通英文的同事："在英文里'诚实'这个词到底是什么意思？西方文化背景下的诚实与中国文化背景下的诚实有什么差别呢？"同事说："英文里'诚实'这个词是指基于坚持事实的行为上的公正和直率，这是一种真实表达主体所拥有的信息的行为，这种诚实行为是褒义词，用于赞美一个人的好品质。而中国人讲的诚实则具有'善'的特质，不等同于准确传达客观事实，带有一些人本主义和主观倾向。您这个问题让我想到了美国的一部奥斯卡获奖外语电影《别告诉他》，导演其实是我的表妹。在那部电影中，关于中西方对诚实有什么区别做了一个很好的解读。我表妹的外婆得了癌症，在中国的众多亲属认为应该对外婆把她得癌症的这件事情隐瞒起来，希望她仍然能够乐观幸福地生活下去。在中国人的常识当中，这是一种善，也不违背诚实。但是我表妹她两岁就到了美国生活，完全沉浸在西方的文化当中，她认为这很荒谬，就应该告诉外婆，在她有限的生命中，她作为自己生命的主体，有权去掌握在未来有限的时间内应该做些对她来讲最有意义的事情。当然，最后我表妹也入乡随俗，并没有把这件事情告诉外婆，这部电影您有时间可以看一下。"

我又问在美国生活了八年的儿子，他这样回应我："在美国文化中，善意的谎言只有在小事上是可被接受的，在重大事件和重大决策中，善意的谎言通常是不被鼓励的。不管是善意的谎言，还是恶意的谎言，都违背了真诚的原则，这是毋庸置疑的。恶意的谎言显然是不可原谅的，善意的谎言也只有在一个有限的范围内能得到原谅。最后，善意的谎言只能作为权宜之计，在长远来看，尤其是在亲密关系的处理中，它是不被鼓励的，保持诚实永远是最佳的选择。"

我又问一位领导力专家，得到这样的回应："你这个问题是非常好的问题。在所有的领导力研究里，人们愿意追随的领导者的品质当中，诚实都排在第一位。从领导力的角度讲，诚实是真诚的品格、可靠的正直、有道德、有原则、值得信赖、有信誉。在领导力四大学派当中，至少有两大学派认为信誉是领导力的基石，没有信誉，领导力就无从谈起。信誉，影响到以身作则，影响到建立信任，影响到如何践行价值观和伦理标准。在权威学派，认为领导力是影响力，诚实就显得更为基础。领导力发生于领导者与追随者之间的关系，没有追随者，这种关系就不成立，领导力也就不存在。选人的时候，把那些诚实的、有信誉的、有原则的、品格高尚的人选上来，显得尤为重要。"

　　令人颇感不解的是被西方誉为"现代管理学之父"的彼得·德鲁克在相当长的时期里都极少谈论领导力，也不愿意区分管理与领导。虽然他和沃伦·本尼斯为创立管理学和领导学做出了卓越的贡献，但是他们没有解决两个问题：

　　第一，无论是对管理者还是领导者，他们没有区分职位或专业去描述应具备何种领导力（要知道，对正职与副职在领导力上的要求，其差别是相当大的，而对不同岗位上的副职在领导力上的要求，其差别也相当大），就更不用说对每一名员工而言，也没有区分职位或专业去描述应具备何种领导力。在这方面，倒是被誉为"领导力开发的圣经"、拉姆·查兰所著《领导梯队》一书中划分出领导力发展的六个阶段，对领导力的层级有所分析，但也没有针对不同的行业或专业去描述领导力。

　　第二，他们只是从自我管理的角度谈论如何成为卓有成效的管理者和卓越的领导者，而没有（或很少）从组织培养的角度谈论这件事。

　　但仅仅看到职位或专业上的差别，这还远远不够（例如还应看到时代、国别、文化、种族与民族、宗教、地域、阶层、性别、年龄、个性等等方面的差别）。何况，无论是管理者还是领导者，只有当他们基于某种情境处理实际问题的时候（领导力语境下的"情境"如同营销学里讲的"定位"一样具有极其重要的意义），才能够真切地看清他们应该具备怎样的领导力。

　　于是面对种种不同的领导力，学者们在抽去情境以图完满描述的时候常常是大而无当的（例如对各种素质能力模型的描述，有时连语言表达也是空洞和概念化的），而实干家们运用素质和能力的时候却从来是切实的和清晰的——尽管很多时候实干家们并不是在有意地运用或清楚自己运用的到底是什么。

　　情境才是管理与领导行为的核心特征，学会区分情境是提升领导力的首要任务。尤其在知识密集型组织，使业务关联度强的不同团队交换职能与任务，更有利于团队的成长，这要比轮岗、挂职锻炼和常规培训更为有效。

因为，没有什么是比真实的职能与任务更真实的情境了。在交换职能与任务之后，可以学会怎样交换个别团队成员，这更是聪明而简单、精准而有效的做法。

换句话说，当企业培训能够解释为什么一位几乎没有受过正规教育、基本不会做文职工作、连PPT都不会制作的人却拥有极高的解决工作中遇到的实际问题的智慧和能力（连其本人也未必清楚），并且将这种解释转化成有效的培训课程的时候，我们才能说企业培训活动是有价值、有意义的活动。

至于道格拉斯・麦格雷戈称传统管理学为"X理论"（消极假设，如胡萝卜加大棒），称他自己的管理学为"Y理论"（积极假设，如激励与赋能），实际情况并非像学者们一厢情愿的想象。真实的管理一定是兼而有之，在什么阶段（企业所处的发展阶段、每位员工所处的发展阶段）、在什么情况下、对什么人（他的职位或所处层级、个人愿景、知识水平、态度、业绩）采取哪种管理方式，实干家们是不难做出正确选择的。有一点可以肯定，只要人性（例如趋利避害、自私）没有大的改变，所谓的"X理论"就会常常是有效的，而所谓的"Y理论"其实也隐含着不小的风险（因为理解和运用起来会千差万别）。如果说"Y理论"是来补充、完善和成全"X理论"的，倒颇为符合国企的实际，但这对领导者的要求其实更高。

谈到领导者的主要职责，毛泽东和邓小平说过两句极为相似的话。毛泽东说："领导者的责任，归结起来，主要的是出主意、用干部两件事。"邓小平说："我的抓法就是抓头头，抓方针。"抓方针，就是出主意。抓头头，就是用干部。毛泽东说："政治路线确定之后，干部就是决定的因素。"用西方学者的语言讲，方针相当于战略，主意相当于决策，干部相当于少数关键人力资源。

如果用比喻形容领导力，不如说领导力像爱情，虽然一样很难定义她，但每个人心里都有对爱情的憧憬或体验，当寻觅着或甜蜜着或痛苦着时，就知道那其实都是爱情的滋味。

所有饱经实践磨砺的人都会告诉我们，并没有一个简单的关于领导力的定义或公式。那些拥有不同的成长经历、不同的个性、分属不同类型的人，他们在不同的环境下、运用不同的方法，都可以成为合格的、优秀的、卓越的领导者。甚至在同一个团队里，每名成员也都可能成为同样优秀的人——前提是他们有权得知最真实的信息、有权获取最重要的资源、有权选择做他们认为正确的事情。

迄今为止，所有伟大的企业所能提炼出来的全部宝贵经验，都不会牵扯太多的管理学或领导学专业术语，而是每一个人从小就已经学到的那些最简单的道理。唯一不同的是，这些伟大的企业能够将每一个道理都实践到极致，每次在面临选择的时候都会选择做正确的事情。企业管理是如此，任何事情都是如此。

那些"宝贵经验"，就如同我们聆听实干家们说话，无一不是简单、直接、明确、通俗易懂，却充满真知灼见。

无论在任何岗位上，无论面对任何问题，都能够说出："好吧，关于这件事，我想我能做的是……"这类话的人，都可以视为具有领导力。

任何行业，本质上都是服务行业。它们的主打产品都是：优质服务。只需要理解组织的使命，把最基本的事情做好，视服务对象为衣食父母。至于利润、口碑和公众形象，都是自然而然的结果，无须刻意追求。每一位新进入这样组织的人，从一开始就能够从被尊重的气氛中感受到自己是谁，自己需要干好什么，尤其懂得自己的核心业务是什么以及与他人核心业务的关系，由此产生主动配合的意识，锻炼出非凡的协同力。假如能够充分理解和愿意接受组织的使命，那么任何一位员工都会在遇到疑惑时跟随着自己的感觉去选择做正确的事情。如果组织大张旗鼓地表彰这样的员工，就会造就出更多这样的员工，组织就会拥有其他组织难以模仿和超越的公开使用的秘密武器。

全员领导力的另一种解释就是组织文化。任何行业的组织文化都检验着组织的领导力。如果没有对基层员工的爱护，如果基层员工没有视客户为衣食父母，任何组织文化都缺乏力量。领导者必须按照基层员工希望被对待的方式去对待他们，基层员工才会按照客户希望被对待的方式去对待他们。组织文化必须以一种诚实的、精确的方式自上而下激励组织内的每一个人，再将这股力量通过优质服务传递到客户那里。

当组织为自己设定的标准高于国家设定的标准的时候，当国家设定的标准高于全球行业标准的时候，会发生什么？

狭隘地理解领导力，必定不会具备真正的领导力。

一次与一位领导谈到自己在写一本领导力方面的书，他疑惑地问："可你没有做过生产经营啊，怎么去写这样一本书？"

我说："您是说只有从事过生产经营工作才能够研究领导力吗？或者说只有生产经营领域才需要具有领导力吗？难道不是一切领域的一切岗位都迫切需要领导力吗？在我看来，组织内任何一个人都应该也能够提升自己的领导力。"

从现实意义上讲，在国企里的每一个人，只要他懂得珍惜时间，不在职场里白白浪费生命，愿意用自己的努力赋予组织以前进的动能，跟随组织内那些有崇高使命感且一直竭尽全力的人，与组织内所有人憧憬于同呼吸共命运的未来，从工作中体验生命的意义，正向地影响身边的人——所有这样的人，都具有独一无二的、令人感觉温暖而有力量的领导力。

因此领导力的本质通俗地讲就是说话有人爱听、做事有人愿意跟随，而这只能有一个合理的解释：利他。

## 如何区分管理与领导？

谈论管理与领导的区别，其实是在人为地制造麻烦（但既然很多学者煞有介事地谈论这两者的区别，避而不谈倒也会成为一种麻烦）。其实这很像谈论军人与军官的区别，当然这比喻并不十分恰当。从日常行为上讲，管理者与领导者当然是不同的。但从本质上来讲，优秀的管理者与优秀的领导者没有任何区别（糟糕的管理者和领导者却是千差万别）。

如果说不想当元帅的士兵不是好士兵，那么不能站在领导者位置上思考的管理者也不会是优秀的管理者。

优秀的领导者从不管理他人，他们只领导他人。

他们领导他人的主要方式就是发现他人的长处，帮助他人确立目标，提出绩效方面的要求，允许他人尽情施展才能，尽一切努力去为他人创造条件，以提高他人的工作效能，让每个人都成为各自领域的专家，并且在各自的领域里拥有相当程度的自主权。他们总是向他人发出这样的询问：你还需要什么？你还想实现什么？你最终想成为谁？

因此，他们总是把培养人放在第一位。他们竭尽所能地为自己培养同盟军与合作者，他们当中的最高管理层最为看重的就是为自己培养接班人。这一任务才是对他们的最大考验，也是他们在职业生涯中遇到的最大挑战。

无论你怎样谈论管理，如果见解是精辟的，那难道不可以视为是在谈论领导吗？同样，无论你怎样谈论领导，如果见解是精辟的，那难道不可以视为是在谈论管理吗？

有一点可以肯定，割裂开来谈一定是错误的。

至少，不要简单地认为只有领导者在做决策或管理者只负责执行。也不要人云亦云、装模作样或文绉绉地说领导者做正确的事而管理者正确地做事。

退一万步讲，如果管理者不知道何谓正确的事，那么他也一定不可能正确地做事。同理，如果领导者不知道如何正确地做事，那么他也一定不可能知道何谓正确的事。

出色的实践从不会区分管理与领导，如同天空中寻找猎物的猛禽绝不会区分地下狂奔着的猎物的雌雄之别。

这绝不是文字游戏或咬文嚼字，而是对简单僵化式管理和纸上谈兵式领导的指责与控诉。

只谈论管理而很少谈论领导，不会给实际工作带来什么恶劣的影响。只谈论领导而很少谈论管理，那其实倒是危险的。领导像树，而管理像森林。独木的伟岸，怎敌林海的浩渺。只见树木不见森林，难道不够危险吗？

无论怎样强调管理，相较于实践都是不够的；过分强调领导，倒是危险的。在同一战略之下，战术常会表现出很大的差异。在同一领导之下，管理常会表现出很大的差异。这种现象在任何领域都比比皆是，令人深思。

正确的管理与正确的领导都有着共同的本质，那就是利他。

将军与将军可以很不同，只要能打胜仗就是好将军。能打胜仗的将军，都有远见。这一点很像领导者。但谈到军人，天下合格的军人都是一样的，必须有过硬的技能和铁的纪律。这一点很像管理者。不是所有的军人都能够当将军，手下没有合格军人的将军也没有用武之地。任何人都可以锻炼成为合格的军人，而想培养将军则需要给某些军人机会去展现自己的天赋和个性。

如此说来，谈论管理和领导的区别确会带来困扰与混淆，产生"你不说我还懂一点，你一说我反倒糊涂"的感觉。

如果一定要谈管理与领导的区别，更准确的说法是两者在时间管理上有明显不同，管理者更偏重于将时间用在做事上，而领导者则更偏重于花较多的时间用于思考将来要做的事情。

就一般而论，管理看重事实，而领导看重愿景；管理关注做事的结果，而领导关注做事的理由；管理侧重执行，而领导侧重方向；管理倾向抓微观，而领导倾向抓宏观。

至于管理与经营的区别，也并非显而易见：管理在经营的上游，经营在管理的外部，即管理侧重在企业内部提高运营水平，而经营侧重在企业外部获取经济效益。好比经营更关注当下打赢一场战役，管理更关注最终取得胜利。因此，经营需要研究战场和对手，管理需要研究如何提高自身的战斗力。管理是经营的前提，经营是管理的鉴定。

## 为什么每一个人都需要且能够提升领导力？

无论是管理力还是领导力，都不单是呈现着个人能力，而是呈现为组织力，即基于共同目标的协同力。

也就是说，领导力必然也只能以其整体性方得以呈现。即便对一个人来讲，他的领导力也是复杂的、多维的，例如有时优点与缺点也是相互支撑、影响甚至自恰的。而对一个组织（班子、团队）来讲也是如此，只有结构合理（包括价值观、知识、能力、性格）的组织才是真正有战斗力的组织。

对组织而言，目标的确立并非基于现实中的事实，而是基于要实现的价值，即希望未来出现的事实。由于组织成员各自都携带着各自要实现的价值，因此组织的核心价值观与组织文化必将放置到极重要的高度进行融炼（并非简单相加），组织才能生成高效的协同力。

对社会而言，只有每个组织成为首先服务于组织成员的组织，才会实现组织存在的基础意义。进而每个组织都应基于专业分工成为社会的有机个体，才会实现组织存在的最高意义（例如企业由利益集团发展成为道义集团），如此方能构建人类命运共同体，实现全人类的富足、自由与幸福。

对个人而言，发挥自己的天赋与才干成为每个人应尽的责任与义务，每个人只有通过为组织做出贡献，才会获得做人的尊严、归属感（远比薪酬包含更为丰富的关于个人的智慧、情感、成长、领悟等内容）、成就感、社会身份、社会地位和公民的权利。而实现这一切的方法论，便是竭尽所能地使自己成为通过自身言行正向地影响他人的人，即成为真正意义上的领导者——每个人都应立志成为这样的领导者。

甚至很有必要，领导力开发课程应该进入正规的学校教育。足球都可以从娃娃抓起，领导力难道不更应如此吗？要知道，期望对行为的影响非常巨大。不管学生们未来的职业方向如何选择，拥有领导力开发的正确观念与基础训练，对他们未来的成长与成功都是必不可少的。而这对老师们最大的挑战，就是要从灌输式老师转变成为引导师，为此他们必须愿意坚定地相信：每个学生都是天才。

不管怎样，为未来培养领导者永远都不会太早，也永远都不会太迟。但至少有一点是十分明确的，那就是中国的领导力开发只能由中国人自己才能做好。

每一位员工都必须提升领导力，才能更好地履行本岗位职责，事实上这早已成为任何组织的一项重要任务。一个人必须首先领导好自己，才能正向地影响或领导好他人。

这种影响体现在：

1. 一言一行都代表着深度认可组织的使命与价值观。

2. 完全基于对组织目标的理解来看待本职工作的目标。

3. 更加适用于他人更好地完成工作。

4. 符合组织所确定的工作要求。

5. 取得具有个人特征的优质绩效（由活生生的人所创造的有色彩、有温度的优质绩效）。

6. 尽全力减少或杜绝对组织和他人的消耗。

未来每个人的领导力将聚炼成为组织的竞争力并转化为国家的运转效能，因此具有较高领导力的每个人都将成为全社会最为紧缺的资源。


**拥有领导力的人常常就在身边，我们只是缺少发现。**

我在大庆油田培训中心担任主任的时候，曾有一位同事，我与他共事四年，作为他的领导，我当时自以为了解他。及至离开他，我又花了两年的时间，才慢慢了解他。在深入了解他之后至今的七年里，他在我心目中就是培训师里的NO.1。

在我眼里，优秀培训师应该具有两个特点：第一，深深地懂得何谓培训师（严重区别于教授）；第二，深深地懂得自己为何要做培训师。他结结实实地成为我在培训领域的领导者——他本人却未必知道或同意。尽管他起初只是一位学美术的大专生，但现在作为培训师的专业素养是极深的。

他每次备课，都会不吝令主办方厌烦地询问培训目标和学员状况，小心翼翼地接受任务后便处在构思状态，偶尔会查阅资料，反复在心里确定授课形式和关键要素，制作PPT后有时间就微调，甚至很多场合并不使用PPT。

授课时，他的眼里和心里只有学员，从不讲自己不能确定的内容，只从分享的角度授课，以学员的身份沉到小组，用手写和绘画的方式、图文并茂地进行总结和提炼。他敢于将大部分时间交给学员，自己用最大努力去营造开放的场域。提问是他的拿手绝活，学员们被他的提问导向共同去经历一场深刻的反思与共创。我多次目睹，学员们对他的爱戴是真诚的、感人的。

我见识过的培训师数百上千，只有他是一位仅使用框架（往往是现场制作）而非知识来完成授课工作的培训师。

我常替他想：能够成为他人眼里的领导者，就算自己并不知道，也一样是幸福的——自己的灵魂总有一天能够感受到。

每一位员工都应该努力提升领导力，哪怕不为了走上领导岗位，而是只为了让灵魂得到告慰和安宁。

德鲁克在《卓有成效的管理者》中描述过一个精彩案例。

"某医院新任院长在召开第一次院务会议时，以为一件棘手的事情经过讨论，已经获得可以使大家都满意的解决办法了。但这时忽然有人提出：'这办法能使白莉安护士满意吗？'这个问题一经提出，会议中马上又掀起了热烈的辩论，正反两方都各不相让。直到另一个积极的解决办法研究出来为止。

"这位新任院长，当时颇为愕然。后来他才知道，白莉安过去曾是该院一位资深护士。她本人并没有什么特殊才能，她连护士长都没当过。但是，每次院中有关病人护理的事情要决定时，白莉安小姐都要问：'我们对病人是否已尽了最大努力？'凡是在白小姐主管的病房中的病人，都痊愈得特别快。因此，多年以来，这家医院人人都知道了所谓'白莉安原则'，那就是，凡事都必须先自问：'为贯彻本院的宗旨，我们真是做出了最大的贡献吗？'

"虽然白莉安小姐早已在十年前退休了，但她所制定的标准，却一直流传至今，为院中上下同仁所信守。"

一位"没有什么特殊才能"的、"连护士长都没当过"的护士，竟然影响院内同仁至深，连新任院长都"颇为愕然"。护士比起院长，在地位上简直是天壤之别。但谁又能说，这位护士不是这家医院事实上的领导者之一呢？

具有卓越领导力的人，不只是能够取得傲人的业绩，更能够培养人、影响人，为组织留下宝贵的价值观和文化基因。

现代社会任何组织中的任何一个人，都是在运用知识且以产出知识的方式工作，每一个人的产出都供组织内其他人使用且影响到其他人的知识产出的质量（但严格来讲，管理学或领导学意义上的知识都会过时，甚至绝大部分自然科学领域的知识也会变成错误的知识，至多成为如同石器时代的技能等历史知识）。

因此，凡被自己所属的部门所限、自己的岗位和专业所限，必然看不到组织的目标和整体的绩效。只有体悟到外部（既指组织内的其他部门、其他人，更指整个组织的外部）的需要，才可能产出真正的成果。每个人眼界先由内向外看，才能看清组织的使命；再由外往内看，才能看清自己的使命。

组织内每一个人思考的源头都应该从组织所服务对象的需求出发，使自己的产出与组织内所有人的产出有机结合在一起，自己的产出及组织内的每一份产出才有意义，最终才能使组织从外部获得成果，这是组织内每一个人存在的唯一方式。

领导力的真谛，就是借由他人看清自己，借由看清自己而辨识方向，借由领导自己而影响他人。

更重要的是，若每个人都认为自己需要且能够提升领导力，那么他将不再为谋生而工作，而是将工作视为生活本身且当作是最有意义的部分。

至于选择什么样的职业，主要取决于三点：

1. 自己喜欢或擅长的。

2. 转折时期的机遇（人生中最要紧的机遇常常不过3—5次）。

3. 组织的需要。

职业是体验人生的工具，只要称手就好。

只要愿意为自己的美好动机负起责任、学会运用和创造知识，那么完成任何一份工作都会从中获得成长、带来智慧上的挑战，都会令人兴奋、充满成就感和妙不可言的享受。

在任何工作岗位上都可以体验人生，并从中修行。

# 提升领导力的背景、迫切性及遇到的挑战是什么？

背景的精准含义，其实指向特殊性。

国企处在中国社会，这是最大的特殊性。与世界各国的国企有着很大不同的根本原因：第一，中国传统文化是世界罕见类型的文化（例如崇尚"和为贵"，并不拒绝域外文化进来，但进来后通过"和"都会中国化；再如德鲁克称儒家伦理为"所有〈伦理〉中最成功和最经久的"）；第二，由中国共产党领导（例如可以预见，国企里党委书记兼任董事长将会成为常态化配置）。

从国企的领导者到每名员工，都有意识或无意识地深深浸染于中华传统文化（例如偏远地区的老人无论生活多么艰辛和清贫都信守着中国古老而经典的道德准则，或海外华人无论生活多么富有也保留着中国古老而经典的生活习俗，甚至留学海外的学子度过青春叛逆期和经历过崇拜西方文化之后往往也回归中华传统文化）。无疑，正确地理解和运用中华传统文化的精华将成为修炼领导力的必由之路。不仅如此，中华传统文化将给21世纪的世界带来新的曙光和希望（历史远未终结）。

在中华民族五千年的文明里，中国共产党是异峰突起的独特存在。她崛起于世界仅用短短28年，却有那么多共产党人甘愿抛头颅洒热血、那么多老百姓倾尽全力支持她。何况夺取政权后仅用61年就使此前百年积贫积弱的中国成为世界第二大经济体，这现象足以供国内外各种机构和学者长期深入地研究。

每一名国企人，都不能不对此高度重视，认真思考，并心怀温情与敬畏。

看不到国企的特殊性，就无法真正理解国企里的普遍性，也就不可能理解自己在国企里的处境和际遇。

提升领导力的迫切性，体现在对生命意义的理解。

在国企里，每个人每隔一个时期都要思考一个至关重要或许是最重要的问题："我能给企业带来什么？"之所以说这个问题至关重要或最重要，是因为即便完全从追逐个人利益的角度来做"马后炮"式的结论，也将是正确的结论（符合个人利益的）。

要学会通过赋予工作以意义，完成对生命意义的理解。

中国文化对经济有自己的解释：经济者，经世济民之谓也。从本质上讲，国有企业有很重大的责任诠释这一点。

国企领导者必须有这样的抱负、信念甚至是悲悯的情怀：企业里的每个人都是并且必须是有用的，不能也不允许有一个掉队者。国企领导者肩负着国计民生的重大责任与历史使命，必须要有"大匠无弃材"（曹植诗句）的用人理念与用人能力。

用人者在回旋余地有限的情况下，只能有教无类，育人不倦。想尽办法去开发现有人力资源，很多时候这甚至是唯一的现实选择。一方面，用人的一方要想方设法使被用的一方堪当其用；另一方面，被用的一方更应当竭尽才智地努力使自己有所担当。

国企的全部问题，归根结底都是用人的问题。

国企里，一个人在成长为人才的过程中对组织做出贡献的性价比是最佳的。在成长为人才之后，成本与危害性都会随着职位升迁而增加。虽说任何事情都是如此，突破之后总是越来越难，但国企的这一现象，让人不得不思考更深层的问题。

管理与领导，都有着共同的特征：

1. 首先确定什么是正确的事情。

2. 竭尽所能地确保不做或少做无用功。

3. 以人本身的自由与发展为目的。

4. 最大程度地发挥每个人的效能。

这些共同特征决定了用人有着共同的专业视角和背景。

认识到国企的特殊性，同时又认识到管理与领导的共同特征，就会自然而然得出一个惊人的结论：任何人在任何情况下都没有理由在国企里只求索取、躺平或抱怨，因为所有那些使人只求索取、躺平或抱怨的理由恰恰都是努力改变自己的理由。

唯有如此，才能在国企里学会不辜负任何一段经历。

不辜负任何一段经历，不是指硬要做什么，而是指做正确的且当下能够做的事情。即使仅仅去认真读一本哲学著作，其实都要花很长的时间才能读透，也只有将之应用于生活才能读透。

提升领导力所遇到的挑战是什么？

感到迷茫几乎是所有人在年轻时候的权利。但要知道，行动之后产生的迷茫才最有价值。如果是九分行动，一分迷茫，那这一分迷茫或许会催醒人生；但如果是一分行动，九分迷茫，那这九分迷茫一定会摧毁人生。

哪怕在找不到努力方向的时候潜心学习中华传统文化或认真研读中国近百年历史，都不至于白白浪费大好光阴；哪怕不顾对自己这份工作的厌烦而全身心投入到这份工作之中，都会修炼出在任何一份工作里同样会修炼出的坚强内心与办事能力。

事实上，人们在任何年龄阶段都会产生特定的迷茫。

在迷茫中坚持着努力着，才是最重要的。

当秉持利他之心的时候，视野一定是辽阔的，目标一定是宏大的，态度一定是坦诚的，行动一定是坚定的，成果一定是丰硕的，领导力的提升一定是快速的。无论在什么样的岗位上或际遇里，这样的人都不会辜负任何一段在他人看来微不足道的经历。

利他之心其实是一种重要的竞争优势。

一个人的优势不只是指擅长做什么或拥有什么资源，还包括发挥优势时能够汲取能量，享受到生活的意义，同时在使用优势的时候总是处在深深地契合于情境的、不断变化的、充满愉悦的新鲜感当中。

用"我原谅……"的心态去应对不如意的人和事吧！用"我感恩……"的心态去留意自己大大小小的获得吧！拔除贪婪与怨恨，远离庸俗与傲慢，这样至少能够在平凡的岗位上成长为既有用又受欢迎的人。

被需要，就是有用，就是活着的价值。受欢迎，就是一种被需要，就代表活着的意义。创意，是其中唯一的杠杆。

创意是最有价值的知识，也是成就一切事业的捷径。

营销任何产品的背后，其实都是在营销创意。

但创意必须付诸行动，否则只是一个泡沫似的念头而已。

桃李不言，才是最好的营销。

所有艳若桃李的事物，都使叫卖成为杂音。

营销的本质不是销售，更不是卖，而是告诉人们：精准的需求只能由精准的价值来满足，而唯一的方式就是体验。

获得领导力的唯一方法就是亲自实践。所有读来的听来的领导力都不会真正属于自己（读来的听来的只能是领导力知识而不可能是领导力本身），只能有限地印证或校正自己通过实践获得的领导力——它甚至不如看到他人的领导力更实际。

在一次参加中国领导力发展现状与趋势研讨会上，我讲了下面一段话：

"我是做培训的，曾在大庆油田工作23年。我觉得从现实来看，通过培训手段来提升领导力的效能是微乎其微的，甚至是可有可无的。对于全球领导力发展趋势，我感觉地域性的领导力、行业性的领导力，甚至独具个人特色的领导力以及现实中尤其是民间存在的各种难以归类的强大而独特的领导力，荟萃其实际成果是会影响和推动全球领导力研究这项工作的。如果要把这些领域性的领导力、专业性的领导力、行业性的领导力等等都搞清楚，就必须聚焦到一个个活生生的现象级的人物身上去研究，这样就很可能对全球领导力发展有宏观而精准的把握，这既是我的感觉，也是我的希望。

"如果从建议上来说，现在的人们更需要内在的驱动，能唤醒他的内在动机、意图、欲望甚至能够重塑价值观和信念。从培训角度看，你听到那么多由别人的实践提炼出来的知识，那是很难成为你的本领的。不能把注意力仅放在谁讲得好、谁讲得正确、谁讲得全面、谁讲得有体系，而应该把注意力放在如何采取行动。我们企业里的很多人，每天工作10小时以上，回家后还要接打电话处理很多事情，让他拿多少时间去学知识？这是非常严峻的时间管理问题。与其我们让他学很多，不如帮他研究他是怎样实践的。我们的很多革命前辈，我想没有我们今天的人读书多吧？他们能拿出来的书肯定都不如我们书架上的书多，但为什么他们本事比我们强？这是一个很值得思考的问题。很多时候我们只要把儿童时期、少年时期所懂得的道理，能够很精致有效地运用在实际工作中，那将会是足够的。我们缺少的不是知识，而是知识的转化。

"所以我近些年把精力放在转化上，我发现只有方法论能解决这个问题。比如说，你听一堂课花了三个小时，我只问，这三个小时哪一句话触动你了？如果你能说出一句话，是老师讲的原汁原味的原话，我就会顺着这句话，通过提问的方式，把你的经历、你的典型案例全都调动出来，然后聚焦到现在你要解决的问题是什么，针对这个问题能够采取的措施是什么。我把这个方法论叫'三到法'——'听到什么''想到什么''做到什么'。'想到什么'的过程中会出现案例，我觉得领导力都在案例里。而一个案例会有N个人的N种理解版本。这些不同版本联结在一起，对原始案例的解构是非常有力量的，会散发出每个人获得的想法甚至本领、思路。所以后来我又创立了'V字形理论'，用这个方法论来解决自我认知的问题。我个人认为，自我认知就是你如何重新解释你自己做过的事情。我觉得一个人的职业生涯，能说出20件属于个人的、很有标签性和经典意义的事情，那么对这些事情，你必须重新换一种语言去描述，它才能恰当地连接到当下和未来。

"后来我又发现，领导干部坐而论道，说的都对，但一到行动上，他只会说加强管理、完善考核、引进人才。我就问，现在就引进一个人才，他在哪里？他是学什么的？他应该具备什么特点？你哪怕能说出一条很落地的东西，也算是培训的成果。所以后来我又创立了'五级落地模型'。只要能说出一条落地的措施，培训都不白搞。用了'五级落地模型'，你学了那么多知识都会变现在你的措施上。后来我发现光有这三个方法论还不够，如果你没有承诺采取行动、没有真正采取行动、没有去执行你提出的措施，终究还是一场空。我就主张培训后期搞跟踪、问效。

"如果我们的培训能做成这个样子的话，应该要比现在强。现在白白花的钱太多了！宁肯把领导干部身上的培训经费花在工人身上，都将大大地缓解现在操作工人青黄不接的问题。所以我们研究领导力的人，得在培训这一块上作为一个主攻的方向。我们要把我们的研究变现，变现成产品，这些产品应该是有特色的训练课程，而且应该是中国化、时代化的。

"在央国企，我观察到在管理岗位、领导岗位上的人，一大部分是有真本事的，都是在实践中获得的。他们的领导潜能、管理效能发挥了多大的潜力呢？我觉得可能不会超过50%。为什么没超过50%？是不是不太理想呢？如果从不太理想的角度来看，其实是失去坚定的理想信念，或者说把仕途放在第一位，考虑得要多于企业发展、职工获得。但是我观察到，越往基层去，越能看到一些非常感人的、非常真实的，也非常有力量的、很温暖的，还浸透着党性和中华传统文化的闪光点。

"我讲一个小案例，我们的董事长，大概是觉得企业现在的重要问题之一就是执行层阻碍太大。他前年就下了一个决心，要从大学毕业生的入口开始抓起。我在想他两三年退休之后，这件事情谁来抓啊？可见他悲壮的决心有多大。我们从前年开始就帮他做一件事情，就是培养催化师。培养了三年，每年大概培养200人，现在有600多人。催化师或许没有那么多知识，也没有那么多经历，但是他们懂得如何对那些有知识、有经历的人进行催化。例如，问出你的难题到底是什么。有的时候澄清一个难题需要两三个小时的时间。比方说，有人说他遇到的难题是无法调动下属的积极性，其实经过催化师通过提问进行澄清之后，发现这不是一个问题，他会放弃这个问题，换另一个问题。所以，澄清问题时间花得越长，解决问题所需的成本就越低。那么，我们何不把时间放在澄清问题上？

"前面提到的那些小工具，就是教给了那600多名催化师。他们负责给中石油当年招进来的毕业生做催化，我们叫'一课一催化'。每听到一堂课，都用催化的方式把知识变现成行动。催化师把培训这件事从听变成了做、从收纳变成了萃取。老师与学员的界限变得模糊，因为学员们身上带来的全都是难题以及解决难题的材料——这些只能是出自他们身上。传统的老师坐在台上是无法给出完整的、实际的材料的，也无法给出真正的难题。但是传统的老师通过转型可以带来催化的理念和工具，这样跟学员一起共创。我们不能把学员看作本科生，得看成是一个完整的、在工作里面周旋的人。目前，领导力培养应该把重心转向基层，从微观入手，从具体的人、具体的事、具体的方法入手，效果可能会更好。

"我最后再讲一个观点，一个人无论在什么岗位上，只要他做得比同行的人出色，他一定就是拥有非凡领导力的人。因此，我们挖掘一个护士的、一个传达员的、一个勤务兵的领导力都是很有意义的。上升到道的层次，都会具有强大的指导性。"

研讨会后，我的发言被制作成小视频传到红色管理网站。

一位看过小视频的退休老领导给我发来信息："视频看后有收益受启发，对于领导力的理解虽千差万别，但您的观点却独特新颖！我理解主要是以下几点：第一，领导力很难用常规方法培训出来，但可以催化出来；第二，每个人都有挖掘领导力的必要性，因为领导力的根本是内在驱动力；第三，领导力的重要体现是时间管理能力；第四，领导力蕴藏在领导者的案例里；第五，对领导力的研究具有地域性、行业性、个体性，也有文化性、时代性、群体性。"我回复说："您概括得很到位。"老领导又说："从刚逝去的芒格和基辛格身上可以看出：领导力的修炼就是人生的修炼。芒格，人生即投资，投资即人生。基辛格，人生即外交，外交即人生。'两格'皆显人格，做事终归做人。"我说："用生命去做一件事情，那件事情就会成为生命本身。"

有同行发来信息："每一条视频看了两三遍，我其实是挺好奇的，按您的思想高度，应该是有些孤独的，曲高和寡。按说您看问题能透过现象，直面不那么美好的真实，应该有些郁闷，大多数人面对现实都掩耳盗铃。但是我听您谈话感觉到的是不理庞杂的专注。咋做到的啊？"我说："有一位学员这样对我说，或许能回答你的问题，'悲悯这个词是我从您身上观察出来的，因为您的经历，可能有一些不好的经历，那些经历没有将您打倒，您把它转化成为内心想去解决这些问题的动力。'"同行说："印证了尼采说的，'那些没有消灭你的东西，会使你变得更强大'。'悲悯'这个词挺传神，能够面对真实，用最柔软的心思考最尖锐的问题，还能够宛宛表达出来，真的是太难得太不容易了。要知道在体制内大部分人都要戴着面具说着言不由衷的话，用劳累的心闭眼捂耳地揣测。"

另一位同行问："您说到20件事，为什么是20件？"我说："经常做V字形案例解构，感觉出来的。"同行说："这让我想起美国有一个大学申请材料就是要学生写关于自己的25件事。"我说："经典的20件事足以诠释一个人的职业生涯。"

事实上，如果脱离权力谈领导力，那将是幼稚而危险的。同样，不能脱离个人能力谈领导力，不能脱离管理谈领导力，也不能脱离效果谈领导力。象牙塔里或许有趣，但对于实际工作而言，象牙塔学术却是有害的。对于企业家而言，领导是一门实践的艺术，而不是一门有标准答案的科学。在管理的世界里，1+1偶尔甚至极小概率才会等于2，绝大部分时候都会大于或小于2，而遗憾的是大部分情况下是小于2的。

至少自第一次工业革命以来，几乎所有人都可以耳闻目睹，一直是企业家在创造案例，而理论家在创造概念。

正因为获得真本事的唯一途径就是勇于实践，所以真正懂管理的人都不会贸然地告诉别人该如何进行管理。而所有卓越的管理者通常都具有一种共同的倾向，那就是要求员工迅速成长，并将这一点永远放在第一位来考虑。

从人类学的角度讲，基因的本质就是实践的物质结构。万物是持续演化的，人类每天的实践都在重新塑造基因。一个人的祖先遗传下来的基因，对于这个人的后天机遇有着重要意义。恰逢机遇的原始解释是高度契合当初塑造基因的情境，创造只是一种唤醒。基因与机遇既可以是个人的，广义上也可以是组织的（例如企业）。因此也可以说，卓越的领导力来自个人与组织的基因与机遇。无机遇，基因无法表达；无基因，也谈不上机遇。创造机遇最好的方法，就是勇于尝试、崇尚实践。

人生的意义在于获得体验，而获得的任何一种体验都需要升华（否则人生会变得越来越乏味）。要想让每一段人生都有意义，就必须去升华体验。

学员："那老师，上午突然脑袋里冒出一个疑问，人活着究竟是为了什么？活着的意义是啥呢？您是怎么理解的？"

我："迄今在宇宙还没有发现比人类更聪明的动物。就每一个人的出生概率来讲，是三百万亿分之一。因此，每一个生命都是奇迹。不仅是地球的奇迹，也是宇宙的奇迹。每一个人都是传奇。这就是人活着的意义。每一个人生命的意义，只能由这个人自己去赋予。"

学员："寻找存在的意义，或许也是一种活着的意义？"

我："不是寻找，是体验，或者说用体验的方式寻找。"

若为子孙后代着想，学会不辜负任何一段经历就是在重新塑造优秀的基因，尽管这需要千百代人的努力。

如同企业家精神不是企业家的精神，而是每一名员工应该具备的精神（例如创新其实是每个人的事情）——因此我们也只能说，在领导岗位上的人要比其他人具备更强的领导力。

无疑，在领导岗位上的人拥有一样特殊的东西：权力。但权力意味着责任，只能通过负起责任来证明权力的合法性。

此外，提升领导力还将遇到三大客观性的挑战：

1. 世界人口在萎缩（人类进入老龄化社会）。

2. 人们的欲望日益增长（例如焦虑现象）。

3. 价值观更加多元化的社会与世界正在形成（每个人的个性及人类的个性类型都将变得日益鲜明和急剧增多）。

正是由于这三大客观性的挑战，人们从事工作的状态将越来越具有生活化的特征。也就是说，人们越来越不需要工作（至少跳槽将成为常态）。或者说，人们越来越需要通过各种各样的工作来体验更为丰富的人生意义。

走上领导岗位，个人也面临风险。

我："在国企里，走上领导岗位后的风险是什么？"

同事："站错队被'牺牲'的风险、贪腐的风险、未平衡好家庭和工作的风险。您认为呢？"

我："主要有两大风险。一个是你刚才谈到的贪腐的风险，搞不好要家破人亡。另一个是自我认知的风险，众星捧月，很难对自己有明确的认知。其实还有一个风险，就是缺乏生活自理能力的风险，很多生活技能在退休之后得从头学起。归结起来一句话，风险来自权力对人性的异化，让其不能过普通人的生活，即便退休之后，心态调整漫长，难以享受到普通人的乐趣。"

同事："他们的优越感还是挺强的，小到吃饭的时候不用排队，大到比一般员工多了解很多信息，把岗位的信息特权当作个人能力，退休后落差感会比较大。不过，其实基层员工也会把信息获取少当作自己什么都做不了的借口。您看，怎么做可以帮助减少权力对人性的异化呢？"

我："人性中本有对权力的欲望。每个人对权力都不会陌生。基因里有这部分经验的嵌入。要减少权力对人性的异化，必须坚持'权力即责任'，而领导者的责任是定方向和用好人。领导力的本质是利他。修一颗利他之心，是根本的良药。"

不管怎样，领导力只能在工作中完成提升，在一定时间内也只宜关注一件事情，并全力以赴。

因此运用培训提升领导力，最为重要的关键词有三个：

第一，案例。

千百万年来，人类进化出喜欢听故事的大脑。

以培养领导力闻名的美国海军陆战队的基础课程中，六个月中有300个小时是讲故事的，占1/3的总课时。

人们总是更擅长在聆听精彩的故事中成长。

第二，训练。

有调查显示，几乎很少有人经过培训后能够持之以恒地去践行所学。如果不能在课堂上通过还原实践的训练方式当场拿到成果，只靠那些"告诉式"的培训一定是低效或无效的。《后汉书》说："以身教者从，以言教者讼。"讼，就是争论。崇尚务实的邓小平曾说："不争论是我的一大发明。"

据说老虎伍兹比大部分高尔夫球手多练习了一万个小时。比伍兹练习还多的球手一定有，但伍兹如果不能比大部分球手练习得多就很难成就自己。

更重要的是，他一定要比自己的主要对手——少数顶级球手们练习得多才有可能超越他们。

第三，反思。

管理者或领导者主要是通过对实践的总结与反思进行学习的，单纯的知识灌输对领导力所能起到的提升作用微乎其微。苏格拉底甚至讲："未经反思的生命不值得活。"

提升领导力的途径，可以用关键词概括为九个方面：人文情怀，贡献意识，大局观，责任感，执着，勇气与担当，前瞻、洞察与创新，灵活与务实，学习与成长。

# 一

## 人文情怀

**导语：**什么是人文情怀？人文情怀与领导力有何关系？怎样从人文情怀的角度看待是非观、业绩观和小事情？

# 什么是人文情怀？

人文，就是指人类文化中优秀的、核心的、健康的部分；情怀，就是指含有某种感情的心境。

人文情怀，就是对人类优秀的、核心的、健康的文化抱有珍惜与喜爱的心境。

文化的核心是优秀的、健康的价值观。人文情怀的本质就是对优秀的、健康的价值观抱有珍惜与喜爱的心境。

人文情怀集中体现在：重视人、尊重人、关爱人。

人人都有人文情怀，只是成色与程度不同而已。

人类的文化是动态发展的，人文情怀也是动态发展的。

人类对自身所能体现的最大尊重，其实是尊重规律（包括整个宇宙、人类所处的自然界、人类社会和人类自身的规律）。

中华民族是最有人文情怀的民族之一。

被誉为"群经之首"的中国古籍《易经》中说："观乎天文以察时变，观乎人文以化成天下。"孔颖达解释为："言圣人观察人文，则诗书礼乐之谓，当法此教而化成天下也。"用诗书礼乐教化天下，是中华民族的传统。

因主张"德治"深刻影响后世的《尚书》中说："民惟邦本，本固邦宁。"老百姓才是国家的根本，只有根本稳固，国家才会安宁。孟子也说："民为贵，社稷次之，君为轻。"老百姓最为重要，国家其次，国君为轻。屈原在《离骚》中吟道："长太息以掩涕兮，哀民生之多艰。"这都一脉相承地与那句响彻历史天空的"人民万岁"何其相似！

中国传统文化将天、地、人统称"三才"，认为都具有灵性、智慧和创造力。其中，天对应阴阳，地对应刚柔，人对应仁义。人与天地并立，将人的主体性（以人为本）放在至高的位置。"文"，在中国文化里则代表装饰、礼仪、柔和。可以说，"人文"是中国文化的精髓。中国的礼乐文化、人伦文化、生存文化，都渗透着一种对苍生的强烈关怀，包含着一种悲天悯人、匡时救世的情怀。"仁"，成为中国圣贤呼吁统治者施仁政于民、爱惜民力的最强音。佛教能够在中国生根，也是因为更好地与儒家道家的思想同声共气，都对现实世界、对生命和尊严给予了极大的关怀。

儒家"士志于道""士不可以不弘毅"的入世精神，展现对国家和民族的悲悯情怀，使忧世悯民、居安思危的人文精神得以传承，千百年来塑造着中国人勤劳、善良、勇敢、温润的品格。

社会上的每个人，无论他是否拥有一份工作，他都必须拥有一份时刻通过滋养自己而温润人际的、可观的人文情怀。因为，人类不仅需要物质财富，更需要精神财富。社会需要有价值的人，去创造价值。推敲起来，"有价值的人"与"有人文情怀的人"，可视为同义词。

身为人类一分子，不管从事什么工作，首先必须拥有一份这样的人文情怀：对他人抱有同情之心，对自己抱有美好期望。这样，无论在什么岗位上，他都能不自卑，也不自傲，从容而有趣地工作和生活。

人文情怀不仅将人当作人对待，还将他人当作自己对待，承认和接纳任何人的任何特殊性。任何人的任何需求，都应被看见和尊重。唯其如此，任何人的主动性、积极性、创造性才会被激发，人与社会的自由全面发展方得以促进。

每个人都能以一种精神、文化的存在而存在，于是权利与责任同时产生。每个人都被他人维护和捍卫存在的意义，每个人也都维护和捍卫他人存在的意义。每个人都为所有人服务，所有人都关怀每个人。每个人的社会价值和个体价值高度统一，由此关怀、尊重与爱作为手段和目的也得以高度统一。

每个人的自我发展、自我完善，成为促进人与社会的自由全面发展的源动力。

人文情怀会产生强大的道德力量。管理者和领导者必须依赖道德力量，才能进行更有成效的管理及领导。在管理的情境里，看到、强调和激发每一个人的优长，才是道德力量的最佳体现。因此，管理者和领导者必须诚实正直，追求正义，通过自身的行为在组织中树立典范。强大的道德力量并不等同于说教，也不只是要有良好的愿望。道德必须能够建立行为准则，才具现实意义。因此，道德的力量应该也只能体现在身体力行与勇于实践。这种实践必须是具体的、有形的、清楚的。

激励管理者成长的，并非只有升迁。假如薪酬幅度有一定的弹性（那些比同行业较低的年薪加上高于同行业的绩效奖金才是最有力的薪酬制度），那在很大程度上可以解决升迁独木桥的拥挤问题。但对每一名管理者更为重要的，一定是他需要通过工作成效获得成就感，他需要获得声望和荣耀。

重视他人的感受，"是否满意？""是否赞成？"应成为每个人的思考习惯，由此养成根据他人的感受采取行动的行为习惯。全社会都应努力创造让每个人都能够根据自己的选择发挥聪明才智的环境，每个人的个性、才智和潜能都能得以充分发挥，每个人都能从劳动、付出、创造和对他人的关爱中获得幸福（企业员工的幸福感更来源于从工作中获得的成就感、受到尊重的程度以及令人感觉快乐的工作环境，他们甚至会离开或拒绝一份高薪的工作而愿意来到这样一家企业工作）。

整个人类的命运借此结成休戚与共、牢不可破的共同体。

人文情怀将超越种族、超越国家、超越个体，借助现代自然科学和社会科学及全球化的力量更新和重塑着人类的世界观、价值观，这意味着将人放置于超越历史上任何时期的重要程度和认识高度，已经成为必然趋势。

## 人文情怀与领导力有何关系？

值得注意的是，在国有企业担任领导职位的人员中，真正有人文情怀的人，却总是让人感觉并不多见。这是怎么回事呢？

推测起来，无非有三种可能：第一，有人文情怀的人确实不多；第二，工作中不需要（甚至有意回避）展露人文情怀（例如会被视为"政治上不够成熟"）；第三，从组织的角度，没有将人文情怀作为一项用人的指标，清晰地定义领导者的人文情怀（应被视为"最成熟的政治"），务实地培育领导者的人文情怀，再根据考察领导者的人文情怀，做出用人上的决策。这包括，选用有人文情怀的人，担当用人者的角色。

前两种可能，正是第三种可能的结果。因此，当下一切组织内都迫切需要发展出崇尚人文情怀的氛围和环境，使得组织成员的人文情怀能够拥有生育的土壤和展露的空间。

未来的优秀组织，一定充盈着浓郁的人文情怀。

一个人的人文情怀，与他的智力、情商或知识之间，并无切实可证的关联。相反，现实中那些智力超群、情商出众、知识渊博的人，往往不如普通百姓更有人文情怀。人文情怀本身虽非成果，但人类文明史上重大的科技成果，往往是由有人文情怀的人创造的。人文情怀是他们创造成果的必要且充分的条件。

智力、情商或知识无论多么宝贵，都只是像土地、空气一样的资源。但是，所有资源的共同特性是具有局限性。唯有人文情怀才能使资源得到正当而有效的利用，从而造福全人类。

领导者一定要有人文情怀，这是领导力最重要的底色。迄今为止，在所有领导力著作里，几乎很少有人关注企业领导者的人文情怀问题。这是为什么呢？原因之一，就是企业在很大程度上一直被定义为营利组织。

随着全球经济的飞速发展，企业早已成为国家和社会得以存在的重要组织形态。而人类需要自我关怀，只有人类自身才能对人类的尊严、价值、命运进行关切和维护，也只有人类自身才能珍视和追求对全面发展的理想人格的塑造。因此，营利只能成为企业谋求人类生活更加幸福美好的手段，而不应成为终极目的。

中国国有企业，比其他任何中国企业更多地肩负着神圣的社会责任。国企领导者，都肩负着国计民生的重大责任与历史使命。他必须使企业中的每个人，都能够成为有价值的人、有人文情怀的人，这是国企领导者对社会所能做出的最大贡献。

每个人都可能在某个时刻展露人文情怀，感染到他人。

有件小事一直埋藏在记忆深处，时时激励着我勇于剖析自我、心系企业。一次到某分公司考核干部，正与该分公司经理谈话间，忽然室外大雪飘飘。经理扭头望着窗外，轻声自语："这天气，我们野外作业的工人要遭罪了！"我瞬间动容，被经理的语气和神情所感动。此后经年，我多次与人谈起这件对自己影响至深的小事。而受我的影响，我的几位下属在成长为领导者后，也一直告诫自己的下属要将企业和员工的冷暖放在第一位。

而国企的复杂性在于，那位叹雪的老总其实远非完人，甚至颇有缺陷，但这并不妨碍他在某一瞬间的真情流露，感染到身边的某些人并影响到他们的一生。

在管理的世界里，"完人"情结是有害的——至少是值得警惕的。

在国企里，人们都面临必居其一的两种正向选择：第一，成为自己的领导者，能够很好地领导自己；第二，走上领导岗位，能够很好地领导他人。

两者的关系：只有能够很好地领导自己，才能够很好地领导他人。任何一个人，无论在管理岗位、专业技术岗位、技能操作岗位，都可以也必须首先成为领导者。而从现实意义上讲，职级不断升迁能够使一个人的领导潜能不断绽放。

在很长的时期里，国企领导者被描述成杀伐决断、铁石心肠的超人。但如若这副面貌下没有包裹着一腔人文情怀，他们的决策、命令和指挥绝不会那么有效。今天我们已经不能再想当然地假定，凡是领导者都一定要表现得十分强悍才会有效。缺少柔性的坚硬，是容易脆裂的。我们无法对领导力的描述仅停留在决策、指挥和执行层面，不经意间流露出的真情，也是领导力的一部分。领导力最有意义的部分，恰恰就在于非职位影响力。

力量本身不等于影响力。力量单指主体能量，而影响力却指主体与客体之间的相互作用。好比暗物质很有力量却无法作用于人一样。对管理而言，认知水平决定影响力是否发生以及发生何种程度的作用。如同给小学生上博士生课程是不会产生影响力的（假如迷惘和瞌睡不算影响力的话）。我们同样不能说一块巨石比一粒原子更有力量，力量的本质其实取决于能量释放的某种方式。对管理而言，同频共振是影响力的本质，而力量则是某一人或事物的某种特质期待以某种方式释放。任何力量，都可以描述为得以或待以释放的能量。管理者或领导者的责任与使命，就是释放每一个人的善念与能量以提升组织的绩效。

有人文情怀的年轻人会较其他年轻人更有可能获得较快的成长，他也更有可能受到周围人的拥戴和追随，从而成长为领导者。领导者的领导才能，完全并且只能是在实践中生成的（例如学院派老师讲多少遍领导力课程都不可能因此使他自己具备出色的领导力，更难借此改变学院的文化）。而一个人的人文情怀，却会在包括实践在内的一切情形下生成（例如观看富有感染力的文艺作品也会陶冶人的情操）。

社会上的每个人，都有责任培养自己的人文情怀。有意识地培养自己的人文情怀，不仅是成长为领导者的需要，更是成长为"人"的需要。一个人，可以不想走上领导岗位，但必须成长为一名真正意义上的领导者，即首先必须成长为一个"人"。

而社会的公平性往往体现在：一个有人文情怀的人，往往更有价值，也更有责任成为名副其实的领导者，即更有责任走上领导岗位。

领导者的工作动力与生活动力不应是分离的，而应该源自一处，那就是使自己成为有价值的人。有一份蔚为可观的人文情怀，能够帮助他成为一个有特殊价值的人。

从广义上讲，凡自己能够引领自己成为自己期望成为的自己，并影响到身边的人也去这样做，这样的人无论处在什么工作岗位或社会地位，都是出类拔萃的领导者。

人文情怀深刻影响着领导者的有效性。

在企业里，优秀的领导者擅长在复杂的事情里权衡利弊，靠发挥自己和他人的特长取得成效，而人文情怀可以使领导者自然而然地找到和运用更有效的方法。

一名入职不久的大学生与主任闹矛盾，到我办公室里哭诉。我虽履新不久，但也觉察到年轻人存在着更深层的问题，便只是倾听，未置一词，最后只问一句："你希望我做什么？"年轻人迟疑了一下，说要调岗。我说可以，当天就调整年轻人到另一个人们眼里较好的部门。

我料定年轻人还会出问题，果然一年后又来哭诉，又与新的主任闹矛盾。我觉察到年轻人已有自我反思和改变，但仍只是倾听，未置一词，最后只问一句："你希望我做什么？"年轻人毫不迟疑地说要调岗。我立即说可以，当日就调整年轻人到另一个人们眼里更好的部门。

我料定年轻人还会出问题，经侧面了解，觉察到年轻人虽又有明显进步，但仍存在不容忽视的问题和新的隐患，甚至可能给其本人、部门和单位带来严重的不良影响，便果断调整年轻人到另一个人们眼里很苦很累的部门。

年轻人一直没有再来找我哭诉。只是此后每年我的生日，年轻人都会送花给我。站在门外，问候一声再进来，将花放在门边的会议桌上，然后深一鞠躬，转身离去。

看似简单的事情，往往有着复杂的背景。在对事情的复杂背景缺乏了解的时候，不急于解决问题反而会是更有效的方法。

年轻人的成长，需要时间。

中国有句古语：事缓则圆。对领导者而言，用好时间这个维度，复杂的事情会变成简单的事情。尤其对年轻人来讲，更需要在事情中学习。事情本身，能教会人们更实用的本领。领导者对年轻人要有足够的耐心，静待花开。

不管怎样，当人文精神成为领导者最为深厚的底蕴，那么领导者即便表现沉默、生硬或中立，都会产生无形而强大的向上力量，使事情自然朝着正确而积极的方向演进。而那种沉默、生硬或中立，终将成为一种他人难以直接模仿的领导艺术。

实物总是最好的形式，有些实物其教育意义非凡。

大庆油田有一座"外专楼"，即外国专家公寓。那是在油田一次创业时期，苏联专家住的地方。后来改建成四星级的石油宾馆，可人们还是习惯叫"外专楼"。一次，听说"外专楼"所在的繁华地带要卖给开发商规划新的商业区。我找到有关领导，建议："不要卖掉，'外专楼'是文物，不只苏联专家住过，很多中国专家也住过，应该将他们的照片和事迹挂在房间和廊道，建成人文特色石油宾馆。"但终究还是卖掉了。

几年后跟宾馆经理谈到这件事，他讲的一段话，很让我感到震撼："'外专楼'雇佣的服务员们痛哭流涕，很舍不得。而我们的管理人员，没啥感觉，无非换个单位工作而已。其实这些服务员到其他宾馆会赚钱更多，但她们不愿意离去。因为她们对'外专楼'感情很深，觉得在这里工作有尊严。"

人文情怀，多么神奇的人生要素啊！几乎无处不在。

有两个不易令人觉察的、能够鉴别领导者人文情怀的话题：

1. 公益活动。

2. 退休生活。

人的本质关乎如何理解和对待他人，领导力的本质同样如此。当一个人在谈论公益活动的时候，应该是最放松的、最坦露的、最本真的时刻。而当一位职场人士在谈论他未来的退休生活的时候，他对人生的全部看法都会表露无遗（当然，他未必在退休之后真的会像他谈论的那样去做，例如返乡种地之类）。

任何富有人文情怀的行为，都将产生领导力。

与几位学员分别在微信里有几段相似情节的对话。

**当下的力量**　学员："我今天下午去运输公司，我们单位有个学员跟我说您的课把她讲哭了。还说一想到您，心里总有一股暖流在涌动。"我：

"为什么哭呢？"学员："她说按照安排，他们好多同学在您的课堂上着急赶着做课件，您说讲了这么多年课，这次对你也是一次风格上的突破，一个人说相声，您告诉大家要'活在当下'。她果断放下课件，把您的课用心听完，受益良多。还说您推荐读的书她回去后会有计划地安排阅读，她说您的课就是让她很动容，很想哭，当时我看她眼里一阵阵泛有泪花。"

我："这种听我的课想哭的情形我遇到过好多次，记得有两次是两个男生，哽咽了。那两次讲课一次是在江苏，一次是在成都。男儿有泪不轻弹，也弹了，居然还是听的领导力课程。学院派的老师大概是很难理解的，但对内训师来讲，这确实是经常会遇到的事情。"学员："我是不是哭得最凶的一个选手？哭了好几天。您总是能抚摸到大家心灵中最柔软的地方。"我："没别的，其实就是爱。"学员："还有赤子之心。一想到您要退休了，就是很舍不得您。"我："还有一年半退休。"学员："会不会延退呀？"我："不会的，也不想。"学员："让您又爱又放心不下的地方。"我："今天我还跟徒弟说，等这本书稿交出版社，我就可以读历史和文学方面的书了。年轻的时候喜欢历史和文学，因为工作关系一直没读这类书。现在快退休了，可以读了。"

**有你同行**  学员："您下午领读《希波克拉底誓言》，我哭了。何其有幸，有您这样的勇敢者。"我："有你们这一群人，我怕啥！"学员："我每次听您讲课内心都会很平静，又很想哭。"

**坚守初心**  学员："看完了《让对话温暖而有效》这本书中'古都迷雾'这一篇，惊心动魄。看到了一个国有企业干部的风骨，只为正确，不计较个人得失，这样的人在企业里太少了。企业需要这样的人，但又没有保护和重用这样的人。最后一篇'问答之间'看哭了。"我："为什么呢？"学员："您作为案主，让每一个问题变成了好问题，认真对待每一个问题，连接内心深入思考。从中看到了这么多年的不易与坚守……"

**同频共振**  学员："我之前是不能到您跟前去的，一有要靠近跟您说话的想法眼眶就热了，也说不明白为什么，自己觉得很不得体，怕吓着您。"

我："这有点像同频共振。这说明你可能同我一样，已经清楚自己来到人间的目的，对自己所要做的事情充满热情，感觉自己有无限的精力去做这些事了。"

呐喊与呼唤 某日早餐，我问同事："昨天我给集团公司青干班上课，结尾时我看见你坐在后面。"同事："是的，我哭了。"我问："怎么了？"同事："感觉您像在呐喊和呼唤。"我说："我讲课二十多年，还是头一次慷慨激昂、顿挫有力地说话，虽然市面上培训师这样表演的多，但我是真心的。"同事："您一直致力于培训对人的改变，我一直都记着您说过的那句话，'我们是中石油学习生态的塑造者'。"

斯世同怀 学员："有时在线上看到您也会流泪，感受到自己的内心是：知道这世上真的有人在这样活着而感动，知道有人和自己一样走在人生最难且沧桑的路上而获得力量。"我："你让我想起鲁迅曾写给瞿秋白一句清人的话：人生得一知己亦足矣，斯世当以同怀视之。"

师生之间，其实是共生的关系。被学生感染和影响，老师才会进步。青胜于蓝，人类文明才能薪火相传。这世界几乎所有的人都有不止一份师生关系，假如这种关系都能够因可观的人文情怀得以升华，无疑整个人类的面貌将大为改观。

只有充沛的人文情怀，才会发展出真正的科学精神。企业的发展，离不开科技。但企业的历史，本质上全部是人的历史，而非生产资料或科技的历史。企业是为了更好地关怀人类自身而诞生的，这是企业的使命。企业的使命是先验的，在企业未产生之前就存在。

因此，企业不仅必须时时刻刻关怀本企业每一位员工，还要关怀社会上的每一个人。企业只有通过关怀人，才能关怀到企业自身。于是，企业以及社会要以人的获得感为尺度，衡量企业领导者的领导力。

# 怎样从人文情怀的角度看待是非观、业绩观和小事情？

是非观是人文情怀最深刻的内核，建立清晰而正确的是非观毫无疑问是成为"人"的首要命题。

是非问题，在企业里总显得不如效能问题更实际。但这并不等于说，企业里就不存在是非问题。在中国国有企业，是非问题一向是大问题。通常而言，人们只是将带有原则性、根本性的问题称之为是非问题。但这种解释只是在谈论企业战略或经营决策问题时容易理解，放在某些特殊问题上理解则是远远不够的。国企领导者如果缺乏鲜明而正确的是非观念，在大是大非问题上犯糊涂，不出问题是幸运，出问题则必是灾难性后果。

在中国的国有企业，先于战略问题、决策问题、执行问题存在的是为谁服务的问题。发展要依靠人，最终是为了人。如同国家不能通过人为地减少人口实现共同富裕，对企业来讲靠减员增效同样不是正确的命题。

某集团公司以改革的名义，分立为两大企业。其优质资产组建为在海外上市的公司，被剥离的不良资产及所谓富余人员组建为存续企业。过程中，大批员工有偿解除劳动合同，即俗称买断工龄。尽管后来又采取一系列补救措施，但对企业及员工所造成的不良影响在相当长的时期里都没有得到有效消除。

改革不是目的，只是手段。一切以改革的名义进行的任何有损于员工切身利益的行为毫无疑问都是错误的，这样的行为反过来也必然会伤害企业。

是非观不是挂在嘴上说说就行的，要落实在行动上才算数。

我在某次履新时发现本单位竟然有10%的员工在吃空饷，长达几年或十几年。我心里当然明白这些人都会有不一般的背景。但掂量再三，还是要求人事部门立即联系吃空饷人员，自接到通知起，海外人员在六个月内、国内人员在三个月内，要么接受除名，要么回来上班，要么自行调离。虽然过程中遇到很多意料之中的事情，但仍顶住压力解决了吃空饷问题。

对一个人的不公，就是对所有人的威胁。对一个人的偏袒，就是对所有人的不公。在原则问题上退缩或装糊涂、当老好人，是国企领导者最致命的硬伤。这样的领导者或许是有能力的，但品德上却是有缺陷的。领导者若德不配位，会对单位造成什么样的影响呢？这是不言而喻的。

品德是形成的，不是听课就能学到的。无论知道多少关于优良品德的知识或故事，都不等于有良好的品德。品德只能通过行为被解释，一个人的品德只能在他的所作所为中被他人看到。一个人最不能被他人原谅的，就是被认为品行不端。

业绩观是考量人文情怀最方便的尺度。

所谓业绩观，简单地说，就是对业绩的根本看法。从技术的角度，谈论任何一家企业的现有业务，其实并不难。那么更难的是什么呢？是从业绩观的角度，谈论尚未出现的业务。站在未来，看向现有的业务，任何企业都无足可观。站在当下，看向尚未出现的业务，任何企业都充满希望。

认清主业，不仅考验认知水平，更考验业绩观。

世界上任何一家有作为的企业培训机构，都必然是以支持学员解决工作难题为基本导向的。但奇怪的是，几乎所有的中国国有企业培训机构，都以经济收入为主要考核指标，因此多承办培训班或会议成为最重要的事情（看上去这些培训班与会议很难分得清，培训班更像抻长的会议），于是培训机构的营销能力与服务能力（颇类似星级酒店）成为核心能力。

令人诧异的是，十几年前我在大庆油田培训中心任一把手时，成功地说服上级取消经济考核指标，而以培训品质优良率为主要考核指标，为此我在四年任期里全力推动内训课程研发与行动学习，逐渐使课程研发能力与行动学习能力成为核心能力，也使课程研发与行动学习有望成为主业。但在我离任后，又恢复为以经济收入为主要考核指标且一再提高收入指标。

有利润的企业未必有价值，有价值的企业必定有利润——即便暂时没有利润，也迟早必定会有源源不断的、持续增长的利润。利润之于企业，如同呼吸之于人类。人类活着需要呼吸，但不是为了呼吸而活着；企业生存需要利润，但不是为了利润而生存。利润永远是价值的副产品（利润的本质是一种支付未来的经营成本，即至少要冲销组织所消耗的社会资源）。

何况，一时可观的利润所遮掩的问题可能更严重。

选择做正确的事情，将使企业成为有价值的企业。选择做正确而独到的事情，将使企业成为有价值而独到的企业。但选择做正确而独到的事情，不仅需要智慧，也需要勇气，更需要基于人文情怀的正确业绩观。

在对与错之间选择，首先要预估损失有多大，是否能够或愿意承担。在正确与正确之间选择，首先要预估收益有多大，是否蕴含着希望和未来。

当主业确定的时候，很多从未经历过的、令人耳目一新的，甚至让人感觉有些意外和吃惊的需求会像雨后春笋一样出现，新项目会纷至沓来。

在大庆油田培训中心工作时，我将研发与行动学习确立为主业。由于只追求培训品质而不追求办班数量，很多同事开始的时候还很担心培训总量会下降。实际恰恰相反，随着培训品质的提升，口碑越来越好，各种需求应接不暇。例如我们开展过很多咨询式培训就是被需求倒逼和催生出来的，其很重要的特征就是在培训中完成工作任务，完成工作任务的每一步都是培训设计的每一个模块，即在学习中工作、在工作中学习。

**技能大赛教练员培训项目** 我中心从未承接过此类项目。八天的培训，调研用了26天，对21名教练和11名参赛选手进行累计达80个小时的访谈，12次修改项目设计。我亲自访谈教练组组长半天、访谈委托方的项目负责人半天。教练组组长的腿放在茶几上，对我说："你们能教给我们什么？我的选手代表中国石油参加欧洲焊接协会的比赛常拿金牌。要我说，你们只管照顾好我们的吃住就行了。课嘛，听点新鲜有趣的，差不多就行。"我们研究了三套递进备课模式：一是在调研中备课框架，二是后面上课的老师在听课中完善课件，三是每晚在手机微信群里交流当日关于学员的全部信息，微调课程。八天的培训，全部是行动学习，主力老师是八零后，课程极有创意。

结业时，恰好我出差。回来见桌子上有一信封，拆开来看是教练组组长写的，歪歪扭扭的字，偶有错字的信里很诚恳地向我道歉，说自己很无知、很没有礼貌，他参加的这次培训将终生难忘，没想到会这么有用！他誓言要用比赛成绩回报我们。

**党支部书记案例点评项目**　一次，采油三厂提出要我们帮助点评该厂的152个党支部书记案例。这些案例就发生在他们身边，都是近年来本厂的党支部书记们解决工作中真实问题的故事。我请来十名油田内训师，都是党建专家或管理专家，分配给每人15个故事进行点评。大家在规定时间内，完成了对这些故事人物的电话访谈及点评，案例集也成为我们的培训教材。

后来，这本案例集在石油工业出版社出版。看过这本书的读者跟我说："案例都很朴实、细腻、很接地气，看得出专家们的点评也下了功夫，使案例显得更有深度。"

**油田引导师培训项目**　我中心自创的行动学习方法，引起油田内部很多培训机构的兴趣，也引起油田组织人事部门的重视。油田组织人事部门提出，让我们办一期引导师培训班，向油田内部培训机构相关人员教授这些方法。项目讨论会上，我们的很多老师不愿意做这件事。我问大家："你理想中的我们中心应该是什么样子的？"一位年轻催化师说："一直被模仿，从未被超越。"大家鼓掌。为了做好这个项目，我12次亲自修改项目设计方案，全部以行动学习的方式进行传授。组织授课老师集训两个月，每门课配备两位老师，一位内容主讲，一位练习助教。

开班时，我的助教小赵老师目光敏锐地问我："您不会在上课的那天去开会吧？"我心里早打算那天借口去开会，让小赵上场。嘴上却说："不会那么巧吧！"但那天小赵独自做得很好。我借口去开会，其实悄悄地坐在后排旁听。课后，小赵问："我做得怎样？"我诚心诚意地说："很好。"

小赵说："至少有七个地方不够好。"我心里一惊，因为我只发现有一两个地方不够好。小赵一处一处娓娓道来，我暗暗高兴！看到自己借口开会的好处，也看到年轻人的飞速成长。

**企业内训师培训项目**　又一次，化工集团领导打电话问我是否了解北京某培训机构，说想请他们来为公司培训内训师。我坦诚地告诉他，如果我来做这个项目，一定会比包括北京这家机构在内的所有外部机构做得好。他问我怎样做，我大致讲了一下。他惊喜地说，如果真的能像你刚才说的那样去做，我一定选择由你们来做。但他又说："之前我们的同志跟你们的同志沟通，可不是像你这样说的呀？"我说："可见谁与谁沟通更重要啊！"

这个项目同样全程做行动学习，主办方很满意，很快吸引另两家油田企业做这个项目。


判断一位领导者的业绩观，最方便的观察就是看他事实上将时间主要使用在哪里，而不是听他说什么事情最重要。因此在现实情况中，口头上的业绩观往往是不作数的。同样，判断一个组织的主业和副业，最方便的观察也是看这个组织事实上将时间主要使用在哪里。现实情况中，组织发布的各种报告里强调的主业和副业，往往也是不作数的。

时间的本质是运动，放在管理的语境里就是做事情。对管理者或领导者来讲，过去、现在、未来都是事情。未来永远不会到来，到来的只有当下。因此时间管理的要点有五：

1. 从众多不同的事情中选择少数有价值的事情来做。

2. 至少投入50%的时间用于主业（这只有通过即时记录时间的使用情况才能进行有效的监控，仅凭记忆是极不准确的）。

3. 每天自己可控的整块时间不少于90分钟。

4. 不随意占领和割裂别人的时间（主要靠改善沟通方式）。

5. 要认识到品格、能力与方法才是时间的真正弹性（诚实正直的品格、非凡的工作能力与灵活务实的方法可以极大提高工作的效能）。

一次，我在微信里对儿子讲："管理时间，就是管理生命。管理时间的本质，就是选择做最重要的事。管理时间的能力，考验着一个人的价值观的成色。管理时间，等于管理注意力。管理时间，等于管理自己的能量。当然，管理时间也就等于管理人际关系。"

令人困惑不解的现象俯拾即是：在很多国有企业里，有些业务明明应该是主业，若认真谈论起来，很多业内人士也承认是主业，却事实上一直被做成了副业；而有些业务明明是副业，很多业内人士也承认是副业，却被不由自主地做成了主业。这究竟是什么原因造成的呢？

认知水平与决心大小，决定做事情的效果。

早在十几年前，我在大庆油田党委组织部花费六年时间，将换届考核过渡到年度考核，再由年度考核过渡到日常考核，真正地将考核领导人员做成了部门主业。

而至今在很多国企，党委组织部一直没有将考核领导人员做成主业。他们每天都很忙碌（他们自己甚至有些陶醉于这样貌似有干劲的表现），却大部分是在忙于临时性的、事务性的工作。每逢领导人员任免，才急匆匆去考核，甚至派去的人员连考核过场都来不及搞完，部门里面就已经有人在起草领导人员考核报告了。令我诧异的是在我离任后，考核工作竟然又退回到换届考核的模式，并且连换届考核都日渐式微。

令人瞠目的是，写在国企领导者们会议报告中的业绩观，看上去大体都相似，有时甚至连文字都相同。这是什么原因？不动脑筋地说官话套话而已，客观效果上等同于欺人或自欺。这样的领导者，谈论起业绩观来，无论多么振振有词、信誓旦旦，一旦回到现实中，面对具体的问题，或面临两种以上的选择，却总在他所宣称的业绩观之外凭喜好方便甚至个人利益行事。

国企领导者真实的业绩观，其实大多并不为自己所知。他自己也只是在面临选择的时候，才能有机会觉察。

但大多数国企领导者，即便在面临选择的时候，也不会愿意或有能力觉察自己真实的业绩观到底是什么。这不仅是一贯忽视这样重要的问题，也是不愿意面对或没有能力觉察这样重要的问题。

从另一个角度说，领导者如若对组织未来的核心业务应该是什么尚未参透，往往是失去自我觉察与正确判断的根本原因。

看一个人的业绩观，最直接的就是看他在用什么人（或不用什么人）。

某集团公司下属单位新任领导者，声称要打开工作局面，必须调入人才。但一年多里所调入的十几位人员，都是内部可以培养的角色，没有一位是难以替代的人才，甚至没有一位是从事核心业务的人员。而他对未来业务的描述，还停留在传统业务模式的范畴。与其说这是专业眼光问题，不如说这是业绩观问题，因为他再有两年就将退休。

任何事业，最难以回答的问题并不是"怎样做好它？"而是"它究竟是什么？""为什么要选择它来做？"例如提出原子弹设想，其实比造出原子弹更难。甚至对人类来说，认真回答"为什么要造出原子弹？"也要比研究如何造出原子弹更难。

回答"是什么"和"为什么"要比回答"怎样做"更需要智慧，也更具技术含量，因为这需要洞悉事物的本质。只有对事物的本质有着深刻的洞察，才有可能找到更加有效地解决问题的方法。

**远程学习**　一次，一位做远程学习的同行审慎地问我："在你看来，究竟什么是远程学习？"我知道他这问话的分量，便同样审慎地回答："这要先回答企业为什么要做远程学习？不是因为智能手机和平板电脑的普及，不是因为数字化和网络化的快速发展，不是因为AR技术日益强大，而是因为企业需要解决问题。"

我接着说："这如同你家里有干木匠活的工具但并不意味着你一定要成为木匠一样。那什么是远程学习呢？远程学习平台仿佛超市。平台上有专家导购，有客户建议，是知识库、工具箱、智慧集散地、论坛、创造场，它是消灭距离的学习，也是创造空间的学习，还是妙用时间的学习。当我们这样定义远程学习它'为什么'和'是什么'的时候，我们才会知道应该怎样做远程学习。那必然是企业间开展合作，发挥各自优势，联合研发。远程学习最大的特点是内生性。无论是内容还是形式，都是内生的。从客户的角度看远程学习：1. 门类齐全。来自持续不断的调研。2. 资讯丰富。来自各种渠道，打通基层与高层的沟通界线。3. 贴近实际。来自真实的、有前瞻性的需求。4. 更新及时。来自精细的管理。5. 实现互动。来自专业人士的培育。"

同行："明白！远程学习绝不能只是买来一堆课程放在线上。"

**同听一堂课** 我："正在听宋志平讲课，他讲到董事长兼党委书记，总书记一锤定音定下来的。我在《大匠无弃材》里写过这个想法，源于一次与组织部同事起草一项制度，我提出来的。宋志平讲到事业部制在中国企业运用得不够理想，可能是嘴下留情了。我1997年参与了大庆油田的改革协调小组的工作，那时候我就感觉事业部制不适合中国企业。他又讲到核心业务、核心专长、核心市场、核心客户，这我也一直强调，我至少实践了20年。"

同行庄："宋是有实践根基的，他是我最佩服的人之一。"

我："我们这个是高端班，请的都是名师。但是我还是觉得这种培训的现实意义不大。比如听了宋志平的课，我和某位领导都会称赞好，而且都会强化我和这位领导各自的看法。但其实我跟这位领导的想法是相反的。所以，没有讨论、没有澄清问题、没有共创行动方案的培训，基本都是接近于低效或无效的。央企所有的培训都是这么做的。我们做得还不是最差的。"

同行骁："说得太深刻了！"同行爽："每次品味你的分享，都非常有味道。"同行洁："你的很多理念都超前，可引领太难了，许多人不是不想而是做不到。大环境也不支持。"同行蕾："有理论、有实践、有总结、有提炼，进而形成一套系统的理论，您和宋老师都是一样的人。"同行秀：

"内训师就得像他那样。"同行红："非常认同。如果没有讨论，每个人对老师观点的理解出入非常大。一般情况下，人们都只是听到自己想听的，用接收到的信息证明自己是对的。"

事实上，在国企领导者中好大喜功者要比霸道专横者更多。当然，既好大喜功又霸道专横的人也不在少数。但的确有清醒且敢于担当的领导者，用自己的方式诠释着自己的业绩观。

某大型国企一位领导者还有三年退休，却被提拔到另一家大型国企任党委书记。在一次干部大会上，他讲："我还有三年退休，我给自己确定的主要任务只有两件事。第一件是全力支持总经理工作，第二件是为下任党委书记打下一个较好的工作基础。为了做好这两件事，我要求纪委今年要查办十个中层干部。"他说到做到，雷厉风行，坚决查办了多名不称职的中层干部。

两年后，他又坚决要求提前退下来。理由是：班子内另一位副职很优秀，但再过一年将超过升职规定的年龄，他希望上级组织能提拔那位同志接替自己的工作。他如愿退出领导岗位后，坚决谢绝担任政府和社会职务。让人唏嘘的是，他退休多年之后，当年被免职的中层干部除去退休者之外竟然通过反复上访又重新被安排到领导岗位。

人文情怀是一项特殊的决策要素，虽无助于做出何等科学的决策，但有益于做出何种性质的决策。好比文艺界的领导者无论多么喜欢阅读世界名著或欣赏世界名曲，都不一定能帮助他写出名著或谱出名曲。但他一定懂得尊重作家、音乐家甚至文艺发烧友。可观的人文情怀会使领导者首先考虑的不是决策本身是否科学，而是决策会带来何种影响，尤其是对每一位员工及社会的影响。

归根结底，业绩观的背后正是价值观。业绩观相比于难以观测的价值观更方便探知，只需要看向四个方面：第一，看他在用什么人；第二，他持续在使用自己的主要精力（大部分时间）做些什么；第三，非正式场合里他经常在关注、询问和谈论什么；第四，他召开的会议通常在讨论什么以及用什么方式讨论。

宁肯相信对以上四个方面的观察，也不要轻信他的表白。

优秀的领导者往往重视且擅长做小事情。

领导者给人的印象似乎整天总是忙于大事，他自己不屑于做小事情或将小事情都交给下属去做，实际上并非如此。

合理的解释恰恰是：一方面，正是因为一个人愿意且擅长做小事情，他才有机会成长为一名领导者；另一方面，优秀的领导者往往能从他人司空见惯的小事情上看到价值，或能够在他人意想不到的角度发现可以做的小事情。

这两方面的例子，都不胜枚举。

一把手重视做小事情并不多见，但对组织有着特别的意义。

在大庆油田担任培训中心主任的四年里，我曾亲自督促落实过16件小事：

1. 在大厅设立废旧电池回收箱（没想到附近的居民得知消息就有来扔废旧电池的。可多方联系环保部门，却说国家并无专业处理废旧电池的方法或机构，得到的回复是"深埋处理"。北京一位民营企业家自筹资金研制处理方法，始终没有成功，这位企业家一再强调千万不要寄给他，已经有太多人将废旧电池送到他这里来。我离任后，仍没找到更好的处理方法）。

2. 清理掉高额师资（有人跟我说，这将影响培训项目质量或使有些培训项目办不起来。我说办不起来就宁肯不办）。

3. 提倡节水（在一次会后，看到现场有17瓶没有喝完的矿泉水，连夜组织制作节水宣传片，翌日召开节水大会播放宣传片，将17瓶没有喝完的矿泉水放在台前展示）。

4. 倡导光盘行动（一次发现餐厅垃圾桶里有一个只咬了一口的馒头，立即要求各班主任调查是哪位学员扔的，还真的就有一位学员勇敢地承认是自己扔的，在班会上发言整整十分钟，他说："想不到中心主任竟然如此重视这件事，真的让我很感动！自己要是不站出来，就不配做男子汉了。"）

5. 撤掉所有培训班的水果和点心，只配茶水。

6. 取消一切纸质教材，配发电子教材，每年节约大量资金。

7. 主动调低房价（其他培训中心都在努力争取提高房价）。

8. 采取西方"图书漂流"的方式，在多处设立公开书架。

9. 向上级建议取消一切培训班的外出考察活动，直至设计出行动学习意义上的考察式学习方案。

10. 严格规定只能在室外或吸烟室吸烟，在房间紧张的情况下，每层楼设立吸烟室。

11. 取消在讲台上摆放鲜花，改为假花，每年节约数万元。

12. 组织内部年轻人学习英语，为他们每周聘请外教。

13. 督促及时清理室外垃圾箱（包括清洁垃圾箱四周）。

14. 督促安装净化水装置，改善餐饮水质。

15. 参与审课，旁听新引进的外部课程。

16. 亲自组织做项目研发和内训课程研发（在他人看来这是部门做的事情，或最多交给班子副职去组织实施）。

一个人做小事情的状态，比小事情本身更有观测价值。小事情里面，往往蕴含着色彩丰富的、有温度的人文情怀。

领导者做的每一件小事情都折射着他的人文情怀。


要知道在任何情况下，员工都是下了决心才提交辞职报告的。领导者在接过辞职报告的那一刻，应该想些什么呢？

在我的职业生涯里，只遇到过两次员工提交辞职报告。

　　一次，一个女人进到我的办公室，一看就是在社会上历练过的人，身后怯怯地跟着我的一个女员工。那女人很干脆，拿一个鼓鼓的信封放在我的办公桌上，说是我的女员工的长辈，想帮孩子请假。我说请假有规定的，病假、事假、长假、短假。她说想请长假，一年。我问理由呢？她说我不跟你说假话，孩子在海南找了一个房地产商结婚了。我问，那一年以后呢？她说再续假，这都好说，咱们熟了都好办。我把信封往她面前一推，说这个不行。这女人马上就收起信封，说没事没事，领导你先忙着，然后再来找你，就走了。没过几天，一位领导来找我，他也是我的老乡，还曾是我的老上级，一见面就说，我敬佩你做事认真，请一年的长假在企业里其实是很正常的。我说，那一年以后呢？他说，一年以后再说吧，到那时候我就不一定管了。我说，你可以不管，我却得接着管啊。

　　可是，女员工没几天就一个人来了，递交一份辞职报告。我先让她坐，得知她老公的母亲特别想要抱孙子，便有些放心，就问她，你辞职这个想法跟别人说了吗？她说没有。我说，那你把辞职报告收回去，不要跟任何人说，你不要辞职，如果你辞职了，往坏处想，万一你的婚姻不稳定，你怎么办？你能在油田得到目前这份工作很不容易，收入高，风吹不着雨淋不着的，不像生产经营单位那么苦。我说给你一年的假，一年之内，如果你怀孕了，我还可以给你孕产假育子假，如果你的婚姻稳定了，你回来办辞职。女员工的眼泪一下子就喷出来了，站起来像要上来跟我拥抱的架势，特别激动。然后大概有两年多，陆续告诉我怀孕、生产等消息，回来办了辞职。有一次还托人从海南带了几个芒果给我，那时候还没有快递，芒果是自然熟的，很有味道。

　　又一次，一位男员工忽然来提交辞职报告。他现在是中国石油培训界真正有引导师境界的人物，实际上也是我的老师。但当年他找我辞职的时候，他对我或我对他都不够了解。我问，你为什么要辞职呢？他说家庭困难，父母身体不好，需要钱。我知道他是学美术的大专生，能有目前的工作很不容易。我后来才知道，不仅父母治病、自己离异抚养孩子需要钱，他还花了很多钱自费学习心理学课程。我对他说，你不要跟任何人讲辞职的事情，我给你一年的长假，如果你干得好，你回来辞职，如果干得不好或怎么着，你就回来上班，长假的理由你就写护理父母。他听了我的话，一下子愣在那里。平时，他不走近我，我也很少见到他，我们之间的深入交流是发生在我离任之后，且仅限于学术交流及项目合作方面。他愣住后，手里拿着辞职报告，倒退着从我办公桌一直到门口，然后深深鞠躬，转身走了。大概一年后，正赶上油田调查长期不上班人员，我让组织部给他打电话，他就回来上班了。这件事过去近十年，他业务发展很好，成为部门主任，承担中国石油重要项目。

员工辞职的理由各有不同，但需要下大决心这一点都是一样的。或许对组织是小事，但对个人是大事。领导者在接过辞职报告的时候，先要替员工的未来着想。


每个人都不同程度地拥有人文情怀，当陌生的双方相遇时，率先愿意用善意去与对方互动的时候，双方的人文情怀都会被激发，然后悄悄地生长。

我外出讲课，坐在主办方接送的车上，都会与司机聊上几句。

一次，一位司机主动说："那老师，我们司机坐在一起聊天，聊到接送的老师们，大家都说最愿意接送的老师就是您。"

我问："那是为什么呢？"

司机说："您很温和。"

这话我一直当作自成年以来收到的最大的奖赏。

这是很多年前的事。

从此，潜意识里对司机们便多几分关注。

又一次，我提前走到与司机约好的地方，发现车已经到了。

我上车，对司机说："您怎么早来了？家不是很近吗？"

他说："接那老师必须早点儿，因为我发现您总是比约定的时间早到几分钟，这一点您不像其他的老师。"

这话我也当作自成年以来收到的最大的奖赏。

这也是前几年的事。

从此，意识里便对司机们多几分尊重。

接着，就发生了这样一件事。

某年夏天，一位接送过我几次的司机开车送我去机场。

在路上，他跟我说："那老师，我一直想跟您说件事。我是重度抑郁症患者，每天吃两片药。我在儿子三岁的时候就离婚了，从此没有再婚。现在我把儿子培养成硕士研究生，在法国公费留学。我陷入身体和心理的双重困境，我感觉抑郁症更多的是身体机理上的问题。"

我告诉他："你的病一定会好的。不需要任何证据来证明这一点。你只要在内心做一个决定就可以了。"

我说这话只是想让他此刻放松。

这位司机非常信任我，每次接送特别喜欢跟我聊天，问这问那的。他是长春邮电学院毕业的，印象中相当不错的学校。

现在却当司机。

他接着说："可我对儿子有愧疚感。"

我说："如果是我的话就不会。"

他问："为什么？"

我说："你不知道你做的有多么好！如果是我的话，我会有自豪感。"

他望着我，似乎不相信我说这话的诚意。

我说："你不知道你其实是个多么成功的男人呢！"

他问："在您眼里我是这样的人？"

我说："在我眼里，你像一棵大树。"

他问："什么意思？"

我说："与风雨共呼吸，与天地共生长。你儿子坐在树下躲雨或乘凉。"

他的眼睛盯着前方，亮晶晶的努力在睁大。

到机场下车，他站在路边看着我走向机场大门。

就在我快要走进机场大门的时候，他突然大喊了一声："老师，再见！"

我招招手进去了，我能感觉到他那一声大喊发自肺腑。

但不久我就又见到他。

在送我去机场的路上，他说："那老师，您说像这种情况我应该怎么办呢？我坐在后面听您的课，出来他们跟我说：'你一个司机装模作样坐在这里干吗？'，所以我只听了半天就不再去听了。"

我问："照他们的意思，司机应该坐在哪儿？"

他说："坐在调度室呗，一伙人瞎聊。"

我看着他的眼睛，问："他们希望你坐在哪儿呢？"

他有些不解："调度室？"

我问："那么你自己希望自己坐在哪儿呢？"

他说："您来了，我希望坐在您的课堂上。"

我问："那你为什么要按照他们希望的活着呢？"

他吃惊地张着嘴，看着我。

我也看着他，接着问："他们希望你成为什么样的人？"

他不再作声。

见到所有陌生的司机，我总会想起我见过的司机。

对我的改变，就是像对待那些见过的一样，对待那些没有见过的。


国企领导者工作创意的来源，取决于他怎样看待工作，以及他怎样感知工作对他人的影响。如果他对此缺少觉察，并非只因不够敏锐或敏感，而是因心里缺少他人。

当领导者心里装满他人的时候，他眼中的世界将不仅是全息的，而且那世界里的每个人也都是平等的，他将甘之如饴地愿意做许多小事情。

当小事情的价值足够可观的时候，面子之类都不重要（那才是真正的小事情）。

一次在餐厅看到大家喝酸奶，我说："打开盖子，有奶酪一样的东西。"我用吸管刮起来吃，"很好吃"——我说。一位女士以不屑的口吻说："难道还要舔一舔？"

我至今都后悔自己没有照她说的现场演示一下。

其实那位女士年届退休，如果是一位年轻女孩儿的话，或许我真的会照办吧。

组织内部无小事。所有小事情，对当事人来讲都是大事情。即便对当事人也不算什么大事情，积累起来，对企业也是大事情；即便对企业暂时不算什么大事情，长期来看，对事业也是大事情。所有小事情的沉淀，都将衍生成为组织文化。有决心抓小事情的领导者，眼光一定是长远的。从小事情抓起的成效，终将在大事情上显现出来。

对企业而言，人文情怀本身并非成果。但管理者是人，管理的对象是人，管理当中最重要的资源也是人——而且所有资源中唯独人是可以成长和发展的，人是所有资源中最大的变量，管理的宗旨更是与人密切相关。所以完全可以说，管理的核心就是人。而管理的本质是实践，只能依靠成果来检验管理的有效性。因此，人文情怀必然与管理的成果息息相关。

# 二

## 责任感

**导语：** 什么是责任感？责任感对领导力意味着什么？

# 什么是责任感？

　　责任感是一种自觉主动地做好分内分外一切有益事情的精神状态，它源于对人与人之间关系的本质有着极为深刻的理解，在一切司空见惯的场合和所有关键的时刻都愿意体现出一种同呼吸、共命运的信念和姿态。

　　责任与责任感有着本质的区别。例如"老吾老"是责任，"以及人之老"是责任感。只盯着岗位职责，无论履行得多么好，都不是有责任感的体现。愿意为他人更好地履行岗位职责而竭尽全力，才是真正有责任感。

　　绝不明知其害而为之，是责任的基本伦理。

　　这并不是一条易于遵守的准则。

　　愿意且主动做对他人有益的事情，是责任感的基本伦理。

　　这听起来似乎不难做到，但实际上并不容易。

　　顺带说一句，关于责任，必须这样完整地理解："责任"这个词无论在管理词典还是政治词典里都不单独存在，只存在"责任和职权"这种说法。任何人要享有职权，必须承担相应责任；任何人要承担责任，必须享有一定职权。责任和职权是一体两面的存在，不可分割。

　　但责任感却不受职权界线的约束。

对党员领导干部来讲，为人民服务是最大的职权。

职场中常听到这样的话："做好自己的事情就行了。""不要管别人的事情。""跟我有啥关系？""多一事不如少一事。"这其实是"各人自扫门前雪，莫管他人瓦上霜"的态度，有这种职场心态的人其实是做不好本职工作的。毛泽东在《反对自由主义》中早就指出过这种现象："事不关己，高高挂起；明知不对，少说为佳；明哲保身，但求无过。"

其实这不只是缺乏责任感，更是对组织的本质、人与人之间关系的本质缺乏深刻的理解。在日益精细化的分工社会、在全球化的今天，只有考虑和照顾到其他组织、其他人的利益，本组织和自己的利益才会得到保障。

责任感最为显而易见的就是紧迫感。紧迫感是一种紧紧围绕主业展开的具体行动。只知道不停地开会、要报表、看汇报材料，那是最缺乏紧迫感的表现。

真正有作为的人永远都是那种看上去充满紧迫感的样子，尤其当他们取得成功的时候——那甚至是一种危机感、一种深藏于心而永不枯竭的激情。

## 责任感对领导力意味着什么？

责任感是领导者最优秀的品质之一。

领导者勇往直前的不竭动力来自强烈的责任感。这份责任感甚至能够驱动他在自己不喜欢的领域里取得辉煌的成就。他当然在很多时候是利己的，但当自己的利益同他人、社会和国家的利益相矛盾时，他会毫不犹豫地以他人、社会和国家的利益为重。责任感驱动着他，让他感到许许多多有意义的事需要去做，使他感受到存在的价值和意义，从而得到人们的信赖和尊重。

任何层次的管理者都必须通过增强责任感才能提升领导力，也必须通过提升领导力才能富有责任感。

　　领导者缺乏责任感最典型的表现就是凡事不去从本质上弄清问题究竟是什么，既不钻研，也不务实，只是空喊。

　　一次，我对曾经的老同事讲："仔细想一想，我们很多企业没有界定清楚自己的核心业务到底是什么？而已经界定清楚核心业务的企业，其内设机构很多也没有界定清楚自己的核心业务到底是什么？没有界定清楚核心业务的管理者，现实中他们几乎没有花时间想过这个问题。他们当中的优秀分子最多在思考如何解决他们遇到的问题。可是在没有界定清楚核心业务是什么的情况下，无论如何都只能使想解决的问题越来越多。这是我工作几十年快退休所发现的重要问题。"

　　老同事问："能举例说明一下吗？"我说："例如，可以肯定，所有公司董事长工作报告里用过的词都是对的。但这些词太多了！需要大量地做减法才能找到真正的核心业务，而这项工作几乎很少有人去做。再如，企业干部管理工作，它的核心业务到底是什么？几十年很少有人弄清楚过。企业培训机构到底是干什么的？几十年也很少有人弄清楚过。有的管理干部学院喊'做有价值的培训''做精品项目'，喊得很响，但从来没有人回答到底什么是有价值的培训？到底哪个是精品项目？每天都开会，却很少研究深层次业务。喊得对，不去干，也没有用。"

　　老同事说："可是，能听点理论性很强的课程也不错啊！"我说："知识本身不等于成果，它只是可能会产生成果的一种资源。不通过有效的实践，任何知识都不可能转化为成果。"老同事问："怎样才能做到有效？"我说："在很大程度上取决于优化思维方式，做到力出一孔。"

　　老同事又问："那企业干部管理工作和培训工作的核心业务到底是什么？"我说："干部管理工作的核心业务就是考核，把干部搞清楚，花大精力去做。培训工作的核心业务就是做项目研发和课程研发。例如，毛泽东主事时期，我党我军的组织力、行动力或许是人类历史上首屈一指的奇迹，值得好好总结和研究。可惜几十年过去了，没有系统地做项目研发和课程研发。其实，各级党校和培训机构都应该拿这件事当作主业，沉下心来做研发。"

能敏锐地感受到自己在当下的责任，就是有领导力的体现。

一次，某位总经理在干部大会上发火，厉声斥责某位中层干部，甚至将怒火烧到班子副职身上。主席台上的党委书记一声未吭。不能说这位党委书记有问题，但说他责任感不够强还是说得过去的。这事放在村里，村主任向村民发火，村支书怎么也得吱声说两句吧？

责任感很多时候源于内在假设。

美国教育学家戴维·梅里尔讲："动机只是学习的结果，因为人生来就是好学的。"这句话很多人不理解，说上课打瞌睡就是不好学，其实打瞌睡只是他在向老师汇报学习的结果。老师必须假设所有学生是好学的，教育才会有希望。至于学生在课堂上的表现，可视为是对老师的致谢或控诉。老师不是法官，法官是要量刑定罪的，而老师只能做出所有学员都是无罪的假设。只有用这样的假设，才能挽救自己，才能挽救课堂。在这方面老师们要学孔子，既讲有教无类，又会因材施教。

同样，管理者必须假设所有下属都是希望干好本职工作、取得良好业绩、获得成就感的。只有这样，管理者才会眼睛向内，才会激发自己的责任感，才会找到解决问题的有效办法。管理者只有假设下属充满希望，管理才会充满希望。

在国企，责任感是相当重要的可传承性文化基因，例如"师带徒"是西方企业和中国民企难以效仿的优良传统。

2014年我在大庆油田热电厂任党委书记，有一天发生了亡人事故。参加工作这么多年，我虽然不是第一次遇到这种事，但在一把手岗位上还是第一次遇到，那种从未体验过的难过、愧疚、惊慌的感受，至今难忘。

那是一位青工，还不到30岁。我至今清楚地记得他的师傅，一眼看去就是一副大悲痛之后的、已经完全没有眼泪的、令人心疼的憔悴的面孔。旁边的人告诉我，他已经哭了一天，那青工就住在他家。那位青工未婚，父母离异，母亲和奶奶都去世，自己的房子也因急于用钱卖掉了，无处安身。我回家跟妻子谈这个事的时候，也哭了。既是为青工，也是为他师傅。在一个企业带2000人的队伍，一把手的感受真的完全不同。这位师傅经过一晚之后还是无法说话，已经失语一整天，根本就说不出话来，看样子被打击得非常大，就像死的是自己的儿子一样。我深深感受到，大庆的师带徒非同小可。在我们今天这个环境里，想象不出徒弟会住在师傅家，也想象不出徒弟死了之后，师傅会受到如此大的打击。他当时的表情深深震撼和感动了我，至今难忘，那是大恸之后的无悲无哀的表情。

**有效的责任感是有责任边界的。**

某年大庆油田面临油田员工子女的招工问题。有人主张"兜底"全部招进来，履行社会责任。我则主张，履行有限责任比较稳妥，即设置两道"门槛"：第一，先进入公司专业技校进修一年，学费报销80%；第二，进入企业实习一年后实行持证上岗，按80%比例定岗，没有定上岗的再返校进修，学费报销60%。

对用人者而言，责任感应体现在使被用者能够且愿意付诸努力。对个人来讲要争取自食其力，对组织来讲要争取人尽其才。

**其实，出色地干好工作并没有多么难或多么神秘。**

大庆精神里有"三老四严"的传统，其中"三老"指对待事业要"当老实人，说老实话，办老实事"。如果说出色地干好工作有秘诀，这就是秘诀之一。

一次，我正与某领导谈事，领导忽然想起一件事，叫来一位年轻人，问："上次让你们部门拿的方案，搞出来没有？"年轻人大约用了五分钟的时间，说得天花乱坠，硬是将没有拿出方案这件事解释成自己做了大量工作，现在万事俱备，只欠东风。可事实上是怎样的呢？两年过去了，方案还没有拿出来。我看到领导的表情困惑着——大概他是被说晕了，喃喃地说："好吧，继续搞。"其实，这位领导甚至两年来也没搞清楚他到底想要什么，否则就该立即采取行动，在行动中逐步完善方案。

"当老实人，说老实话，办老实事"真的有那么难吗？可能对于自我认知或价值观有问题的人来说，确实很难。

就管理或领导而言，所有那些关于事情没做之前就希图完整设计出体系或方案的想法都是幼稚的。只有紧盯战略，依据专业嗅觉立即采取行动，再根据反馈及反思不断在行动中完善想法才是现实的、可靠的、可行的。

有责任感的年轻人，机会更多。

一次我想在海外开展业务，问一位印象中不错的年轻人是否愿意去海外工作，这位年轻人流露出不愿意去的意思，但也没说出像样的理由。我又去问另外一位印象中不错的年轻人，年轻人马上表示愿意去海外工作。我问："听说你快要结婚了？要不先跟未婚妻还有双方的父母都商量一下再回复我？"年轻人说："不用，他们都会尊重我的意见的。"我心里做出一个决定："二选一的情况下，一定优先提拔这位年轻人。"

年轻人要懂得一个道理：当你没有被重用的时候，要么是自己不像自己想象的那么优秀，要么就是有一位比你更优秀的人优先于你得到了领导及组织的认可。

责任感可以无处不在。

年轻人："本来昨天人力资源部让他们本周先回岗位，周日再回来报到，但今天又不认账了，让他们马上返回。有新疆和甘肃的刚刚落地又要回来，这种朝令夕改真的让我很难受和无力，这个过程中我的角色就是不断充当传声筒。"

我："国企里这种事很多，都不想负责任。"

年轻人："我该如何做？您能给些建议吗？"

我："首先请示领导，其次执行，最后翻篇。这种事不值得思考。如果你愿意的话，就把这件事记录在你的个人案例库里。这件事唯一的价值就是教会你以后不能做这样的事。"

年轻人："您说得对，需要翻篇，不为此内耗，以后保证自己不做此类事情，不生产内耗。"


**有责任感的人，至少是敢于讲真话的。**

一次跟随部长向公司主要领导汇报工作，谈到很多分公司和部分公司领导班子成员提出在分公司"设负责稳定工作的经理助理""安全副总监与安全科长分设"两个问题的时候，部长从同意或不同意这两个方面分析利弊，主要领导没有表态，眼睛却看向我。我鼓起勇气明确表达自己的意见：不同意！理由只有一条，靠增加职数提高工作效率和工作水平的思路无论如何都是不可取的，事实上只会人为地制造沟通障碍甚至混乱。公司主要领导点点头，采纳了我的意见，即由某位现任助理增加分工负责稳定工作，安全副总监继续兼任安全科长。后来，尽管有企业实行了安全副总监与安全科长分设，但我们企业一直没有这样做。


**牺牲精神既是责任感的体现，也是大局观的体现。**

当然，有时责任感会驱使领导者觉得某个岗位非某人莫属。

某分公司经理找到我，想要我手下的一位年轻人去分公司担任组织部部长。我没有同意，经理竟然连续两周来我办公室，一边软磨硬泡，一边坐在沙发上办公。我掂量出事情重大，遂放那位年轻人去分公司任组织部部长。年轻人在短短数年间，理顺和协调了分公司很多难事。我跟分公司经理提出，想要那位年轻人回来接任某重要岗位，分公司经理慨然应允。又过数年，那位分公司经理调任某重要岗位，又将年轻人调去。不久，年轻人进京逐渐走上重要领导岗位。

说起来，这位年轻人比我小八岁，非常优秀，我很敬重他。后来我多次在课堂上讲到他，打在PPT上的文字是这样的："冷静、清醒、清晰、善于抓主要矛盾、有高效的执行力；思维敏锐，洞察力、预见力很强，凡事先从坏处着想，但往好的方向努力，既很现实，又很理想，操作上是现实主义，骨子里是理想主义；分析能力强，做事简洁洗练；低调、不事张扬、自律、严谨；他的基层经验也很丰富；他的吃苦精神也是一流的。"

有一件小事，证明他很有毅力。一次，我送他两条烟（我本人并不吸烟），对他说："我希望你不要在办公室吸烟，也不要到楼梯里吸，也不要在厕所里吸。"他目光谨慎地询问："那我在哪里吸呢？"我说："没有房盖的地方，都可以。你最好就用这两条烟戒烟吧。"他毅然戒了烟，多年后对我说："您帮我省下一台轿车的钱。"我说："此外，还剩下一个好身体。"

其实，自律比任何天赋都重要。

领导者最愿意培养的下属，就是有自律意志的人。

但睿智的领导者不应该培养自己的翻版，而应该挖掘下属的特长，让他成为最好的自己。而下属也要清楚，一味模仿自己的领导注定不会使自己超越他。


牺牲精神既是责任感的体现，有时又是一种领导艺术，甚至是现实中无奈之下的唯一选择。

一天傍晚，我与两位老同事开车去郊区吃小笨鸡。路上，其中一位接了一个电话，遇到很麻烦的事情，他手下的一位干事按着某领导的要求做了一件结果很不好的事情。现在上级领导在追责，说要开掉那位干事。更麻烦的事情是上级领导与那位交代事情的领导私交很好，两位老同事便有些慌，想折回去处理这件事情。我说，来得及，先去吃小笨鸡。吃饭的时候，我说：

"你回去写一份检查,把责任揽在自己身上。"后来那位老同事告诉我,当他跟上级领导揽过来责任的时候,上级领导敏锐地盯着他的眼睛,说:"不用你跟我装神弄鬼的,我知道咋回事儿。要不是有你,我非把那位干事开出咱们的队伍。"

我对老同事说:"保住那位跟咱们做事的干事是处理这件事的底线,其他都不算事儿。就算自己被清出队伍,也不算坏事,兴许还是好事。"

这个案例我曾在北京师范大学为心理学专业和人力资源专业的研究生授课时讲过,起名叫"受过一次三赢",学生们在课后提交的作业里写道:

"那老师讲'受过一次三赢'的故事,一个领导通过自己承担责任而使得下属和自己在这次的事件中平安无事。拥有这样处理紧急事件的能力和手段的人是我非常憧憬和崇拜的。我十分想凭借自己的能力保护自己保护身边的人,并且把事情办得漂亮和顺利。但我现在身上遇事紧张的毛病还是没改,还需要更加地沉着冷静,并且不断地思考如何解决眼前的事情,不为所发生的事情烦恼和后悔。在听了这个故事之后,我更发现自己遇到难事的时候最先做的是很快地得出结论——这事情不怪我。不管怎样,我都非常像是在推卸责任,这样的结论对于事情的处理没有任何帮助。

"让我印象很深的是老师讲的最后一个开场故事,'受过一次三赢'。记得老师在讲这个故事的时候说出了一句哲学色彩浓厚的话,'往往我们以为我们理解了别人的经历,其实我们只理解了别人的经历与我们的经历相似的地方。'心理学尤其是心理咨询的过程中要求咨询师能和来访者做到共情,生活中我们也常提换位思考,这是一种技能,更是一种态度。经历才是真正能帮助我们理解他人的途径。

"'受过一次三赢'的事件让我印象非常深刻!在老师建议老同事写检讨书代为受过的时候,我满是不解!后来我才忽然明白,事件的相关各方是各执其词的,甚至这里是有陷阱的,而错误的局面总要有人来承担责任,但绝对不会是干事上级的上级。事件的复杂性在于,干事上级的上级在追究此事,而干事上级的上级与干事上级的上级的上级又是'铁哥们'。如果要干事来承担错误，那说明该部门连一个无辜的部员都无法保护，以后难得人心。而让干事的上级承担错误既可以化解矛盾，又可以保住干事的这份工作，也让干事上级的上级的上级不用开掉任何人简单地解决问题。

"'受过一次三赢'的事件带给我很多思考，与我平时的思维模式是相悖的。我是一个是非观念较重、凡事总喜欢有确切答案的人。是我做错的事情我会承担，不是我的错就一定要找到问题根源去澄清。这种观念在这个事件中很显然是不适合的。有时候，事情不是非黑即白的，更重要的是灰色的那部分。也许我要学习的是，不要太过纠结于对错或者谁对谁错，而要关注事情怎么解决，危机怎么化解，有时候自己以退为进地承担一些莫须有的责任也许对所有人都更好。

"这堂课带给我很大启示：即使在自己可能会遭遇一些不好后果的情况下，也要坚持做正确的事；带着解决方案去提出问题；灵活应变而不逾矩，以更好地解决问题。

"管理是靠'做'来学的。老师将管理形容为修自行车，即使明白其原理，即使在旁边很多次看别人修自行车，但只要自己不上手去操作，就掌握不了修自行车这门技术，更谈不上熟练和精通。管理也是如此，学习再多原理和案例，也不如自己亲自参与管理，在管理实践中多多练习、观察、感受，才能掌握本领。这恰好也是困扰我很久的一个问题。

"在那老师看来，管理中没有一样东西是普适性的，所有理论都受到情境的制约。因此，要想成为一名成功的管理者，经验比'纸上谈兵'更重要。这种经验既包括自己的经验，也包括他人的经验，这也是为什么行动学习、体验式学习、同伴学习和教练技术成为当今培训主流的原因。

"老师对于复杂事件的处理方法并不是千篇一律的，而是在一个思想内核的指导下随机应变，而后再对经验进行深入总结。我们总是认为，要把国企中的人际关系全部处理好很难。但是在老师的讲解中，我逐渐明白，没有人从一开始就知道全部的正确答案。每一步不同的处理方法都可能会导致不同的结果，而不同的结果就会导致新的问题。但是只要能够抓住问题的核心，就能相对清晰地找到最好的解决方案。把识人用人想象成一门艺术，情形就会大不同。老师说过一句话，在国企只要把握好自己，就没有什么可以失去的。

"从那老师的课堂中，我学到国企用人的特点和模式，明白管理是做人的工作，首先需要把人的问题处理好，学会与他人沟通，不断地积攒经验和用心去做。对于难事的办法就是把这一件事看得不难，相信自己能做好，要有寻求共赢的决心，相信共赢不难，才能帮助提升自我效能。

"那老师的讲授，我认为有一些道理很有哲学的意味，让我们获益良多。那老师讲到，真正认识一个人的人非常少，而想真正认识一个人的方法只能通过行动去了解。老师讲到在国企中有些有能力的人是很危险的，因为事情往往会超出我们的控制范围。但是其实绝大部分事情我们是可以共赢的，很多时候不能共赢是因为我们不相信可以做到共赢。最好的办法是不考虑困难，一开始就奔着双赢的目标去。

"老师讲的很多小细节都能触动我。比如：用人是少数人的事，公论不能做决策之用，只能做参考；共赢达不到，是因为不相信；困难是一种情绪，情绪不是用来调整的，是用来发现自己信念、价值观的，是身体忠实地传递给自己的信号，是由信念推动的，情绪来了，看清它，困难可转换为积极因素；应建立动态的用人预案；培训本质是内部精英培训内部高潜人才。老师就像是一本书，我现在的经验还不多，接触到的人和事比较有限，日后一定会对这堂课记下的内容有更多的体会和领悟。

"虽然只有短短的一下午，但老师给我的印象深刻，不自觉地就被老师的故事所吸引。当即也购买了老师出版的所有书籍，准备好好学习。我知道在人力资源这条路上我才刚开始，即便以后不走这条路，从老师的经验中所学的，也能帮我在其他领域中走得更顺畅。

"这门课为我们开启了一个看起来很熟悉，但其实非常陌生的世界的大门。希望在以后的生活中，我能不断反思和体验这门课的收获，帮助自己成为一个有影响力的、成功的人。"

基业长青的组织，总要不断地有人做出牺牲。往往那些有牺牲精神的人，才是最能够保全自己的人——保全自己的品行。

对一个人来讲，品行好比青山，而职位只是青山中的柴禾。

敬业是责任感最鲜明的标签。

一次，某领导对我说："你还记得不？我刚到总部报到的第一天，你就让我晚上听你们的干部分析会。"我茫然地摇头："早忘了，有这事？"领导接着说："你问我晚上有事没有，我还以为你要请我吃饭呢！你们那一阵子天天晚上开分析会，我好奇，什么重要的事情非得天天晚上加班到那么晚啊？后来你又几次邀我旁听，我就听了一次，没想到，听上瘾了。那一个冬天，我天天自己开车很晚才回家，不想麻烦司机送嘛。"我点头："这事记得，我们那阵子很开心领导能听得进去分析会，这样能迅速了解情况。"

有时，责任感驱动人们只记得他们认为重要的事情。

即使有无数无奈甚至残酷的事实摆在眼前，也应相信当下仍孕育着希望。为这希望一搏，总是值得的。

由于疫情等原因已有五年没有见到在海外工作的儿子。

一日，我在微信里问："大宝宝，干啥呢？"

儿子："我在锻炼。你呢？"

我："我在写书。北京特别热，闭门写书相当于避暑。"

儿子："是关于什么的呢？"

我："书名暂定《洞见：国企领导力行知录》。"

儿子："受众是谁呢？"

我："职场中的每一个人，都应该也能够具有领导力。"

儿子："是的，每个人都是管理者嘛！不一定当上领导才需要有领导力。"

我："这本书所称领导者，不仅仅指在领导岗位上的人，也泛指一切朝着不易辨识的正确方向、运用独到的专业精神和技能、对他人潜移默化地产生导向和带动作用、能够无形而深刻地影响组织的工作方式与工作成果的人。"

儿子："细细想来，很多情景之中的我们都符合这些特点呢！期待一下哦！确实，关于领导力的著作都来自西方，中国应该有本土化的关于领导力的作品！"

我："明年出版，已经签了合同。"

儿子："这是对社会宝贵的馈赠！如果能促进国企哪怕只有一点点进步，作为作者你也会感到很欣慰！"

我："我之前的《大匠无弃材》就有这个效果，我希望这本书能有所超越，我是当作最后一本书来写的。中国每年都有大批年轻人通过国企步入职场，我非常清楚他们的处境，我身边很多年轻人都迷茫着甚至早已躺平。他们怨天尤人，理由充足地怨天尤人，最终只能害了自己。"

儿子："赛道是自己选的，的确不能什么都不做。"

培训工作是良心活，很多时候要不计成本，只计价值。

在我所有58门课程中，有39门是应企业订制而研发的，只讲过一次。例如一次江西某企业打电话请我讲人性与管理这门课，我说我本人没有这门课，高校应该有老师讲。对方说董事长坚持要请在企业里干过的人来讲，就找到我。我说备课需要三个月，对方说可以延期办班来等我。但还是错过了第一期班。第二期的学员们在课间休息时就对我说："这课太好了！""应该给更高层领导听。""比高校老师讲得好。""案例真好，亲身经历更吸引人。"企业肯花三个月等，这份耐心就值得我付出。有这样的效果，上一次课也值。何况，备课对我自己更是一份沉甸甸的学习上的收获。

还有一次，学院一位入职不久的年轻老师找我为某"青年马克思主义者培养工程"培训班讲授"学习是如何发生的"这门课。这门课我讲过多次，但我觉得应该针对这期班学员重新备课，同时也借此教育这位年轻老师应以

怎样的态度对待培训，于是就让他去做需求调研，形成书面报告，我单独为
这期班研发了"学习的策略"这门课程。我想，这件事哪怕对这位年轻老师
有一丝丝影响，都是值得的。


有责任感的人有责任培养其他人的责任感。

领导者更有责任培养富有责任感的员工。

培养富有责任感的员工的途径：

第一，让员工清楚自己的目标、其他人的目标、组织的目标。

第二，让员工清楚他的绩效对组织目标的影响。

第三，用其所愿、用其所长、用当其时。

第四，向员工提出更高的要求。

第五，使员工不断收获到成就感（立即采取行动、创造成果）。

第六，给员工提供必需的保障（例如组织内部的重要信息。通常人们认
为"物以稀为贵"，便以为隐匿的信息更珍贵。其实现代社会，拥有信息的
人越多，信息才越有价值）。

第七，让员工具有领导者的视野。

第八，让员工直观地感受到缺乏责任感的危害。


缺乏责任感既生硬又生动的表现，就是习惯于通过会议、报告、表格的
方式进行程式化的管理。

会议、报告、表格其实都只是管理工具，而不可能是管理本身。除非恰
好某位管理者是专门负责会议、表格、报告的人，否则任何管理者都不应该
陷入会议、报告、表格等常态化工作当中，因为没有什么要比这样的程式化
管理更接近僵化的形式主义和可恶的官僚主义。

如果工作中听到哪些领导者煞有介事地将"程序""合规""规范"这
类的字眼挂在嘴边，就大致可以判断他就身陷形式主义和官僚主义之中或处
在形式主义和官僚主义的边缘。这只会使工作效率更低、相互掣肘更甚、内

部风气更坏，使这些字眼成为控制下属及他人、玩弄"办公室政治"甚至相互争夺权力的"行话"。

这些"程序""合规""规范"的"行话"永远不会告诉人们什么是使命、什么是责任、什么是目标，也不会让人们具备道德感、创造性、判断力和客户意识，更不会取代卓有成效的管理。

毛泽东同志早在1960年3月30日为中共中央起草题为《反对官僚主义，克服"五多五少"》的党内指示中，指出官僚主义的表现为"五多五少"："会议多，联系群众少；文件报表多，经验总结少；人们蹲在机关多，认真调查研究少；事务多，学习少；一般号召多，细致地组织工作少。"他还曾告诫："书面报告也可以看，但是这跟自己亲身的调查是不相同的。""目的是为了解决问题，不是为了报表。报表有一点也可以，统计部门搞统计需要报表，可是我们了解情况主要不靠报表，也不能靠逐级的报告，要亲自了解基层的情况。"

现代管理学创始人德鲁克甚至认为："当报告和程序被误用时，就不再是管理工具，而变成了邪恶的统治手段。""除非表格和工作绩效密切相关，否则不要随便要求下属填写任何表格和提交任何报告。"

玛莎公司在20世纪50年代制定了一套控制系统。马克斯勋爵有一次访问该公司的一家零售店时，对其报表工作之多大为吃惊。他立即就下令停止所有的报表工作，转而采用经常的小量抽样来进行控制。这种办法使售货员的售货能力和公司利润都大为提高，而且使工作人员的士气也得到提高。他们终于能够做自己的本职工作了，而不是把时间和精力浪费在妨碍他们工作的系统控制上。

如今国企的各类报表并不少，但从没听说过有人敢于英明地废止这种做法，以更简便而有效的方式取代。就算有人想废止它，也不会敢于立即拍板，总要顾忌一下这些报表是哪一任领导的安排、废止它万一出事自己要负怎样的责任，更不用说废止它要走一套烦琐的流程，也未必会拿出彻底的解决办法，总会习惯性地留下一个小尾巴。

前人早就领悟到，医生要提高自己的水平，在医院里当两个星期的病人是最好的办法。但其实对想管理好医院的院长来讲，这个办法更合适。尽管很多领导者来自基层，但脱离基层岗位太久之后只是走马观花地去基层调研，意义并不大（但聊胜于无，总好过一直浮在上面）。

形式是服务于内容的。几乎所有的形式在诞生之初都是对的，但随着时间的推移，人们开始渐渐忘记或丢掉内容，仅剩下形式这个空壳。文化的变异，大都如此。在企业管理中，那些成功的组织总是会建立起强大的企业文化，并通过企业文化不断强化组织的功能。但当环境发生变化时，这种文化却很难随之发生变化，以至于成为组织转型的巨大障碍。尤其当组织内的既得利益者养成等级观念与官僚习气以及新进入组织内的投机分子搅拌在一起的时候，组织总是会走向衰落或步履维艰。更何况，人们会更偏于将形式（哪怕一句正确无比的口号）朝着有利于个人的方向去理解并采取自认为理所应当的行动。

那么，应该怎么办呢？没有什么是比改变人们的观念、态度和行为模式更艰难的事情。但至少，以下几个屡试皆爽的办法是不值得再去尝试的：第一，组织大规模的培训，请学院的教授授课。第二，坐在总部里试图领导一场组织文化的革命。第三，到大讲堂发表几次激情澎湃的演讲。第四，为组织制定几条崭新的行为规范、座右铭。第五，在工作会和职代会上下达行政命令，取消组织内根深蒂固的文化。第六，指示宣传部门编写一套新的文化手册。这些办法，至今一直有人不断尝试，但事实上都是行之低效或行之无效的。

真正管用和有效的办法就是少说多做，敏锐地找出核心业务的发力点，从中排定优先级事项，并尽可能地为组织转型创造有利条件。例如，学会鼓励员工，制定切实可行的阶段性目标。信任员工，放手让大家群策群力，释放每个人的能量和积极性。管理并不是让领导者横空出世单枪匹马去改变组织文化，而是去邀请员工自己来改变组织文化。要想尽办法使每一名员工都能够在短期内获得成功，哪怕只是做好一件小事。最终，领导者要做到让员工相信自己，相信他们每个人都有能力做决定，让他们自己决定自己未来的命运。

有效的管理一定是坚持以成果为导向的，并且一定是以组织内部每一名成员的自我管理为主的过程。因此，必须彻底反省我们运用报告、程序和表格进行控制的管理方式——除非针对报告员、程序员和表格员进行管理。报告、程序和表格虽然是管理的某种工具，但被轻易地滥用会给企业造成相当大的伤害。

程序永远不会规定成果，它只会规定怎样做才能取得成果。我们永远不可能靠制定程序来学会采取正确的行动，恰恰相反，正确的行动是不可能靠程序来建立的。程序更不可能取代判断。只有在不需要判断的时候，程序才有用。西方的管理过于迷信报告、程序和表格的作用。事实上，如今很多管理者把报告、程序和表格当作控制下属的工具。这样只能使下属越来越没有时间去做他该做好的工作，这会使组织内部的风气日益败坏。有必要采用激烈的办法，停止一切报告、表格和程序。我们会发现，这根本不会给企业带来多大的损失。也只有到那个时候，我们才能知道我们真正需要的最少量的报告、程序和表格是什么。那一定是在关键领域里取得绩效所必需的报告、程序和表格。至少，我们绝对不可以根据人们所提交的报告、履行程序和填写表格的品质来评估他们的绩效，而只能根据他们为组织实现目标所贡献的真正成果。

从管理的策略上讲，压担子会激发人的责任感。这将使人不得不学习，不得不做决定，不得不负起责任。如果没有被压担子，那么就不会得到这样的机会，特别是那些有潜能、精力充沛又雄心勃勃的人，可能会成为刺头，会成为唱反调的人，会成为一股消极的、破坏性的、煽动性的力量，他们会成为一些人的头儿，会给组织造成很多的麻烦。这些人往往会历练出雄辩的口才（但随着听众认知水平在提高，传统技巧型演讲正失去魅力），而不是锻炼出较高的素质和能力。他们之所以会成为这样的刺头（他们甚至会因此而扬扬得意，产生成就感），往往就是由于组织没有及时给这些人压担子。赋予责任，不一定能够保证使人取得突出的成效。但某些人肩上若缺乏明确的责任，组织就必定会为自己培养煽动者、反对者。

有人误将"肥水不流外人田"式的做法当作富有责任感（例如大型组织在内部成立银行或商旅公司）。其实，这恰恰是缺乏责任感的表现。一切试图内循环的行为，本质都是试图垄断（何况组织内部永远没有利润可言而唯有产生成本）。这非常不利于组织（当然包括企业）的创新和发展，虽然暂时利于守成。这种小农意识当然不属于全球化思维（全球化的本质是任何现代组织的任何活动所需要的任何知识，正在或已经变得高度专业化，致使组织的多元化发展的成本日益攀高），不但是缺少创造力的表现，而且会伤害组织自身（例如助长懒惰与取巧直至造成熵增）。

组织之所以成立（无论是从道义还是从利润方面讲）的基本理由是拥有某种比较优势，持续打造这种优势才符合经营之道。这种经营之道也可以理解为战略思想——而历史上有效的战略几乎都是基于差异化的独特定位且经得起激烈竞争的考验。所谓独特定位只能在外部竞争中找到，如同绩效永远在外部产生一样。如果从个人角度看，战略思想几乎等于价值观、天赋（独特的直觉）和机遇的结合体。

大型组织发展的多元化，从本质上来讲都是反全球化的（全球化对每个能够存活下来的企业而言都一定是最具生产力、最能创造利润的方式）。只有不思进取的领导者才会这样做，并麻醉在暂时的成功情绪里。组织应该专注于一个或少数领域，致力于成为行业的领导者。不妨这样说，一切可观的失败都可以归结为战略的失败。换句更直白的话说，只把眼光盯在利润上的组织不会是优秀的组织。

历史地看，所有垄断最后都会崩溃。从这一点来想，过分担心垄断是一种杞人忧天。因此，卓越的领导者会想到最好的结果其实是拆分，并使之（众多拆分的组织）成为有机联合体（优势互补、相互依存）——这恐怕是世界上一切成长为大型组织之后的最好的归宿。真正的巨人永远不会是指业务种类或规模有多庞大，而是指深耕少数领域的优势有多强大。

包括慈善机构在内的任何组织，都应该有内部的福利制度。即便某个组织的福利制度不是十分成功，也应该追求使福利制度成为一种对组织成员进行有效管理的方法，而不只是当作对组织成员进行帮助的方法。健康而积极的福利制度，不能假定组织成员一定是通过弱点来界定的，而应该去发现组织成员的优点并使之更有成效。福利制度不只是管理成员的方法，更应该成为管理成员的实质。福利制度不是临时的权宜之计，更不是拐杖。福利制度的有效应用，对组织的生存和发展将具有十分重要的意义。福利制度应该成为一种永久性的措施和最终的解决方案，它应该使劳资双方都受益，从而使行业、经济和社会受益。

任何组织都要履行社会责任，它必须首先使组织内部成员真正受益才更有说服力——这甚至是最低的起点。

责任感最具悲情色彩的表现就是明知希望很小仍然全力以赴地去努力。

在一次培训工作研讨会上，我看到与会者当中有三位主要成员是新面孔，遂做了简短而开门见山的发言："我发言的题目是，需要我们思考和回答的三个问题。第一个问题：集团公司需要我们做好什么？按照近期中央的说法，培训机构既要育人，又要献策。对我们来讲，育人的重点是中高层管理人才、领军专业人才，他们也应该是献策的主力军。为此要着力打造一批重点培训项目、品牌培训项目。特别要从做好项目设计入手，多围绕解决实际问题进行结构化研讨、共创出实实在在的成果。"

"第二个问题：我们的优势是什么？从行业来讲，我们最大的优势就是拥有一支用石油精神武装起来的石油队伍。我在大庆油田工作23年，深感大庆精神、铁人精神对于今天的现实意义非常重大。从我们学院来讲，最大的优势是学员。发挥好这两大优势，就要开发石油精神系列课程，开发出由企业里岗位实践极其出色的优秀管理者、技术专家担纲的内训师队伍，用内部课程大比例地覆盖所有培训项目。"

"第三个问题：当前急需解决的问题是什么？最重要的就是要在创新培训理念、培训方式上，长期地多下真功夫、实功夫。企业为什么要开展培训工作？就是为了解决问题。什么是培训？就是提高解决问题的本领。怎样开展培训？主要是做强内训、做精外训、做实行动学习。做强内训，就是多开发实战性课程。领导干部上讲台是优良传统，老一辈革命家当年都多次到讲习所、抗大授课。近年中央印发的文件也多次提出，每年领导干部讲课总课时占主体班次总课时的比例不低于20%。要对领导干部授课做出制度性安排，实现教干部、干部教的良性循环。做精外训，就是与外部合作开发针对性强、实用性强的课程。逐步将外部课程能内化的内化，例如TRIZ（苏联创立的发明问题解决理论及一套解决复杂技术问题的系统方法，编者注）课程。做实行动学习，就是多做训练性课程。什么是素质？什么是能力？什么是本领？其实对管理者来讲，本质上就是技能。因此国际上普遍重视建构主义的教学。中央也多次强调要'综合运用案例教学、情景模拟、结构化研讨、学员论坛、经验交流、实地调研等多种方式'。培训界有句话叫'告诉不等于培训'。但在当前的培训界，告诉式的教学还是主流，拼盘式的项目设计还是主流。我个人的体会，培训工作者对培训本质的认知与价值观，才是决定培训工作有效性的关键。这三个问题，杠杆性问题是创新培训理念、培训方式，如果这个问题解决不好，另外那两个问题也解决不好。"

事实上，对企业培训工作的理解，取决于如何回答两个问题："什么是管理？""什么是管理者？"管理的本质就是实践，而管理者就是运用知识工作的人。一切技能的生成，无论对于高层领导者还是对于基层员工，原理上都是一样的。缺少实战性的课程、缺少训练性的课程，无论是高层领导者还是基层员工，都不可能在培训活动中增长本领。

出于对组织长远绩效的考虑，向团队领导者进言或善意地提醒，既是履行团队成员的职责，又可以锻炼自己的思考能力。

某天早上，我在微信里给中国石油天然气集团公司催化师项目师资团队中的两位重要成员发了几条信息：

"我们的师资团队应该是由来自不同组织中的不同领域的人构成，他们应该拥有不同的背景、不同的技能、不同的结构化知识、不同的背后的资源，甚至不同的个性或价值观，这些人应该是为了完成某项特定的任务被召集在一起工作的，他们本人也有此意愿，这才能称之为团队。"

"团队内部不应有上下级之分，只有新老之别。"

"长期的团队，需要一个由不同的具体任务构成的、在一个总目标指导下的、绵延不绝的使命。否则，就只能是一个临时性的任务小组。"

"团队可以根据不同的具体任务分化出更小的团队。但当那项任务完成之后，小团队应该回归到大团队里面。当新的具体任务来临的时候，并非要交由之前那个小团队来完成，而是根据任务以及团队成员的能力，组建新的小团队去担负任务。"

"团队内部虽然没有上下级之分，但要有团队长。团队长的任务只是召集，而不是做出决策和发号施令。团队长有权决定由谁来对某项具体任务做出决策。也就是说，由执行具体任务的、分化出来的小团队负责做出决策。团队的权力是从任务里派生的，是以任务为中心的。因此，团队内部更多的不是强调和谐，而是强调完成分派给自己的工作。"

"团队内部的信息披露应该是充分的。"

"团队执行任务的失败，通常主要原因是过分自由，没有足够的自律和承担相应的责任。"

"我们这支团队应该是集项目设计、实施、交付、评估于一体的团队。这支团队应该服务于集团公司长远的战略目标，致力于培养一支结构合理、数量充足、素质优良的专业人员队伍。这支队伍应由不同的层级、年龄和专业背景的人员所组成，划分出不同的类型去培养。"

"优秀团队的每个成员并不是明星，而是匠人。"

"最后一点，团队内部发生的争端不适合用民主的方式解决。要看争端背后是怎样的技术问题。最好在团队组建之初，就确定一项规则，就是赋予争端背后的技术权威就事论事以外的权力，将争端交由他进行最终的仲裁，即提出最终的解决方案。"

**责任感的感染与传递总会是双向的。**

一次，我在2023年中国石油集团公司催化师一阶项目的结业式现场，给前两年的几位学员很感慨地发了一条信息："催化师项目这三年，每一期学员对段老师的感情十分真挚和热烈，堪称爱戴，实我平生所未见！"

学员恒："从我的角度看，段老师似乎会无底线地满足学员，像极了每个人毕生追求的那个理想型的父母。对学员有很多的允许，很多的相信，很多的陪伴、引领、支持、教导。几乎学员的每一个声音都被他听到了、回应了，他对学员有要求有期待但又不见苛责，只是陪在那里，在观察到学员需要帮助的时候就恰到好处地给予。2021年催化师培训，我在走廊遇见他，鼓起勇气跟他说我想去他班里旁听他的课，我都准备好要搬出您对他的推崇去磨他了，他居然就答应了，于是有幸现场听了他一次小班课，真的绝！"

我："评价到位。"

学员恒："我总是奇怪，像段老师和您，为什么愿意把那么多时间和爱给学员呢？"

我："值得呀。"

学员恒："唯有尽力守护你们的'值得'。"

学员琴："（学员恒）感受很细腻又带着敏感，内心特别丰富，情感非常真挚，属于那种你给她一杯水，她就想要回赠你一桶水的人。她对您、对段老师的感情特别深厚。"

学员博："感动，认同！回忆起了段老师和那老师对我这个小学员在铁人学院、在中国石油管理干部学院时的指导和关照，真的是温柔强大有力量，太厉害了，致敬好老师。"

学员恒："震撼我的是，走过半生，见过那么多学员来来往往的那老师和段老师们，每一次仍会全力以赴地投入，去爱，去奉献，仍会说'值得'。这就是慈悲吧，找不到别的解释了。"

**责任感会驱动人去"管闲事"。**

学院要择址重建，一次我对一位领导同志讲："这件事的关键不是工程建设问题，而是学习方式问题。世界上一流的企业培训机构的硬件设施，都是按照适合做小型的、交互式的学习方式来设计的，连桌椅都是那种易于移动和组合的，甚至最为传统的黑板、粉笔也必不可少。学习社区、体验区、数智中心、创新室、工作坊或直播间、一对一教练室、禅修室、沙盘区、马蹄形教室，一应俱全，生活区与学习区应高度一致和匹配。校园内随处可见体现企业价值观的设施与装饰，任何一处都可以马上组织小型研讨。绝不能都搞成传统培训理念支持下的那种报告厅、排排座，那样将来改造起来很麻烦，浪费巨大。"

早在2005年，大庆石油管理局总部大楼装修的时候，我当时在组织部，就跟总经理提出把总部大楼改造装修成企业培训机构，送给当时的大庆油田高级人才培训中心。可惜我的建议没有被采纳。如果当年那样做的话，大庆油田就会拥有国有企业最有气势的企业培训基地。

有怎样的责任感取决于有怎样的发心。任何人做任何事情都由发心主导着事情的过程和结果，但有怎样的发心并不为每个人所熟知，甚至相当多的人不愿意正视或承认自己的发心。所有的技巧，正面的功能都只能由正面的发心里面发挥出来。

在中国石油天然气集团公司2023年度新员工集中培训结束后，在北京区催化师进行总复盘时，我围绕催化师的发心，讲过一番话："做催化师发心要正，然后才能做到精益求精。我每次上课前都备课，不备课真的不行，即使这门课已经讲过100次。每次上课对我都有教育意义，即使这门课已经讲过100次，因为每次学员不同、反馈不同。允许任何人对我们做出任何质疑，必须做到这一点，这是有益无害的。我们工作的意义是为新入职员工抛心锚，这如同民间所谓'踩生'的意义，新生儿除亲人和接生人员之外见到的第一个人会影响到新生命的未来形态。但就像刚才段老师讲的，不要以为新员工被我们催化之后就一定会留在这儿，他还不一定是中石油的人，但是他见识过中石油的人，他会带着我们给予他的迎接、温暖和包容离开中石油，我们应该有这个格局。何况这件事对催化师本人的成长也很重要，更重要的是对扭转培训的趋势有益，很可能会改变中石油的培训样态。"

"不要以为我们是在点评学员，我们不过就是分享一下感受而已，用分享代替点评。之前体验过某节催化课的班级或学员，作为突发状况，我们应把它当作优势，你应该立即说'太好了'，这意味着我们可以去挖掘更深层次的东西。选择大家当催化师，因为大家有故事，这些故事不是坐在办公室里发生的，而是在现场、在实干的岗位上发生的，故事是你们的核心优势，你们获得的所有荣誉的背后都有生动感人的故事，你们的气质就是一个有故事的人。'三省帖'第一句是'你的优势是什么？'第二句是'你的风格是什么？'第三句是'你可以调整和转化的是什么？'一定要了解自己的心理活动、做事情所擅长的方式。我们必须经常回答这三个问题。"

"回应学员的时候要少说话，给建议最好就是一句话，要精准，这句话一定要真诚地用肢体、表情、语调、语气传递出来。对学员来讲，少则得，多则惑。对所谓有'负面'表现的学员，除了正面引导，没有别的方式，不要把能量放在焦虑上，你不了解他过往的经历，才会不理解他当下的表现，其实他的表现没有任何问题，一定符合他一贯的行为特征。他的问题不在于缺少知识而在于缺少体验，需要在执行任务中获得新的体验以提升认知。但凡你动了'我要改变他'的凡心，你就不可能改变任何人。因为你不知道每个人背后发生过什么，那个时候知识不解决问题，在任务中体验才是化解冰冻三尺的方法。你只有正面引导，稳稳地推动流程，关注全体学员，才是当下的选择。"

"在催化课堂上，你们是'王'，真正的王就是全国最大的公仆。我们催化师是为所有人服务的，这会给你一种积极的、勇敢的心理暗示。比享受课堂、沉浸课堂更重要的就是进入到冲突里，迎接各种突发状况，这也是一种享受和沉浸，不只是共鸣与配合度高才能让你沉浸，你需要沉浸于一切状况而且保持享受的状态。离开课堂，也要活在教给他人的理念和技术里。你讲的不是你信的，就是欺骗。这种欺骗是不动声色的欺骗。催化师只有在生活中真实地活在催化理念和技术里才会自如地迎接课堂上的任何状况，才会灵活而精准。当我们每次再回到课堂的时候，讲的就是自己平时干的、最近干的，我们才会是自由的人，自由的人总是能带给自己新的活法。"

"不要小看任何人，也不要小看自己，不轻看你只影响到一两个人。50个人48个玩手机，也不要焦虑，因为还有两个人没玩。没玩手机不代表在学习，那48个玩手机不代表没有在学习，我们必须开放得彻底。每个班级的催化师之间要衔接好、配合好、陪伴好，像一个人一样战斗。对每个人一视同仁，但区别对待，这便是教育的本质。行动学习的方法一直伴随人类，从未离开，让我们回归学习的本质。我们所做的事业就是为了彰显学习的本质，要有耐心，要给时间，播下种子，它一定会生根、开花、结果的。催化师要在各大区树形象，你们应该是能够代表中国石油的一群人。"

"全国22个大区，都是一套课程。不要动流程，动也要由师资团队重要成员或整个师资团队统一做出系统性的安排，将来动是必然的。刚才曹老师说'去年有人问我什么是催化师，我很着急给一个完美的答案。今年又有人问，但我忽然发现自己不着急回答了，只是让他慢慢体验'。世上的事，都是体验了之后才发现自己说不清楚。但凡口若悬河能说清楚的，往往都不是知识而是获取的信息。老师和书本里给到的东西都不可能是知识，它只是信息，如果不被自己的实践和体验过滤，它就不可能成为知识，获得多少信息都没有意义，知识的本质是通过理解信息在行动上体现出来的能力。曹老师还说'如果我们不学习不进步的话，很可能我们以后再催化新员工时会很吃力'。这话让我感觉恐惧，我近几年一直担心自己不知道自己应该关注什么，对自己应该学习的东西视而不见，充耳不闻。可是，我建议大家和我一样怀有恐惧。恐惧在引领我们突破一个一个区域，就让我们带着相似的恐惧共同向前走吧。"

"志同道合不是走到一起之前的事情，我们走到一起之后，由于共同的经历和体验，形成了志同道合的团队。我们在这样的团队里并非是一种幸运，而是由于我们艰苦卓绝地创造。催化师只要有拳拳之心、只要纯粹、只要专注，就会让自己收获到幸福。幸福是一种感觉，我们的幸福不是来自外在。就算新员工离开中石油，也会记得他在中石油曾经被我们迎接过、拥抱过、温暖过。做催化师就是选择做有勇气的人，有勇气开诚布公地说话，有勇气采取行动，有勇气接受任何结果。"

无论对于管理者还是领导者，都有责任研究理论问题。

既不能轻视理论，也不能犯本本主义的错误。

尤其是实干家，有责任成为理论家。

现实中，实践经验丰富的人往往很无知地轻视理论。

从组织的角度讲，任何一个企业、机构、部门和团队，都应该养成集体研究理论问题的习惯。

企业有责任将这些宝贵的创造和探索作为知识进行管理，规模化地经营起来，一方面作为内部人培训内部人的课程和教材，另一方面奉献给社会，成为全人类的文明成果。

要相信，只要勇于实践、勤于思考，就一定会创造出思想的火花。而传播这一精神财富，则是一种义务与责任。

我自2000年起至今，执着于企业内训，自己的58门课程全部来源于实践、观察与思考，其中有39门课程是企业定制的，只讲过一次。

我的第一门课《国企用人之道》，黑龙江省国资委局级后备干部培训班的学员课后发短信给我："感染力强，讲的是领导力，其实传递着责任心与大爱。"在上海讲这门课，主办方的人说："太实用了，应该多听几遍。"在清华大学继续教育学院七次讲这门课，邀请我的老师说："很实用，互动很精彩。"为北京师范大学MHR、MAP研究生讲授这门课，被学生们评为"最受欢迎的外部老师"，要求校方增加课时。对《思维创新之哲学思辨》这门课，吉林的一位学员说："尽管还有不懂的地方，但这样一门深奥的课已经被你讲得不能再浅易了。"听过这门课的同事说："这门课程的源头是实践，指向是实践，逻辑是实践。"

在国网大学讲催化师进阶课程，一位老师说："学到的'三到法'用来开会，效果也很好！"另一位国网大学的老师跟我说，我的领导力课程多年来一直被评为"最受欢迎的课"。在大庆讲《公文写作者的修养》，有老师说："报告厅那么多人都在静悄悄地听，很专注。"在国内培训论坛和很多培训机构讲《企业人才培养理念与实践》，同行们评价："颠覆了以往的认知""可真能琢磨""都是干货"。在青岛给企业中高层领导讲《做更好的同事》，学员说："冲击力强、很震撼。"旁听的华东石油学院的老师说："只有您能驾驭这些学员。"在北京讲《学习是怎样发生的》，同事说："闻所未闻，全是蛋白质，信息量大。"给同事用拆书的方法解读《行动学习的本质》，有老师说："以前读的都白读了。"

在广东做行动学习，主办方的人说："冲击心智模式，促使自己反省。"给同事们讲《提问的道与术》，有老师说："这才是真正做培训的人。"李凯城老师邀我在中国管理科学学会论坛讲《时代呼唤"不信邪"的奋斗精神》，孔庆东先生特意走到我跟前说："非常好！"在线上为大庆读书会讲《读书与谋生》，有读者说："原来自己读这么多年书都白读了，竟然没有改变自己的生活。"在无锡讲《职业生涯设计之隐喻人生》，主办方的人竟然跟我说："我们的学员不应该是今天这个水平，我很抱歉。"在北京做行动学习，一位高层领导说："一位不带PPT也不懂专业的老师，却能上这么精彩的课！"

授课中也多次让我感到原创的宝贵，同时也更加相信实践出真知。为北京师范大学心理学专业和人力资源专业的研究生班讲授《国企用人之道》，学生们在课后提交的作业里写道：

"老师说管理的经验比理论重要得多。管理者只能从经历中学习。组织的结构不是一成不变的，管理方法也一样。"

"虽然经验非常重要，但在我看来，书上的理论也不是没有价值。在毫无经验时，根据理论行动可以减少出错的可能，降低风险和代价。但这并不表示僵化地套用理论，而是在尽可能地分析情境后，找到最适用的方案，并针对情境做出相应的调整。就像那老师所言，继续成功就是用你的成功经验去整合他人的成功经验。"

"对老师讲的几句话认识很深。'最好的政策，是个性的。'对此我深有体会。'通过责任和利益去考验人，最好和他一起工作。'这比访谈法的真实性更强，不过成本也高，需要用在重点考察对象上。'重人文建设，从小事做起。'人文建设是企业的软实力的建设，能够在潜移默化中影响到公司的长期发展，也是企业留住和吸引人才的方式。"

"'管理不是科学'，那老师的这句话在课程结束后很长一段时间依然回荡在我的脑海里。这句话一定程度上颠覆了我一直以来被教授的知识，也让我感到迷茫：倘若管理不是科学，那么我们还能否通过系统的学习来习得？聆听老师授课的过程中，我的头脑中时不时发生新旧观点的碰撞，这次的作业恰好成了一个梳理头绪的绝佳机会。"

"科学管理理论的要义在于打造一个完美的体制，由此伴生的是对完善的制度系统不断追逐。这样的探索并非无意义。然而，健全的制度未必能够保证健全的组织。因为人是使制度落地的主体，再细化的制度也无法防范人的各种干扰因素。那老师用'朴实的创新'来形容管理者应当对制度和政策的态度，是很精当的。一方面，体现出动态创新的必要性；另一方面，也强调了制度创新的导向是更好的落实。"

"权变理论是科学管理中绕不开的一个概念，这也显示了理论向现实妥协的必要性。管理理论强调考核的重要性，人才测评在此基础上更强调标准化：从测评框架的搭建、测评项目的编制、测评过程的监控，直到测评结果的计分与解释，全过程避免无关变量的干扰，以保证结果的真实可靠。这样标准化的测评要求整个组织的投入，这也决定了它必然是固定周期性的，甚至是一劳永逸的。"

"那老师分享的非正式考核的经历使我感受到在日常工作中观察的重要性。老师提出几个识人的关键时间，比如重组整合前后、重大安全稳定事件前后以及上级或一把手变动前后等等，这些都是可遇不可求的时机，也是管理理论里面找不到的先验知识。持续性的非正式考核源于对人的动态性和可变性的理解。"

"科学管理理论必然基于人性观，是一切管理原则、方法的深层根基。但人是易变的，对人的需求和评价要抓住职业生涯中的重要节点，正如老师所说'要问他的需求，但不要只问一次'。人们倾向于相信本性难移，但对本性的测评结果却未必准确全面。随着时间流逝和环境变动以及测评手段的不断优化，更多特质将暴露出来。这些特质可能丰富或是推翻对他以往的测评结果，因此对人的评估永无止境。这是我第一次学习国企中的人力资源管理，并聆听国企中的管理者的亲自讲授。"

"通过思考，我尝试性地做出自己的解答：管理从经验里来，到经验里去。作为一名尚无管理经验甚至工作经验的学生，想要学好人力资源管理，必须基于案例，通过思考提炼经验，并在现实中进行应用。这一过程可视为'模型化'，从这一角度上说，管理有其科学性。然而，这个模型化的过程必须自己完成，直接学习材料是经验而非模型。我一直相信，科学是经验的另一种表现形式。"

"老师说管理没有标准，只有结果。管理只能靠管理学会。不能用的知识，对管理没有用。所有对未来的想法都是对过去经历的投射。我们每一次的选择，造就了今天的自己。而现在对未来的期待，又是当下经历的投射。真是环环相扣，马虎不得。"

"炎热的夏日，下午多少令人有点昏昏欲睡。而那老师给大家带来的《国企用人之道》这门课，从六个小故事引入，一下子就点燃了大家上课的激情和好奇心。进而引出的一些企业用人和选人的原则等内容，令人受益匪浅。对于我而言，因为读研之前也有过几年的工作经验，对于那老师讲到的这些内容，更是体会很多。我体会比较深的是在用人标准的掌握上，要坚持德才兼备。现在很多家长对于孩子的教育往往容易忽略品德的教育，认为只要成绩足够好就行。造成的问题是，在职场中很多同学容易出现一些诸如责任感弱、自我为中心、不重视同事间的协作等等问题。"

"关于用人的基础，因为我本来就学心理测量，所以对于那老师讲的这部分内容相当认同。关于识人的方法，那老师根据自己多年经验总结出的十条原则，很类似于社会心理学中人际知觉这部分的内容，比如'晕轮效应'等。一下午的时间很快，令人意犹未尽。老师从真实的故事出发，讲识人用人的方法，令人印象深刻。并且不是说教式的讲授，每一句话都凝结了老师这些年工作中的经历和教训，分享给同学们。在整个的课程中，还涵盖了许多生活道理和做人做事的道理。"

"那老师在课上讲到'大匠无弃材'的观点我非常地赞同。在招人时并不是一味地要最好的，而是要那个最合适的。不去歧视庸才。所谓庸才就是一个适合其他的岗位上的天才。"

"老师的分享将我吸引住，忍不住管中窥豹，想要了解更多相关的知识与经验。以往我一直认为，人力资源的问题更多是技术的问题，如何通过一定的技术如MBTI（人格类型理论模型，编者注）量表、胜任力模型、人才评价技术等工具将不同类型的人分配到合适的岗位才是人力资源的关键。老师的分享，使我振聋发聩，也令我开始从另一个角度思考和看待人力资源这个领域。在那个下午，我才开始发现，人力资源的问题更应该关注的是人，而非单纯的技术。怎样用人，如何把人用好，怎样处理好人与人之间的关系（和上司、同事、下属）是更值得去学习、思考和挖掘的。"

"老师说到'在国企中做一件事情如果没有人反对就是成功的'让我

印象很深。一直以来我们都只能靠想象或者说是主观臆断来揣测国企的复杂，这次课中那老师用实力向我们展示了'国企的用人问题几乎涵盖了国企的全部问题'这一道理，更向我们说明了'经验和人本身就可以作为测量工具'，打破了我之前一直寄希望于可以量化各种指标来完成测量和用人的目的的思想。"

"那老师的课虽只有短短一下午，但六个经典案例和富有哲学思想的经验总结让我受益匪浅。老师讲'想干事是及格，能干事是称职，干成事才算优秀'，我非常赞同。一个人无论能力如何，当他作为职场一员时，工作的动机都是最根本的，应先于能力进行考量。当一个人的动机不良时，能力越大，危害越大。在信号检测论中，四种结果分为两种正确和两种错误，正确命中和正确拒绝固然好，那么错误命中和错误拒绝哪个更为致命呢？答案应是错误命中。虽然把优秀的人拒之门外也是十分可惜的，但把错误的人招进企业无异于引狼入室，后患无穷。"

"印象很深的是'问题管理：就事论事，由事导理，因理成制，以制治事'。老师这个总结非常精辟。之前我的认识仅仅停留在就事论事的层面上，老师则将事、理、制三者很好地串联在一起，让我的理解又上升一个境界。当'理'从'事'中来，'制'以'理'为据，三者便彼此有了内在联系。这便是一个讲理的良性企业。"

"我本科专业是人力资源管理，被灌输了许多管理学的理论和思想。看多了总觉得管理学很虚，书里每句话说的都很有道理。但是又似乎是大家都知道的常识，概念仿佛把什么都讲清楚了，仔细一想又好像什么都没有说。很多有能力的管理者并没有学过管理学，识人用人似乎也总是凭经验说话，很多理论看起来都是那么的理想化。然而理论也不是凭空产生的，也是经验的提炼。仅仅是经历而不思考，也无法转化成有应用价值的经验。经历、感受、思考、练习、反思……这些都是必要的。有了一定程度的经验，再去看那些理论，会有不同的感悟。"

"老师说'好的政策是实践出来的，不是借鉴出来的，政策是经历的凝结'，对这句话我很有感触。政策制定出来是否可行、是否易行、是否考虑全面、能否被大家接受和认可，这些是困难所在。如果只是硬编或借鉴，即使政策富有逻辑和内涵、体现了先进性，也无法适应企业需要。很多好的政策往往是在企业中时间很长的人提炼和制定出来的，他们知道真实的工作中需要什么样的规范和约束，需要什么样的放权和留白。"

"其实除了很多的用人之道之外，那老师的课还为我提供了一个反思的机会。老师讲到，公司在考察一位员工的时候不会关心他的优缺点，而是关注他能干好什么。公司看重的是未来的可能性，看重员工稍加学习就能在未来做好的那件事是什么。这提醒我，应该多关注自己能干好的事情，从中发现我未来能干好的事情，并培养自己'稍加学习就能将一件事做好'的能力。总之通过与那老师短暂的学习让我对我的专业有了更深刻的理解，让我知道心理测量不仅仅是一种技术，更是一种情怀和艺术。"

企业每天都在创造知识，企业培训机构需要以研发的形式将散落在个人头脑中的知识变成企业内部的公共知识，需要以授课的形式将之分享出来，经学员们结合自己工作中遇到的难题进行共创，从而使企业内部知识转化为企业内部全员的自觉行动。

责任感是优秀领导者内在最深层次的内涵。出色的责任感会发展出远见、胆识和创造力。

# 三 贡献意识

**导语**：什么是贡献意识？贡献意识与领导力有何关系？如何看待组织？如何带领好团队？怎样正确地与上级领导打交道？怎样与同级相处？怎样对待群体中的自己？

# 什么是贡献意识？

贡献，就是指情愿把自身拥有的献给或无偿赠予他人，通常是以自身行动去推动社会进步和发展，含有自我牺牲的精神。

意识，就是指生物体对自身及外界的觉察与反映。意识既是一种活动（即意），又是一种活动的结果（即识）。

生命的本质，在于有意识地活动。

一个人的自我意识，是在与世界的互动中发展起来的；同时，正由于有自我意识，也才能将自己与世界或他人区分开来。

人与人的关系、人与世界的关系，由拥有自我意识的每一个人来决定（这种决定是变化的）。同时，正是由于这种决定是千差万别的，每个人都将会过上与他人千差万别的生活。

由于任何一个人都是不能脱离他人、脱离世界而存在的，因此对每一个人而言，其生命的质量取决于对他人和世界将会产生何种影响。拥有贡献意识，能够使一个人过上他想要的生活。

贡献意识，是一个人所能获得的高级意识之一。

# 贡献意识与领导力有何关系？

放在领导力语境里理解，贡献意识就是自始至终都能从"我能做出什么贡献？"考虑任何问题——强调任何问题都与我相关。

这种强关联的意识，决定着认知维度与创造力。

如果某位领导者非常好地履行着岗位职责，因此就定义这位领导者是优秀的领导者，大概不会有人质疑。但这却是一个大有问题的定义。问题在哪里？第一，无法验证其岗位职责描述一定是完整准确和富有远见的；第二，无法验证其行为对组织的目标而言到底会产生什么样的影响。

迄今为止，各类机构所有现行的岗位职责描述，大体不外三种内容：第一，需要遵守组织的各类制度、条例和规定；第二，主要工作内容；第三，其他需要完成的工作（恰恰这是现实中每一名管理者消耗时间最多的部分）。

其实，不论岗位职责描述得多么翔实，其本质都只是指必须完成的任务。而完成必须完成的任务，充其量只能称之为称职或胜任，还不能定义为优秀。

所谓优秀，恰恰是指完成了非必须完成的任务。但这些任务统统指向组织的最高目标，且往往不是上级交办的任务，而是自己发现或创造的任务。

优秀的领导者，擅长发现和创造非凡的任务。因为他们眼睛里盯着的不是单纯业务性的、干巴巴的儿条岗位职责，而是组织的最高目标。这样的领导者，他们的脑子里一直有着强烈的贡献意识，这使得他所看重的事情与他人截然不同。

贡献意识能够点燃潜能。

优秀的领导者只能用对组织所做出的贡献，来衡量自己取得的工作成果。当他清楚这一点的时候，他就愿意且能够用自我领导、自我迭代的方式来取代其他一切的领导方式。

贡献意识的背后，正是强大的关联力。

关联力，来自对所观察若干事物本质的深刻洞察。深邃的关联力，能够使看似不相关的事物相互映照，从而在实践中产生浑然天成、相得益彰的效果。

现实中，大多数领导者并没有意识到，当组织的最高目标放在那里的时候，身边甚至域外的一切人事物便与之自动产生关联。这些人事物将一律成为资源，当然各色人等都包括在内。即使是面对挑战、困难或难缠的人，也必须当作资源看待。例如对待异议，不要"平息"它们，而要利用好这份资源。

当我们这样做的时候，会发现很多平时看不到的优势和方法纷至沓来，为此眼界大开，世界为之一变，连自己的身心都会是愉悦的。从此，工作将成为个人爱好，甚至会成为养生。而所有工作理念与方法，都将成为养生的道与术。

贡献意识会带来令人意想不到的成果。

2006年我在北京大学参加为期百日的工商管理培训，除了每天上课六小时，晚上还拿出两个小时去听各种讲座。这些讲座每天晚上都有几场甚至十几场，都是由校学生会或系学生会组织的，内容包罗万象。例如中国经济形势、西方哲学、军事与国防、日本古典文学、数学的奥秘、印度神学、俄罗斯绘画艺术、中国艾滋病现状、电影欣赏等等。

培训将近结束时，我忽然感到，没有人讲大庆精神和铁人精神，这实在是一种缺憾。培训结束后，我找到一位大庆油田老领导，说服他到北京大学做了一场演讲。演讲很成功，有的学生被大庆精神和铁人精神感动，当场落泪。

后来，大庆油田专门成立大庆精神和铁人精神宣讲团，到全国各地宣讲超千场，深受欢迎。

有着强烈贡献意识的领导者，会不拘泥于自己的岗位职责看待事物和他人。贡献意识成为他们最为习惯调动和擅长调动的潜能，这使他们变得异常敏锐和坚定，也使他们有着远超常人的积累。而这份敏锐、坚定和积累，又使他们能够在他人司空见惯的事物中，看到非凡的价值；能够在他人墨守陈规和茫然无绪的状态下，创造出新的任务。

贡献意识能够使任何人都变得单纯而勇敢，不惮于跟任何人交流任何问题。

一次我在基层考核干部，听说铁人王进喜纪念馆今天举行落成典礼，正在售卖开馆第一天门票。我马上暂停谈话，开车往总部跑，一口气跑到油田总经理办公室，对总经理讲不能卖门票，应免费开放，履行社会责任，争取挂牌全国爱国主义教育基地。总经理（铁人王进喜女婿）没有表态，我又说："假如铁人的老哥们要进去参观，说要见自己的老哥们，也要购票吗？"总经理还是没有表态，我便跑回去继续谈话。

几年后，我偶然与铁人纪念馆馆长聊天，谈到这件事。馆长惊讶地说："原来是你干的？当天下午，我们就接到总经理办公室电话，停止售票，已经售出的立即退票。几天后，我们馆就接到省里的电话，称赞我们做得好，在全省带了一个好头。后来，我们成为全国爱国主义教育基地，还得到专项拨款，财务老总说'总算见到回头钱啦'。上级领导来挂牌的时候，还特意称赞我们实行免费开放，履行社会责任的意识很强呢！"

管理者必须把自己的本职工作放在对他人或组织将产生何种影响的高度去理解和采取行动，唯有这样他才能切身感受到自己的工作对于他人的工作和组织的使命会有怎样的贡献，也才能充分感受到自己与其他人的工作有什么关系。

称职或胜任的领导者只会这样问自己："对于我职责范围内的事，我怎样做才会做得更好呢？"优秀的领导者却经常这样问自己："虽然这不是我职责范围内的事，但我可以做出什么样的贡献呢？"

显然，这两种提问方式的不同，将带来完全不同的行动和结果。即便于过程而言，后者将极大地提升自身的想象力和创造力，从而激发出连他自己都尚未发现的潜能或慢慢涵养出尚不具备的潜能。

有着强烈贡献意识的人，会事先用贡献意识检测自己所要做的每一件事情的效果，然后决定做不做这件事。

一次参加老友儿子的婚礼，仪式开始前我们坐在草地上聊天。我问他："最近外出讲课多吗？"他说："我回绝了很多邀请。"我诧异地问："为什么呢？"他说："我忽然感到一个很严肃的问题让我无法回答，那就是我的课程究竟对听课的人的绩效将产生什么促动性影响吗？我无法确定，所以回绝。"

我提到某位老师很受欢迎，他目光锐利地问："那你怎么看？"因受到他的诚实的感染，我便直说："他的课只是市场有旺盛的需求，但他讲的并非他信仰的。"他很快地用力点头。我又提到另一位老师的课也很有市场，他又问："那你感觉如何？"我说："他讲的并非自己实践的。"他笃定地说："只为收入而授课，对我是没有吸引力的事情。"

很多时候，领导力体现在肯做举手之劳的小事情。

有位在西藏工作的年轻人进入到集团公司的催化师团队，她讲了一件小事。她说："我刚刚毕业的时候，被安排在加油站，主要工作就是加油。有一次我看到加油站的卫生间很脏，有很多长年累积的污垢，于是就买了一些洁厕的东西，趁夜班不忙的时候，蹲在地上一遍一遍地擦干净，直到擦到地砖之间由黑变白，男女厕所断断续续擦了三个小时，因为不时有人来加油。我当时的想法很简单，总是要值夜班的，与其打发时间，不如想一想，除了工作我还能做点什么？"听了她的故事，我的心像被揪了一下。几年后，这位小姑娘成为全国劳模。

与其说关联力是一种能力，不如说关联力是一种基于对使命、愿景和总目标最深刻理解而酝酿生成的情感。凡对实现使命、愿景和总目标有助益的事情，便都可关联。只有心心念念于使命、愿景和总目标的人，才会有出色的关联力。

任何疑惑、难题、困扰和梦想，本质上都是目标。

最方便也是最深刻的关联对象，并不是事情而是事情里的他人。在职场里，最重要的他人就是上级领导、下属、横向同级的同事（甚至包括他人的领导、下属和同级）。

领导力只可能发生在人际关系当中。

人类是群居动物，领导力无处不在。

提升领导力是一种本能。其主题永远只有一个：愿意赋予自己何种角色，即决定自己成为什么样的人。

为组织或他人做贡献是使自己变得更重要的基本方法。

无论是上级还是下级，他们都跟同级一样，只是同事。同事的意思，就是合作、协同、共生。换句话说，组织内任何一个人的价值，都能且只能在他人身上体现。

能够贡献自己的热情、辛勤的汗水、创意和智慧，就是人生最幸运的事情，也是人生最大的幸福。

贡献的意识要比贡献的能力更重要，尚不被广泛认可的贡献（尤其是创意和智慧）要比单纯地做慈善事业更重要。

能够深刻地回答"我应该做出怎样的贡献"的前提有三项：

1. 知道自己在哪里，以及面临怎样的情境。

2. 知道自己的长处、自己的工作方式和价值观。

3. 知道用什么样的标准来衡量成果。

纵观人类历史，可以自由做出选择的人少之又少。绝大多数人，要么是由工作性质来决定自己做什么，要么是由他们的主人来决定。他们完成任务的方式，看上去总是大同小异。因此，他们可能取得的成果也完全可以想象。

对领导者来讲，我行我素与唯命是从这两种截然不同的工作方式所导致的结果其实都是一样的，那就是不可能为组织做出什么突出的贡献。时刻深入思考"我应该做出怎样的贡献"，能使领导者获得真正的自由，因为从中他们能够直接感受到自己的使命与责任。

## 如何看待组织？

任何缺乏组织观念的员工事实上都处在组织里。组织内的任何人，唯有借助组织这一平台才能实现自身价值。组织是组织内每个人实现自我发展与自我价值的工具，唯有通过为组织做出贡献的方式才能实现自我发展与自我价值。

以大型企业为例，每个人都必须搞清楚五个问题：

1. 总公司、分公司、我所在部门和团队的目标是什么？

2. 我的优势以及我最擅长的优势输出方式是什么？

3. 我所能做出的最大贡献是什么？

4. 我的贡献对我所在团队、部门、分公司、总公司的影响是什么？

5. 因此，当下我应该采取的措施是什么？

如果不能或不愿回答这五个问题，就不可能正确看待组织，也就不可能处理好与组织的关系。

## 如何带领好团队？

带领好团队的最好办法，就是致力于培养人（而不是将目光仅仅盯在完成各项工作和任务）。

优秀的领导者更重视培养人，因此也更善于培养人。

如果能够以培养人的眼光看待每一项工作，那么推进每一项工作将会自觉地转化成为培养人的手段。同时，衡量各项工作的成果也必将以培养人的效果为重要依据。

毫无疑义，一位领导者的业绩无论如何突出，在他离任后业绩陡然下滑，若无其他重要原因，则只能说明他疏于培养下属。同样，特别优秀的领导者迟迟得不到升迁，原因往往在于他无法使下属特别优秀。

有能力培养出替代自己的下属，往往是领导者一再获得升迁的重要原因。但不管怎样，对国企领导者来讲，培养下属通常是高于其他诸项任务的任务。而他培养下属的能力，也应该是高于其他诸项能力的能力。

若目光始终聚焦于培养人，则整个工作的面貌、状态和效果都会大不一样。

我在大庆油田党委组织部任副部长时，每当重要且不紧迫的工作来临，我总是先组织召开一次小型研讨会。会上，先让下属找方向、列任务，自己再说想法。会后，先让下属动手拿出工作方案，自己再提出修改和补充意见。在执行方案的过程中，我鼓励下属勇于尝试新的想法。在下属遭遇挫折时，我只是帮助下属廓清事实，向下属提出各种启发性问题，使下属在回应中自己找到原因及解决问题的有效方法。

对特别优秀的下属，我有时会用错误的指令考验他们是否头脑冷静、对事业忠诚、有决断力。

职级在职业生涯中的意义显然不是最重要的，很多事情比它重要。在某个特定岗位，的确需要特定的人来担任。

我在大庆油田党委组织部任部长助理后，部长一次跟我说："你选一位干部管理室主任吧，自己不要再兼任了，你看谁行？"我脱口而出一个名字，部长马上说："好，你去找他谈一下。"我有些惊讶："这样的事应该由您去谈吧？"部长很坚定："你去谈。"

我们共同认可的这个人，曾与我在一家分公司共事，他是宣传干事，我是办公室干事。我调入组织部后，曾向某位部领导建议调他进来，未获同意。等我去参加为期一个月的培训回来后，他已经来部里工作，原来是另一位部领导选调进来的。

我就找到他，这时他是我们部门的办公室主任。我大约只跟他谈了两分钟，开门见山："你愿意来担任干部管理室主任吗？不用现在回答我，两天后告诉我就行。我只有一个条件，来的话要干满六年。"无论是对新的岗位还是对六年的说法，他显然没有任何思想准备，默默地点点头。两天后，他来找我，答复同意。我重复我的条件："干满六年。"他微微点头的动作，让我感到他对这个条件并没有深刻的理解。

他的确非常优秀。我后来多次在课堂上讲到他，打在PPT上的文字是这样的："他有着深厚的内涵和深刻的分析能力，亲和力和柔韧性很好，从不伤人，坚持原则也不会得罪人；他能使不同风格的领导认可、重用；他的吃苦精神、细致、洁身自好，都是一流的；他在思维上最大的特点是循序渐进、抽丝剥茧，虽然有点慢，但质量可靠，永不返工。"

我们共同经历过的部长，都非常认可他。以至离任后，其中两位给我打电话，询问为什么一直扣着他不放。最后还是现任部长一再跟我商量在部里提拔他到组织员岗位，后来部长又说服我，应前任部长要求放他去前任部长所在的某集团工作，而我的意见是让他将来接替我的工作。我所谓干满六年的理由很简单：职级对他个人和家庭或许是重要的，但对企业来讲并不重要，干部管理这项业务非常难掌握，六年的约定是希望他在这项业务里做出突出的贡献。一直到现在，我都认为我与他的六年约定是君子协定，对事业是有利的。

研讨是组织生命力的存在形式。

高效的研讨有一个很突出的特征：承诺。即发言者通常要从两个角度审视自己的发言：第一，假如我是决策者，我会采纳吗？第二，假如我是执行者，我会愿意执行吗？

唯有两次的答案都是肯定的，才符合承诺的标准。

当然，最终要靠实施效果来检验承诺的意义。

在企业里，德与才有着特殊而实在的意义。

最重的德，就是忠诚于企业；最大的才，就是富有创造力。

因此，领导者要注重对下属进行忠诚度和创造力的培养。要始终坚持从价值观、方法论的高度影响和培养下属。领导者自己更要率先垂范，身体力行，用榜样的力量感染下属。领导者要与下属共同修炼忠诚度和创造力，与下属共同成长。

睿智而又务实的领导者不会对下属说"照我说的去做"，而是会说"照我做的去做"。

培养人，在国企里要做到有教无类。

在一次论坛上，我分享了自己的故事："有一次率队考察，带20多名业务人员。在飞机上，原本想看书，那时我还正发着烧，忽然想跟一位年轻人坐一起聊聊，这年轻人好像状态一直有点低迷，然后就请人把座位串过来。但是，我没有惊动他，我先看书，因为飞到目的地要经停，半程也要飞两个小时，两个小时足够了。果然，大概过了十几分钟，他主动跟我聊天，我放下书就跟他聊，一直聊了两个小时，他说了很多心里话，我只是偶尔提一个问题。飞机降落经停机场时，他的状态看上去非常好，眼睛亮亮的。"

"飞机再起程，我就换了另外一个平素观察到有些愤青的年轻人与我邻座，我用同样的办法跟他聊，到目的地又要两个小时。其实我坐飞机习惯看书，但这次，我觉得这四个小时比看书的收获更大。下飞机的时候，那个年轻人问我能不能跟他拥抱一下，我就跟他拥抱了一下，他这个举动让我感觉到谈话效果非常好。"

"这两位年轻人，在我的印象里并不优秀，但使他们发生改变，哪怕一点点，对于他们本人、对于团队、对于事业都是有价值的，所以我很乐意抓住一切机会这样做。"

领导者要注意增进与下属的非正式交流，咖啡机旁、去餐厅的路上、候电梯的时候或在电梯里，若内心重视那伫立片刻的交谈，都会使下属产生愉快的感受和较深的印象。

培养人最好的方法就是认可、欣赏和表扬，这无疑会产生持久的激励效果。每个人的身上都可以发现优点和特长，每个人的行为都可以发现闪光之处。但是，空泛、笼统、既不够具体又不够郑重的表扬实际上不仅会是低效或无效的，甚至还会产生负面效果。例如，"你很善于动脑"从效果上来讲就不如"这份材料反映出你是很动了一番脑筋的"。

领导者要经常向下属反馈他们的优点与成功之处，没有什么会比这更激励人心。遗憾的是在现实中，这并不多见。

培养下属的自信，对领导者来讲是相当重要的任务。

提升下属领导力的机会是无处不在的。领导者必须有意去这样做，例如拔河比赛、歌咏大会、献血活动、慰问特困员工、篝火晚会、制作板报，领导者都可以安排年轻高潜员工去组织开展这些事情。不要小看这些事情对一个人的锻炼效果，要知道正是这种非正式的领导角色，才能激发一个人的潜能和自豪感。更重要的是通过组织这些类似公益性的活动，能够涵养一个人的利他精神。至少，领导者可以有机会观察组织者的内心是否有归属感和关爱他人。

领导者要谨慎使用物质和金钱激励下属，甚至可以说使用物质和金钱激励下属并不可取。第一次那样做很奏效的话将来会更糟。必须将所有下属都当作愿意为组织做贡献的人来对待。即便这做法短期内不够奏效，也要坚定不移地这样去做。

多么好的下属，都会慢慢被物质和金钱激励这种方式所异化；多么差的下属，都会慢慢被当作愿意为组织做贡献的人来对待而感化。

什么情况下员工会特别愿意为组织工作？当他感到自己一直受到尊重的时候、当他感受到工作充满乐趣的时候、当他只要取得成绩就会立即被认可的时候、当他惊叹"我又增长了新本事"的时候、当他提建议被认真倾听的时候、当他被允许按照自己的思路去尝试的时候、当他经常能够看到自己的工作结果对他人产生积极影响的时候、当他感到上级很高效的时候、当他战胜严峻挑战的时候、当他想获取组织内部信息随时就可以获取的时候（让信息填平权力制造的鸿沟）。

批评惩戒当然也是好方法，但要区分对象，且根据不同的情境来运用。总的来说，批评下属要注意：第一，不轻易；第二，不经常（特别是对同一对象）；第三，私下里进行；第四，过程中观察对方的反应；第五，多运用提问的方式，例如"你自己怎样看这件事？""如果你是领导，会怎样处理？""你反思到的是什么？"

需要注意，无论奖或惩，其一般性原则有四点：第一，足额；第二，及时；第三，变化；第四，公开。

其中道理显而易见：不足额的奖就是惩，不足额的惩就是奖；不及时的奖变成惩，不及时的惩变成奖；无变化的奖接近惩，无变化的惩接近奖；不公开的奖如同惩，不公开的惩如同奖。

对待下属，无论欣赏还是批评，都要因人而异、因时而异、因事而异。目标只有一个：培养成为领导者。

必须假定职场中的任何人，都想有所作为，都想发挥自己的潜能和天赋（哪怕是自以为的天赋），都想获得肯定和认可，都想成为某领域的专家，都想结识更多的朋友和经历更多的事情，都想去体验这丰富多彩的世界，都想过上幸福的生活。

要相信，任何人都可以培养成为领导者。

在启发深度思考方面，没有比提出洞见性问题更有效的方法。通常情况下，我们除去会问一些简单的问题，很少有意识地运用洞见性提问的力量。而如若不能养成提问的习惯和改变提问的方式，就很难成为优秀的领导者。

曾与年轻同事有一段很深入的对话。

同事："参观某些企业大学，硬件和软件都是一流的。"

我："我们为什么不能那样做？"

同事："不现实啊！"

我："那些一流的企业大学，哪个不是在所谓不现实的条件下做到的？他们是如何做到的？如果我们也能，我们为什么不能从今天开始？"

同事："我们有经济指标要完成。"

我："哪件事情是主要矛盾？"

同事："环境也不好。"

我："表现出哪些症状？"

2
2

2

2

同事："不作为、散、心眼儿小。"

我："什么原因？"

同事："这么多年来积累下来的，养尊处优、缺乏使命感、格局小。"

我："其中哪个是根本原因？"

同事："都挺要命的。"

我："我们的目标是什么？"

同事："做高品质培训。"

我："我们要采取的第一个措施是什么？"

同事："做行动学习。"

我："还有呢？"

同事："做培训项目研发、培养师资队伍、引进人才。"

我："杠杆性的措施是什么？"

同事："引进人才，最重要的是引进在企业里工作过的中高层管理者。"

我："有吗？"

同事："也有，很少，你就是。"

我："引进来后，你观测到其他的难题发生了哪些变化？"

同事："变化很大，尤其是师资队伍对培训的认知有了飞跃。"

我："做高品质培训是否符合集团公司的战略？"

同事："当然，意义重大。"

我："意义是什么？"

同事："中高层管理者解决问题的能力会显著提升。"

我："解决问题的能力提升，重要性在哪里？"

同事："啊？多么简单的问题啊！但听起来很震撼。忽然感觉这么多年来忽略了培训的目的！原来就是为了解决工作中遇到的问题。"

我："现在感觉如何？"

同事："忽然产生紧迫感！有一种急着想去做点什么的感觉。"

我："做什么？怎样做？"

同事："就是前面提到的项目研发和行动学习。"

我："它们之间的关系是什么？"

同事："啊！你这么一问，让我忽然又感到，这两件事是一件事！"

我："什么事？"

同事："在行动中学习，在学习中行动。"

我："那么研发呢？"

同事："成为我们的工作方式。"

我："在这样的工作方式中，如何使用和创造工具与流程？"

同事："这是关键，要靠摸索。"

我："这样的工作方式，能够满足什么？"

同事："师资成长的需要！"

我："最有价值的是什么？"

同事："集团公司会有一大批优秀的中高层管理者成为内部培训师。"

我："我们能从中获得的最重要的经验会是什么？"

同事："研发能力，这是企业大学的核心能力。"

我："谁是我们的客户？"

同事："学员。"

我："怎样定义客户的成功？"

同事："学会解决问题。"

我："怎样定义我们的成功？"

同事："能够帮助学员学会解决问题。"

我："这两者是什么关系？"

同事："哈哈！越来越清晰了！两者是一件事，是共创课堂的关系。"

我："现在你怎样看我们集团公司的战略？"

同事："句子都不错，落地不容易啊！"

我："现在你怎样看我们这个团队的核心价值观？"

　　同事："啊！竟然还是'句子都不错，落地不容易'的感受呢！高品质的培训要落地，是靠精致的细节堆起来的！"

　　我："下一个突破性的目标是什么？"

　　同事："培养集团公司培训系统的师资队伍。"

　　我："这个目标的主打产品是什么？"

　　同事："培训培训工作者。"

　　我："那就是说不仅是师资队伍？具体怎样细分呢？"

　　同事："企业HR和培训机构负责人、催化师、项目设计师、评估师、项目研发师、培训师。其中，培训师还得分类。"

　　我："这个主打产品的成长空间有多大？会持续多久？"

　　同事："很大，很久。不，应该是永远。这是主业啊！"

　　我："由此会帮助集团公司履行什么样的社会责任？"

　　同事："成为社会最优质的器官。啊！想到这里，感觉很振奋呢！"

　　我："履行好社会责任会给集团公司带来什么优势？"

　　同事："引领能源创新的优势！"

　　我："如果集团公司富有更加强烈的社会责任感，还会给集团公司带来哪些优势？从而会使集团公司成为什么？"

　　同事："产品优势、人才优势！成为国家战略安全的守护者。"

　　我："于是，你认为我们接下来应该怎样做？能否打个比喻？"

　　同事："临渊羡鱼不如退而结网，先做出几个精品项目，赢得上下认可。然后大规模搞项目研发，培养集团公司内部更多的内部培训师。"

　　我："这样做会使公司、客户、合作者、全社会实现共赢吗？"

　　同事："当然！想想就很兴奋！"

　　我："最让你兴奋的是什么？"

　　同事："是行动学习的推广。"

　　我："那会带来什么？"

　　同事："就像您常说的，行动学习会给职场带来新的伦理，使学员带着自由的意志和选择深度参与进来，减少短视和潜在的危害，创建公平和长期的思考。"

我："你还有什么要说的？"

同事："你问了我很多问题，让我脑洞大开。现在该我来问你，我最感兴趣的是在行动学习中如何摆正心态？"

我："你发现了什么？"

同事："怎么又是你来问我？好吧，我先回答你的问题。我发现在行动学习中，有些人不愿意打开自己，甚至有些人傲慢且固执己见，坚持自己是正确的，至少是不够谦逊。究竟怎样判断什么是正确的？"

我："傲慢与谁正确相关，而谦逊与什么正确相关。只要去掉小我，回归到事实本身，就会判断出究竟什么是正确的。"

同事："为什么在行动学习中一定要提那么多问题呢？"

我："刚才我提那么多问题，你觉得效果如何？"

同事："一下子找到思考的方向，灵感迸发。为什么会这样呢？"

我："松下幸之助经常通过提问的方式来完善方案。遇事连续追问五个为什么，被称为丰田公司一切科学方法的基础。提问是突破性解决问题的本质。历史上，全世界所有伟大的发明和创造都是因为忽然有人问了一个从未有人问过的聪明问题或者是所有人都认为不该问的一个愚蠢问题。聚焦于提问而不是急于拿出解决方案，才有机会在深度学习中获得突破。问得越有洞见性，解决方案和学习就会越好，反思得就越会深刻，个人和团队能力的提升就会越大。"

同事："催化师的重要作用就是提出问题对吗？由学员们解决问题？"

我："催化师要将目标和重点放在学习而非问题上。最好的学习是发现新的机会，而不是解决眼前的问题。因为有可能眼前的问题是不需要解决的。"

同事："这样的学习，太有挑战性。催化师和学员如何才能胜任？"

我："越有挑战，行动学习越有意义。除了去胜任，别无选择。管理当局应该有耐心培养过硬的催化师。"

同事："催化师和学员要具备什么能力？"

我："催化师要有工具，善提问。学员要有真正的难题，保持开放的心态，勇于反思。"

同事："能否举例说明一下？"

我："先说工具吧。根里奇·阿奇舒勒在1946年开始创立TRIZ理论，是从全世界范围内的300多万个发明和专利中抽象出来的，有别于传统的脑力激荡。TRIZ强调发明或创新可依一定的程序与步骤进行，而非仅是随机或天马行空的脑力刺激而已。例如九屏图，是其中的一个工具，当前系统居中，上为超系统，下为子系统，左右分别是过去和未来；因果分析中，有一个层级分解图，类似思维导图或鱼骨刺图，只是更加简单，并标明原因与原因之间是'与'的关系还是'或'的关系，主张'不做方案''寻找真实的原因''寻找根本的原因'。最有用的工具都是内生的。"

同事："那么，怎样解释'善提问''真正的难题'呢？"

我："我经常在课堂上这样提问来帮助学员界定难题，首先让学员在一张纸上列出一份自认为可以解决的难题清单，然后我开始提问：你根据什么来列这份清单，认为是你可以解决的呢？可以解决的标准是谁制定的？如果把这份清单交给身边的一个同事，他会认为这是他可以解决的吗？再交给另一位同事，他又会怎么看？是因为你具备了某项素质和能力才认为这是可以解决的吗？你的那些素质和能力是谁教的呢？你最想把这些素质和能力教给团队中的谁呢？用什么方式教呢？"

同事："这样做的目的是什么？"

我："思考与难题相关的所有因素，学员自己会得到答案，只有我不知道答案。"

同事："假如学员也列一份不可解决难题的清单，怎样提问呢？"

我："可以有很多提问。你凭什么，认为这是不可解决的？这标准是谁制定的呢？定这个标准谁说了算？你的素质和能力提高了哪些，才会使这份清单变得可以解决呢？那么这份素质和能力从哪里可以学到？谁可以教给你？假如其中某个不可解决的难题是因为政策不到位，那么你能否清晰地描述那项政策？谁可以做这项决策？谁能够给你这项政策？你和他谈过吗？为什么没有谈？谈过几次？为什么只谈一次？再看看另外那些不可解决的难题，果真无法解决吗？你需要什么资源？假如你能够解决，第一步要做什么？第二步呢？什么时候开始？"

同事："那怎样解释'开放的心态'呢？"

我："有一次一位学员评断另一位学员提出的问题，说'那是一个愚蠢的问题'，我问他'如果听到愚蠢的提问，首先假设它是正确的，你可能将面临巨大的机会。你愿意这样假设吗？'他马上说'愿意'。"

同事："保持开放的心态，才可能看见巨大的机会！"


在培养人的前提意识下，通常在以下几种情境里，向下属发出洞见性问题会收到很好的效果。

1. 下属急匆匆来报告紧急事情。

"如果请你来做决定，你打算怎么办？"

2. 将一件重要而不紧迫的事情交给具有发展潜质的下属。

"一个月后告诉我，革命性的解决方案是什么？"

3. 下属解决了所有你交办的难题。

"依你看，下一个需要解决的难题应该是什么？"

4. 下属不擅长某项业务。

"下半年分析会你来主讲，这项业务的突破点是什么？"

5. 下属与某部门的沟通一直不顺。

"想想看，你为这个部门所能做出的最大贡献会是什么？"

6. 让下属带新人去完成任务。

"除去专业知识，你准备让新人从中学到什么？"

7. 向年龄较大的下属就一项改革方案征求意见。

"在你看来，我们应如何激发资深员工的创新动能？"

8.下属提出过于理想化的想法或建议。

"有哪些困难？如果请你来做，第一步你打算做什么？"

9.当下属抱怨他人或发牢骚的时候。

"在这件事情里，什么是你的责任？你想学到什么？"

提问，就好比一只鸡蛋。蛋黄是提问之道，代表对人的尊重，孕育着新生命（新思想）；蛋清和蛋皮是提问之术，蛋清代表丰盛的知识，营养着新生命（新思想），蛋皮代表中正的态度，保护着新生命（新思想）。

一次，我教徒弟如何随机取用两个单词进行强制联系训练。徒弟随口说出"知识""传奇"两个单词，请我以提问为主题进行强制联系，我说："凭直觉这两个单词以提问为主题训练要容易些。"徒弟说："那么，您怎么用'知识'和'传奇'这两个单词完成对主题的深入思考呢？"我答："任何提问，要么是在陈述知识，要么是在创造知识。那么，你觉得哪一种更有可能诞生传奇呢？"徒弟说："精彩！"

**向积极的方向引导，交替运用暗示的力量与逻辑的力量。**

年轻人："那老师，您有什么办法解决读书走神的问题？我读书的时候常常眼睛还在一行一行看，脑子里却联想到别的地方去了，回过神来总得重新读这一段，效率极低。"

我："我也走神，我相信每个人都会如此吧。觉察到了，就算是赢了，拉回来就是了。"

年轻人："听您这么一说，我感觉好多了。"

我："另外，你要问的问题并不是'我怎么解决走神的问题？'而是'阅读中的哪一段话让我走神？'这算是另一种'深度解读'的说法吧。"

年轻人："明白了，我要进一步觉察阅读时走神通常发生在哪些具体情况下。"

我："其底层逻辑是：走神有时候也是一种创造性阅读的效果。熊彼特发明了'创造性破坏'这个词来描述创新，我想阅读中走神的积极意义也是这样的。"

年轻人："多亏了我们会走神，用走神训练专注力，走神再重新专注的不断练习才能够帮助我们提升专注水平。走神也可能让我们觉察，是不是该运动或者休闲了。当然，超出读者认知也会走神的。"

我："大脑会服从最重要的事情，神就会去到那里。你借此可以发现自己的兴趣点、价值观和深层假设。"

年轻人："这也是读书的意义，超乎作者意料的。"

我："刚与出版社签了合同，明年出新书《洞见：国企领导力行知录》。这段对话写进去了，你明年可以看到。"

年轻人："您上一本书里就有我，这次又沾了一回光。"

我："又怎么不算我沾了你两回光呢？"


高效的领导者，会将发现问题、解决问题、创造问题作为培养人的三部曲。他们会反复向下属提出同样的问题："什么是当前最重要的问题？""如何解决它？""什么是我们最应该去做而仍没有被我们发现的事情？""直觉告诉你，已经发生的什么事情正在影响着未来？"

当下属的头脑中始终徘徊这些问题的时候，随着灵感源源不断地汇集而来的将是无穷无尽的资源。在回应这些问题的过程中，会形成最为落地的推进工作的计划书，亦即长期而有效地培养人的课程大纲。


带领好团队的秘诀之一，就是具体问题具体分析。

对能力出众的下属，自然要多压担子，要求高一点，可以多授权，放手让他发挥自己的才干。授权意味着强化自我控制，无形中会激励下属释放自身的潜能，还意味着下属可能回馈以更宽的视野、更强的能力和更好的绩效。所谓更好的绩效，不单是指出色地完成工作任务，更包括能够创造出新的任务，并且在完成各种任务当中表现出自我反思能力和自我纠错能力，表现出一股持久的敢于且能够取得成果的势头与状态。

对能力平平的下属，要分清楚是不够努力还是不够聪明。对能力平平但很努力的要多爱护，分配适当的工作。对能力平平又不够聪明的要多培养，相信人是可以改变的。对那些不够努力、能力平平又很聪明的下属，要格外重视，自己作为上级要先从自己身上找原因，看看是不是自己不了解对方的诉求或不了解对方的特长，一定有深层次的原因。

对摆老资历的、在团队中起到消极作用的老员工，要视能力而区别对待。对能力强的可以明确要求他完成任务，允许他有一定的自由度。对放任自流、不思进取甚至暗中搞鬼的年轻下属，不必说要严格管束，同时加强教育。但对这两类人，最重要的还是放在适合的岗位上，以免造成意外的或更大的损失。

对女性下属，应多照顾她的情绪，上级领导要注意在小事上不可粗心或马虎，既要体贴又要耐心，也有必要了解她的家庭生活对她产生的影响。当然，这样做未必会对组织有多大益处。但不这样做，常常会给组织带来较大的负面影响。

同样，卓有成效的下属往往也是少数。了解到这一点，在团队管理中，分配好自己的资源与自己的精力很重要。要将大部分资源与精力分配给卓有成效的下属。

还有，卓越的团队几乎都离不开两种锻造形式：第一，必须通过斗争；第二，必须有人出局。因此，明智的办法是有意制造争论与冲突，增加对全面彻底沟通的投入，同时做到人员有进有出（要相信离开的人会有更好的出路），这些举措都会增加团队的凝聚力。

最后一点，任何下属都会不由自主地更加重视上级所检查的事情，而不会是上级所期待的事情。因此，若想要自己期待的事情发生，最好将期待化为检查的细节。

职业生涯规划，其实是一份对自己的郑重承诺。

我曾要求下属只用一页纸，大胆而精确地写一份职业生涯规划。很多年后，早已离开我的下属们偶然提起这件事，我答应将自己珍藏的这些职业生涯规划当作礼物送给他们。当下属们收到我郑重塑封着的礼物的时候，我们惊讶地讨论着共同的发现，为什么多年来的职场轨迹竟然高度吻合那页纸？想成为谁真的是一个很神奇的决定。

人生中的重要决定，必须早早就做出来。

对于追求基业长青的组织来讲，培养人应该是优秀的领导者最为看重的业绩。最根本也是最有效的培养人的方式，就是使用。使用，才是最好的培养。过程中若能尽可能多地授权，则会加快培养人的速度。授权最好的时机，并非在下属成熟的时候，而是在接近成熟的时候。因授权而产生的工作失误或损失，应看作性价比最为合适的学费。在培养人的问题上，领导者所犯的最常见的错误就是不能耐心而认真地倾听下属表达内心的想法，总是打断下属的话、急于发表自己的高见。

不管怎样，不关心下属成长的领导者或不能成为下属教练和导师的领导者，极有可能是会招致失败的领导者。

对处在领导岗位上的人来讲，不要只是有下属而已，要有追随者。下属能否成为追随者，取决于处在领导岗位上的人真正成为领导者——像一位名副其实的领导者一样行事。

更重要的是，卓越的领导者并非在刻意培养下属成为自己的追随者。恰恰相反，他一直在致力于培养领导者。

从组织的角度讲，培养人要有落地的具体措施。

同事："依您看，在培养人才方面，当前大型国企的人事部门应马上做哪三件具体事情？"

我："第一，成立干部考核室，与干部管理室分设，专心做考核与监督。第二，将所管干部按类分成若干微信训练群，用NLP（身心语法程序学，编者注）与教练技术每周训练一次。第三，每年举办干部考核室主任专训班、干部管理室主任专训班、干部培训室主任专训班。"

事还没做就谋求先系统而完整地建立设计和规划的人，多半是缺乏实践经验的学院派或天真之人。任何好的设计和规划都是为变化而准备的，更是为验证阶段性成果而准备的。换句话说，好的设计和规划更像是登山训练，而登山要靠临机判断与认真对待脚下的每一步。没有具体的真实的行动，就不可能产生好的设计和规划。胸有愿景，勇敢地迈出第一步才是最重要的。

对组织来讲，淘汰也是一种培养手段，但末位淘汰只适合体力工作者，并不适合知识工作者。理由有五：

第一，对知识工作者的绩效考核至今没有特别成功的先例或模式可资借鉴和遵循。也就是说，很难通过量化手段准确地评估知识工作者的绩效。

第二，不可否认，某些团队全部是优秀人才。至少存在这种情况，即在某个团队中的末位很可能在其他团队中是先进。

第三，每个人从量变到质变的节点是不同的。组织应该有眼光有耐心培养韩信这样的人才。

第四，导致不同绩效的原因不仅仅是个人方面的因素。组织分派何种任务、内部特殊事件、外部变化、人事调整等等都可能成为重要或关键因素。

第五，这种通过硬性排序而不是通过设定标准进行考核的方法，将导致员工们彼此猜忌、无良竞争、拉关系网，甚至打击工作积极性、鼓励保守、压制创新。

培养人必须坚持长期主义。

我："给你提几条建议吧。1. 根据他人的反馈，努力改变和提高自己。2. 为自己和团队设定可衡量的优秀标准。3. 帮助他人发现机会或解决问题。4. 对他人的工作内容表现出兴趣。5. 成为团队的计划、项目的优秀推广人。"

同事："每次您的话都会引发我的深度思考，我每次都希望用整块的时间思考再做回应。您的几条建议，我能感受到您对我的状态和当下存在的问题有深刻的洞察。"

我："这几条在国企很罕见，你应该有更大的抱负。自己培养自己，坚持长期主义，这是年轻人最重要的出路。"

同事："您培养了一批催化师，其实很多都只学些皮毛。听说学院新来的几届毕业生都没怎么学过催化技术。"

我："对优秀催化师的培养，大约需要15年的时间。这需要领导层的远见、战略定力与耐心，必须坚持长期主义。"

**对曾经的下属，也应抱有未尽的责任感。**

我："仅从这个项目暴露出的问题来看，你要负主要责任的，这方面的责任不是你单位领导的问题，也不是项目长的问题，而是你的问题。你得抓，你得过问，你得上手。这是你的王牌项目，必须重视。你应该拿这个项目去外面说事儿的、傲视群雄的。你要用这个项目的精耕细作，诠释自己的职业生涯。作为你的老领导，我必须跟你说这些话。"

曾经的下属："我理解您说的。这是品牌项目，一定不能砸，我们在努力结合最新情况进行创新。"

我："搞得我午睡也没睡着，脑子一直想这件事。我的心思都在项目上。除了我，还会有人说这些话吗？"

曾经的下属："给您添麻烦了，十分理解您的心情。"

没有发现某位下属有什么问题，不等于他胜任。因为"找问题"的思维习惯会使人忽略观察一个人真正的长处。因此，发现一个人什么事情做得好、什么事情可能会做得好、需要学些什么才会更好地发挥他的长处，才是培养人最重要的切入点。何况，就连被培养者自己都不一定知道自己的特长和潜能是什么。

即便是正职，偶有副职"冒犯"也应柔和应对。

某分公司党委书记感觉分公司纪委书记似乎对自己有意见，遂找其谈心，问："你是对我有什么意见吗？还是说感觉我对你的工作不够支持？"分公司纪委书记对分公司党委书记说："确实有意见。比如，咱们分公司提拔干部，不能只是在预案提交总公司之前才告知纪委，为什么不让我们从源头介入？"分公司党委书记问："你要介入到什么程度？"对方说："整个酝酿人选的过程都应参与。"分公司党委书记说："总公司以及各分公司提拔干部都是按照目前的模式，在预案提交总公司之前由纪委把关，我们还不能单独改规矩，再说假如我们这一届班子改了规矩，咱们分公司下一届班子怎么办？我研究一下再跟你沟通吧。"分公司党委书记遂去找总公司组织部门领导，询问此事。总公司组织部门领导说："你们目前对政策的把握没有问题，先由分公司主要领导和分公司组织部讨论酝酿形成预案，再由纪委把关，预案在报总公司之前，都属于酝酿阶段，纪委在这个阶段介入，就是要防止带病提拔重用。"分公司党委书记与分公司纪委书记再次沟通，最终形成了一致意见。

对一位领导者来讲，培养下属的最好结果，是使下属站在你的角度考虑问题，从而带出价值观高度吻合、有超强凝聚力、精神状态与利益诉求高度一致的团队。

杰克·韦尔奇说："在你成为领导者之前，成功的全部就是自我成长。当你成了领导者，成功的全部就变成帮助他人成长。"韦尔奇的话很精辟，一语击中要害。但其实严格说来，并没有"前后"，而只有"同时"，这才是"全部"。

致力于培养人（薪火相传），才会使自己曾经做过的事情更有意义，从而使自己更有意义。

## 怎样正确地与上级领导打交道？

首先要识别谁是自己的上级，这看似简单和容易，但现实中却很少有人认真思考过这个问题，就更谈不到向上管理。

在一次培训论坛上，我对同行们说："作为大庆油田培训中心的主任，我有四位上级领导。前两位是大庆油田的党政正职，他们对我有最低要求，不可突破底线，例如带好队伍，这其实很严厉，要比对我有最高要求更现实。第三位是分管培训工作的副总经理，我至少一年要做一件令他满意的事情，这并不容易。第四位是党委组织部部长，我把他看作至关重要的上级领导。这倒并不是因为要经常与他打交道，而是因为我将培训中心定位为研发机构，研发内部课程、开发内训师、研究和推广本土化的行动学习方法，而调集油田各种岗位上的领导人员、专业人员和技能大师等这些做培训最宝贵的资源，协助我们开展研发活动，必须要得到他的强有力支持。"

我接着说："事实上，我还将大庆油田下属所有企事业单位的一把手都视为上级领导，这是为何？因为他们决定着我们培训的工作量，向我们正式提出各种见所未见甚至闻所未闻的培训需求，以及有权评估我们的培训质量。"

完全可以这样定义：凡决定着你的工作最低标准、掌握着你要做的最重要事情所需资源、影响着你的收入与客户需求、有权利评估你的绩效的人，无论身处组织内部还是外部，也无论是否存在管理上的隶属关系，都是你的上级领导。即便是对存在隶属关系的上级领导，也一定不能简单地以上下级一概而论，而是要想清楚他对你的基本要求究竟是什么。至于业务性质与业务边界，完全可以视为是自己能决定的事情——恰恰是这一点才真正体现出你对于组织的价值。

正确地与上级领导打交道，无论从哪个角度来讲都极其重要。但从现实上看，这几乎是一道少有人能给出正解行为的难题。

不管怎样，都要认清三点基本事实：

1. 你不能任免你的上级领导。

2. 你只能通过他取得成效。

3. 他要么成就你，要么阻碍你。

优秀的下属能够将上级领导不够正确的决策通过创造性地执行变成正确且有效的决策，同时在汇报工作的时候不忘强调自己正是按着上级领导真实而完整的意图去做的。这样的态度和方法不仅会促动领导反思，也会增强信任关系。

卓越的下属更擅长发现和挖掘上级领导的长处，不仅能够主动将上级领导想做的正确的事情做成，还能帮助上级领导发现其自身尚未发挥的潜能，使上级领导去做更多他稍加努力就能擅长的事情——同时谨慎地避免使用到上级领导的短处。

将上级领导培养成更优秀的领导，这是所有下属首先要考虑的事情。因为任何下属有效的个人成长，某种程度上都是建立在上级领导有效的个人成长基础之上的。

或许临近退休时的回顾，更加接近客观或符合真相。

一次，我对曾经的三位下属说："从某种意义上说，你们仨的优秀，培养了我。也正因如此，你们通过培养我，不断地超越自己，使自己更优秀，这就是事实。回顾几十年的职业生涯，这是我最深的感受。"

站队不如站立场。当两者矛盾的时候，站立场的前提必须是愿意真诚地信任上级领导，而不是排斥或反对上级领导。不以一时的得失去判断事情的价值，将得失放在使命与战略的高度或时间的维度里才看得清价值。明知是错误的事情，若事情紧急且重要，第一时间就要表达自己真实的看法，没有必要藏着掖着或曲意逢迎。真正对上级领导负责的下属，总是坚定地站在正确的立场上。

与上级打交道若遇到棘手问题，坚持原则是首先要考虑的事情，其次要保全自身，最后要使事情尽量相对圆满。

一次，某位身居要职的中层干部接到一位上级领导的宴请电话，说只有三个人，范围很小。这位上级领导曾因接受私人高规格宴请受到过处分，但这位上级领导说这次宴请由他买单，还说知道他忙，宴会时间由中层干部确定。这位中层干部找不到拒绝的理由，便只好答应。但赴宴后才发现不是三个人，还有其他几位客人，且认出其中一位是供应商，明显是来买单的。便在就座时小声跟那位上级领导说不巧又有急事要加班，只能提前走一会儿，然后殷勤地点菜，有意点了几道便宜的菜。开席后，上级领导责备他点的菜太便宜，中层干部就说先吃着，不够再点。20分钟后，中层干部告辞出来，到前台结账，花了4000多元。他半夜接到上级领导电话，先嗔怪他太忙，继而责备他为何把账结了，但此外也无话可说。

与上级领导打交道的硬道理，其实是出色地做好本职工作。将精力放在琢磨和讨好上级领导上面，虽非一无可取，但总不是正途。不要以与上级领导个人关系好为荣，荣辱观是价值观的直接显现。需要绞尽脑汁的事情，唯有工作。

当老师的最大荣耀是学生青胜于蓝，当领导也是如此。

在我临近退休的时候，有幸参与中国石油天然气集团公司催化师的长期培训项目。一次，一位学员对我说："以我当前的认知水平，我理解的优秀管理者应该是向上管理、向下服务的。但是，有的干部却恰恰把它给搞反了！我这算不算'金句'？"我说："当然，让我深受启发。"

**将正确的事情做正确，需要妥协的精神。**

学员："我觉得首先要解决关系，关系好了干什么才顺。"

我："在管理中，人际关系是核心。"

学员："如果我是领导，首先要忠诚的，其次要听话的，最后要有能力。"

我："为什么这么说？"

学员："我有个同事，管工资和考核，能力很强，思维逻辑也不错，做的考核方案我们认为很合理。但是一把手倾向于销量，这位同事倾向于利润，基于公司整体任务和效益考虑的。所以她一直想说服一把手，做了好多考核分析、数据统计、效果对比之类的。后来一把手在会上说，以后各单位考核分数，先由审计部门把关，再交给人事，以免影响数据真实性。我这个同事回来就大哭，这是严重的怀疑，不信任，认为她考核数据作假，考核方案存在个人主义。"

我："后来呢？"

学员："后来一把手说，考核方面的汇报，禁止一般职员去汇报，由处长亲自汇报。本来我们前处长想要提拔她当资深高管的，被别人抢了。过了这么多年，换了一把手，换了处长，她才缓过来。现在还是那个劲儿，一直对抗。但是现在的一把手相对公平公正，对她还算好点吧。"

我："你怎么看？"

学员："从客观的角度来说，她的考核工作绝对是为公司发展考虑的，而且也是总会计师、业务副总都认可的方案。但是，一把手有一把手的考虑和格局，人事部门既要服从，又要维护原则性、政策性。这就考验汇报人或者工作人员的语言表达水平，抑或是日常表现了。日常表现太突出，有时候不是什么好事，领导不喜欢太聪明的。"

我："你的同事现在状态如何？"

学员："她那时候很沮丧，自我放弃了。"

我："很多管理者只看重道理。而事实上，应该更看重有效性。你的这个同事就属于这种只看重道理的情况。把一件正确的事情做正确，其实很难。所以，你的同事在执行上其实是很有问题的。"

学员："我猜测我们那时候的领导也许想提拔某个人，就想在考核上对他有利，才有合理的提拔理由。她也许应该和上级沟通一下，销量上去就能怎样怎样，利润可以暂时放一下，进而达成共识。又或许是利润太难实现，降价的话销量增大更简单更好操作，给上级的考核数据好看一点。领导者和操作者考虑的视角和格局是不一样的，没必要和职员解释那么多吧。领导会想，我是王，你照做就好了，你在挑战我的决策和判断吗？"

我："你谈到人性中很重要的侧面。"

学员："她并不了解如何跟上级沟通，主管考核的副处长也是那样，一直想说服一把手，每次汇报一开口就是'我们要怎样怎样''领导您这个观点不可行'，说得激情澎湃。因为副处长和这个同事都是干了十多年工资和考核，自认为经验十足，清楚明白。那又怎样？你不对一把手的胃口，一把手喜欢吃甜，你非要弄咸，再美味，也不喜欢，甚至会反胃。"

我："话说回来，这个一把手也有问题。"

学员："他是不怎么样，但是也有很多人及时改变思路，对了他的胃口。有个人，他做什么方案之前都去找一把手聊天，问思路问方向，他的方案一遍过。所以我认为职场并不是公正就能生存。找不到平衡的翘点，累死也白搭，活该。"

我："你刚说的这个人，形式上可取，内容上未必可取。"

学员："聊天时候可以交换意见呀，交换意见的时候语言上可以委婉又讨好呀，这都是技术。聊天多了，一把手说话自然会给面子，多赢。"

我："你的同事应该在形式上学学那个会聊天的人，然后把自己的内容一点一点地用技术渗透给领导，这才是正确的。既不能对抗，也不能完全投降。"

学员："我觉得，得到领导的信任，是非常重要的。首先他要信任你在考核数据上的真实性，没有利己，然后他才能认真倾听你的观点。所以我前面说，我要是领导的话，我首先选择忠诚的人当我的左膀右臂，其次选择听话的，最后才选择能力强的，可以听听不同的建设性意见。"

我："你的想法在很多人那里已经成为实际行动。"

学员："您说人性，我还有例子。我们单位在推行6S定置化，大家懒散惯了，桌面不整洁，文件柜里也杂乱。每周通报，又怕得罪各部门，所以检查流于形式。后来去兄弟单位交流，发现人家请第三方来检查，扣分罚款通报，效果非常好。但是不久，第三方被协调了，给点好处就不罚了。"

我："管理必须重视人性、依据人性，才会有温度。回到前面的话题，下级对上级要有妥协的精神，才能将正确的事情做正确。妥协这个词听起来并不像是好词，但妥协的精神就不一样了，这是一个伟大的词组。还有，你前面谈的问题很有现实性。但忠诚、听话，只可以是方便工作的条件，不可以是用人的原则。管理的焦点应该是目标，德才兼备的用人原则才会有的放矢。不过，你从工作艺术的角度谈的观点很好。"

学员："德才兼备这条太宽泛了，选人的时候不好把握，就一律都说符合了。反而学历、年限、职称等等更方便卡脖子。"

我："德才兼备有具体含义，德反映对企业的忠诚度，才反映个人的创造性。德与才，通过行为是可以考量的。"

来自自己和对方的任何不完美都是可以接受的。问题的关键不在于是否完美，而在于是否能够解决问题。

与上级领导沟通，有三条重要且有效的具体措施：

第一，不要过多占用领导的时间。

通常来讲，根据领导所处的不同职级，将时间控制在3—5分钟，最多不超过20分钟。这一点甚至比沟通的内容更重要。至于实际上真正需要用到多少时间，由领导决定。

第二，沟通的事情最好只有一件事。

如果沟通两件以上的事，在领导的意识当中，很可能会以为其中某一个事情不是很重要的。只沟通一件事，领导就会认为这件事对你来讲是最重要的，他给你资源上支持的可能性无形中会增大很多。

第三，汇报解决方案最好是1—3套方案。

如果只提一套方案，要很有把握、很自信，最好是进取型方案，这种情况至少要占到1/2才比较合适。如果提两套方案，应该是旗鼓相当又迥然不同的方案，最好其中有一套是创新型方案，这种决策难度很大的情况最好不要超过1/3。如果提三套方案，最好第一套方案是领导最有可能同意的方案，第二套方案是多数人都认为可行的方案，第三套方案才是你真正想提出的方案，但至少其中有一套是能满足最低限度的方案。


对不同的上级领导，应有不同的相处方式。

对那些有眼光又大度的上级领导，下级要锻炼自己独当一面的能力，在完成关键任务时敢冲敢打。

对从基层上来的、崇尚实干的上级领导，下级最好多深入基层，多了解实际情况，跟上级领导谈问题时要先从事实层面切入。同时也要注意多读书多外出考察，多了解外面的世界，经常给上级领导介绍外面的世界，多出主意。

对那些很有创意的上级领导，下级应把精力放在执行上。高效地执行，将上级领导的创意，变成实实在在的成果，就是与之最好的相处方式。

对作风民主又很朴实的上级领导，一对一时要敞开心扉，有意见全盘托出，以诚相见。

对心胸不大、擅权专断的上级领导，时刻要注意自己的一言一行，不落把柄，全力以赴去完成上级领导交代的任务，不主动找事做，上级领导没问，不轻易发表意见。干净而又正直，才是与此类领导相处的王道。

对能力平平的上级领导，先看人品，区别对待。对人品好的，尽力辅佐。对人品差的，注意自己的言行，不留破绽，重要工作尽力高质量完成，不拿原则做交易。

对老奸巨猾、社会习气重、掌控欲与驾驭能力强、说一套做一套的领导，一对一交流时不隐瞒观点、不惧怕对方、敢于直言才是相当重要的。平时则谨言慎行，切不可虚度光阴，把全部精力都放在钻研核心技术上，让自己成为专业领域的专家。

如果没有机会在某位上级领导的手下做更多有意义、有价值的事情——其实这很常见，那么就效仿古人，且行且藏，多读书就是一个很不错的选择。

在上级领导中，卓有成效的往往只是少数。了解到这一点，在向上管理中，选好努力方向与分配好精力非常重要（区分值得或不值得的人与事）。


识别关键性资源并不容易。

很多时候，知道什么是资源比寻找它更难。例如培训机构的年轻人身边有顶流课程，观摩方便，分文不付，但由于不具备识别资源的认知能力，视而不见，失之交臂。

但关于识别资源尚是第二等的问题，第一等的问题是：我想成为什么样的人？（这包括还能够回答"我要什么？我的目标是什么？我擅长什么？我能做好什么？"）

因此识别资源有两项前提：

1. 清晰地知道自己想要成为什么样的人。

2. 坚定地相信从任何人那里都能获取自己成长所需要的资源（洞察、反思的能力）。

管理好上级领导的情绪，亦非小事情。

某分公司一位中层干部深得分公司领导赏识。一次，总公司某部门领导委托该分公司组织部部长询问这位中层干部是否愿意到总公司这个部门担任副职。这位中层干部心里很愿意，但又顾及分公司领导的感受，遂找到分公司领导说："听说总公司那个部门的一位副职要调离，我很想到那个岗位工作，您能帮我争取一下吗？"分公司领导欣然同意，找到总公司主管领导及那个部门的领导，当然一拍即合。

最难做到的一点，是如实向上级领导反馈他的缺点和做事情不够成功之处。

第一，私下里一对一地谈。

第二，选好时机和地点。

第三，用事实说话，让对方自己形成结论。

第四，不妨说成是听到的议论（这一条慎用）。

第五，先表扬一通再谈。

第六，可以借助手写信件或电子邮件、手机微信的形式。

不管怎样，让上级领导相信你的诚意、让他看到你所谈的问题对他个人及组织未来的重要性和益处，才是使谈话取得成效的关键。当然，这件事要有很大的把握才可以去做，并且对结果不要抱太高的期望。

顺便说一句，迄今为止，在所有对领导力的描述中，往往下属对上级领导的评价较为客观、完整和准确。即便是自我认知最为清醒而独到的领导者，往往比不上下属们（直接的下属、少数的知情者且多次打交道的）茶余饭后对他的评价更为详实、有趣和精准。甚至对领导者获得成功的理由的分析，也要比领导者本人的分析更为全面、细腻和深刻。

常说的知易行难，可以从两方面理解：第一，实践难；第二，由于实践难，自知也难。假如列一份优秀管理者和领导者100条优点的清单，即便是大学毕业没几年的年轻人，也会很诚恳地说自己具备了其中绝大部分优点，而对自己尚不具备的项目会质疑那是否真的可以算作优秀管理者和领导者的优点。

有一次，在中化集团原董事长宁高宁的课堂上真的发生过这样的事情，宁高宁列了134条优秀管理者的特点，一位年轻人站起来说他具备了绝大部分而公司人事部也没有发现他，对几条他尚不具备的特点又提出质疑。

这是为什么呢？当然是人性使然。但假如我们这样对他们提问："给你看这份清单，不是让你说你同意多少条，而是你能做到多少条？"恐怕他们第二次回答的数字比例会明显下降，但这肯定仍然是不符合事实的。假如你再次提问："我们问的不是你能做到多少条，而是多少条能做出令他人满意的效果？"那么他们第三次回答的数字比例还会明显下降。假如再提第三个问题："其中多少条能影响组织获得突出的绩效？"那恐怕人们不愿意再用数字来回答问题，而是陷入沉思。这好比某种体育项目的国家队、省队、县队、村队，团队所具备的特点都差不多而竞技水平却有天壤之别。显然，在自我认知上每个人都会遇到巨大的障碍。恰恰是突破这一障碍，才是人们真正获得成长的关键。

恰当地接住领导的话，对下属其实是一项修炼。

一次，一位分公司领导班子正职对副职说："听说有几位分公司班子成员被评上特别优秀？"副职说："是吗？有这事？往年没有啊。"正职问："你不知道？"副职说："您都不知道，我怎么能知道呢。"

没几日，这位正职急匆匆来找副职："你的年终奖金怎么比我还高呢？"副职说："是吗？怎么会？我不知道别人的奖金是多少啊。"正职问："那你是特别优秀？对了，应该是特别优秀！"副职说："如果我是特别优秀，那也是您推荐的呀！您不推荐我怎么可能评上呢？"领导一时竟无法反对。

对任何上级领导，脱开优劣不谈，都应该也能够找到某些生动的瞬间，从中有所反思和学习。

我多次在课堂上讲到自己在大庆油田党委组织部的13年里，从七任部长身上所学到的品质或能力。

第一位部长单独与我谈事情，我忽然插话，她很自然地立刻停住，我看到她微笑着点头听我讲话，就在那一瞬间，我醒悟自己很不礼貌，而她相当有修养。多少年后，我时常想起她微笑着点头听我讲话的样子，既羞愧又感觉温暖。我也能很自然地做到，被别人插话就立刻停下来，微笑着注视对方。还有一次，我跟她汇报自己要参评副高职称，她淡淡地微笑着说："你不只要做这件事，还要想怎样做将来才能评正高职称。"我当时震惊得一时语塞，因为感觉那很遥远，而且是不可能的事情。但我记住了她的话，一直照着她的话去努力。直到顺利评上正高职称，我才真正懂得她的话，对指导工作和生活都有着太丰富的内涵。每当想起她说那句话的神态，都会激励着我要做一个有格局、有抱负的人。

一次随第二位部长外出考察，我们几位年轻人太调皮，故意走在悬崖边上嬉笑着，他近乎咆哮地怒骂："干什么你们！回来！快！"把我们吓坏了，这与他平时一贯的亲和友善的形象反差极大。他是钻井工人出身，一次在会上讲："当领导的不要觉得有什么了不起，其实能带一个上百人的大队，水平就很高，我知道就有很多大队长的水平比我高。"与他接触越久，越感觉他的可亲。点点滴滴，萦绕脑际，那些数不胜数的瞬间，都让我时时忆起，仿佛导师一样陪在身边。

第三位部长，一次出差前交代副部长牵头搞一个方案，副部长带领一班人尽心尽力搞了一个初稿。部长回来后开会讨论初稿，说："你们尽力了，还可以吧，我下来再看看。"结果，他关门两天，几乎全部推翻重搞了一个方案，我看到原稿上密密麻麻修改很多，拿到会上讨论，确实太精彩了！用一个词形容，就是创新。语言既活泼生动又直截了当。对我个人印象很深的，是他"原谅"过我很多次。一次是在他离开部长岗位到某公司任职，我任副部长期间处理了他违规任用干部的事情，他托另一位曾经在部里工作的同事传话给我："要不是看他人还不错，我不会饶了他的。"另一次是处理他手下一位出国不归的干部，他疑惑地问我："会不会是你对他要求太严了？他才不回国的？"我说："不是的，他早有预谋。在国外期间，就以探亲为名把老婆孩子都弄去了。"他点点头，不语，也不再提此事。他是一个强势的人，这三件事倒让我感觉到他的义气和人情味。

第四位部长，经常晚上带老婆来办公室撕文件，我要帮忙他说不用。我由此注意到他的桌面、书柜、床头，简直太干净了！绝对没有没用的物品。后来，我渐渐在工作中深刻认识到一件事，那就是：简洁代表着一种高级的能力。我发现包括自己在内的很多人，无法识别什么是有用的、什么是无用的，因此做不到简洁。虽然我早已将简洁当作能力看待，但我仍然做不到像他那样简洁。他语速很快，语言简洁，办事干脆利落。我很欣赏的一位同事曾评价他："他最突出的能力是化繁为简，善于在纷繁中抓住核心的、本质的东西。比如他每周一的部务会，听大家汇报，往往汇报的人还没有汇报完，关键之处他已了然于胸了，很快就做出决策，干净利落，从没有一丝的拖泥带水。他主持的会或他听汇报，都很短。"

第五位部长，一次问我："你知道我来部里你请我吃的第一顿饭吃的是什么吗？"我心虚地说："吃的什么？"他说："方便面。"旁边的干事作证："没错，还是我泡的呢！"我歉声地说："不会吧？"心里却想这很会。他接着说："我还以为怎么着你也得请我吃一顿饺子呢！你说太忙了，晚上还要加班。"又一次，我随他去跟老总和书记汇报干部任用方案，我坚持对某位干部的评价意见，结束后，他一路跟随着老总解释着什么，我听不见。回到办公室后，他指着嘴边的一颗小包对我说："看看，刚才我一急，就急出了一个小包。"我犹豫着问："刚刚？你确定不是之前就有的小包？"他说："就是刚刚，你那么坚持，我就急了，我知道你是对的，但担心老总误解你。"而老总，就是前面提到的第二位部长。现在，每当想起我的第五位部长，我就希望自己成为一个柔和而有温度的人。一位曾长期追随他的人评价他："审慎和注重细节、追求完美。"

　　第六任部长刚上任的时候，到我办公室来，拿一张纸，上面列了23项制度，问我："你觉得部里需要制定这些制度吗？"我说："需要。但您想花多长时间制定这些制度呢？"他说："半年吧。"我说："半年内先订立其中的一半制度是可能的。"当天下午，部长召开部务会，正式讨论这件事，大家都认为应该尽快建立这些制度，而我依然坚持："好的制度应该是从工作中总结出来的，并非越先进越好。至少花半年时间，先制定其中的12项。"他让办公室主任组织投票，说："按重要性和紧迫性，大家从中勾选一半吧，最多半年时间先制定这些制度。"后来，我有事也会主动到下属办公室，尊重他们的意见，尽量用民主的方式商讨和解决问题。多年后，我很赞同一位同事对他曾如此评价："他最核心的是仁，是真性情的自然流露。他的民主不是走过场，也不是他没能力专制，而是发自内心地尊重人。他的境界比我们要高出一个层次，爱工作，爱生活，爱他人，真正的大智若愚、大巧若拙、大象无形。"

　　与第七任部长共事，正值两大企业整合。一次到他办公室谈事情，进来一位室主任请示工作，他二话不说，直接指示："你去找他们去办，就说是我说的，出了事我负责。"他回头看我愣住的样子，缓和下口气当着那位主任的面，说："没啥可绕的，商量一圈，还是那么回事。"后来，很多时候，我都希望自己像他那样快速做决定，但都因为觉得不适合自己做事的风格或不符合自己做事的原则而作罢。但是，快速做决定这种能力还是让我时时觉得对一名干部来讲是相当重要的。

　　在职场里，上级领导是一种既离不开又影响巨大的存在。任何人都有优点，上级领导或许更多。对上级领导的定性式评判是一件摆脱不掉的危险习惯，那样往往会使自己放大或看不到上级领导的优点。早一点觉察到上级领导的优点，时时回顾上级领导的优点，对一位下属的成长至关重要，足以深刻地影响其一生。

## 怎样与同级相处？

怎样与同级相处，考验着一个人对组织定义的深刻理解。

怎样与同级相处，似乎是一个很平常或无须特别重视的问题。也许有人会问："这个问题难道与贡献意识也有重要的关联吗？"当然，这个问题相当重要。

怎样与同事相处，可以认为领导力的全部基础正是体现于此。怎样与同级共事，体现领导力相当重要的一部分。

只要不涉及原则性问题，就要无条件地帮助同事。

我曾多次与人分享年轻时候的一件小事。一次同事身体不舒服，来跟我商量，请我帮忙完成21份材料的撰写工作。我虽然自己的任务也很重，但二话不说承担过来。事后，同事将单位分的一桶豆油送给了我。后来我们的关系无论遇到怎样的挑战，双方总能保持良好的沟通。我常对年轻人讲："简单点，不用想那么多。几乎无条件地帮助同事是我几十年来坚持的一项原则，特别是当对方主动提出要求帮助的时候。甚至对同事看重的事情，我会主动询问是否需要帮助。"

国企的人际关系迥然不同于其他企业。事实上，对任何组织来讲重视人际关系都是构建领导力的基础。换句话说，领导力只能通过正确地处理人际关系得以体现。

感情用事不好，用事无感情就好吗？

我一次批评某位干事，他忽然哭了，我以为他认识到了错误，没想到他的解释出乎我的意料："这件事情另论，只是看你这么着急，我也着急啊！你可别再急出心脏病来。"他的话里有另一个故事，那是他们找人修电脑，竟然将数据库永久性删除，急得我心脏猛跳，整个人瘫坐沙发，吓坏了他们。

将事情另论，只纯然地关心战友，这让我颇为感动。

良好的同事关系，并非只是相互欣赏或要好，而是愿意将组织的使命、愿景和总目标放在高于一切人际关系的位置上，深刻地认识到每一位同事分担的工作正是完成组织目标所不可或缺的一环，同自己所分担的工作一样重要。如此，哪怕直接指出同事存在的问题甚至提出批评意见，都是具有贡献意识的体现。再若方法恰当而有效，则是具有领导力的体现。

人的一生，得到忠告的机会并不多。

我对一位即将履新的同事一口气讲了六条建议，同事郑重地记在本子上。多年后，那位同事接近退休，极为诚恳地跟我讲："你知道吗？你当年给我讲的六条，每年春节值班，我一个人在办公室里，都会拿出本子好好对照这六条，看看哪些做到了，哪些做得还不够。多亏你这六条，要不然我真都不敢说自己是不是早就犯错误了。"

又一次，我对即将履新的另一位干部有针对性地讲了五条建议。多年后一次见面，对方聊起这件事，先是以颇为自豪的口吻说："你嘱咐我的五条，我都做到了！其中有一条'不贪一分钱'我都做到了。"接着深深地叹了一口气，竟然推心置腹地小声说："但你没有嘱咐我一件事情，就是色戒啊！结果我就在这个问题上犯了错误。"

古人说："君子赠人以轩，不若以言。"挚友诤友之间，赠送车子，不如给几句忠告。如果说领导岗位是高风险岗位，如今恐怕已经不再会有人以为笑谈。若事情之利害攸关自身尚能赠人以言，或许是同事间最为真挚的人格表达。

一次我与同事一起去北京参评集团公司管理专家，看到同事的参评报告是八页纸，我坦诚地说："发言时间有限，你应该删减，最多四页纸。"
对方起初并未在意，经我再三提醒，勉强删减到五页纸，果然时间还是不太
够。很显然，我俩只能评上一人。同事评上专家后，在某些场合感佩地跟他
人提到这件事。

领导力的本质是利他，最直接的体现就是关爱同事。

在催化师班上有一位年轻人跟我聊天，她说："让我至今感觉最自豪、
最有成就感的一件事，就是在人事科管公积金时候做过的事。大家收入都很
低，很在意公积金的提取和使用。由于对提取政策零宣贯，大家都不知道自
己是否符合提取条件、办理业务应该准备什么材料。在我接手这项工作之
前，大家要给管这件事的人'点炮'送礼，还迟迟不能到手。我接手后，将
政策编成打油诗、画成简易图发给大家，并想办法用最快的速度让大家拿到
钱。特别是大病提取，人家真是等着钱救命的。"我问："所以，你心里最
在意的是什么事情呢？"她脱口而出地回答："我最喜欢做能帮助大家解决
现实困难的事情，其实这并不难，有时候就是自己心里想不想做的事儿。"

我又问："听说你曾协调近百人的队伍，两个月完成了建千方罐的任
务？多么宝贵的经历。"她说："当时我眼睛都肿了，那时候不明白为什么
眼睛会肿，其实就是压力大，累的。内心要让多少人'开开心心上班，平平
安安回家'，就要站在多少人的角度去思考他一天的工作，然后做出整体安
排。每个人背后其实都有一个家，能让他们开心顺畅地工作是很值得去做的
事情。所以成就感也是极大的！"我问："你现在又从盘锦调到广州工作，
你感觉怎样？喜欢现在的工作吗？"她说："其实无论做什么工作，我都努
力去找到能在组织内实现自己价值的点，常感觉自己很幸运、很幸福，没时
间纠结，嗯……其实也会有纠结，但会努力把时间都花在做事上。"

对待同级最好的态度，就是全力支持但不附和，探讨问题时能够对事
情抱有不同的看法，能够提出异议和质疑，尤其必须质疑同级行动背后的

假设。

有雄心又踏实的管理者，应该成为所有同级的杰出公仆。

贡献意识不仅能够使人看到更广阔的世界，还能够使人绽放自身的智慧和潜能，进而能够较之他人更敏锐地发现和创造新的业务，引领组织走向充满希望的未来。

## 怎样对待群体中的自己？

处理对下的关系、对上的关系、平级的关系，都是在处理子关系。处理与自己的关系，才是在处理母关系。将自己放在群体中进行观测，才会了解自己在群体中的意义。

在群体中，不存在绝对的个体。在任何一个组织里，任何一个人都是完成组织目标的个体。完成任何一个目标都需要人与人的合作，合作的质量决定着目标完成的质量，而沟通的质量决定着合作的质量。

沟通的本质是对目标达成共识。而这需要发出信息者很注意接收者的经验是否被激发、感知是否被调动，通过倾听找到对方在乎的价值，以此对目标达成共识（可以是小一点的目标或初步的目标）。

强有力的沟通能够突破对方的防御和抵抗，改变他的个性、信念（包括价值观）和愿望，这往往是通过那些对对方具有强烈冲击力的信息输入达成的（这些信息要么是颠覆对方所知的铁一般的事实，要么是对方不敢奢望的愿景，要么是对方因感到恐惧而极力避免出现的结局，且这些信息最好要重复输入或强制输入），但这样的高效沟通是罕见的。

特殊时候，一个人的诚实与洞察力，可以使他无条件地信任一位事实上足够使他信任的人，敢于将所有重要的信息毫无保留地告诉这个人，从而使自己迎来重大的机遇。

在群体里，每一个人都会不由自主地产生自尊心。如果一个人没有自尊心，一定难以获得真正的成长。但在致力于贡献的人的价值体系里，自尊心必须让路给真理。

正确地对待群体中的自己，至少要做到：

1.认识自己。

老子讲："知人者智，自知者明。"尼采说："离每个人最远的，就是他自己。"古人说："兼听则明。"曾子说："吾日三省吾身。"忠言逆耳，要珍惜忠告。认识自己，需要一生的时间。要通过认识组织的愿景和目标，认识自己。

2.重用自己。

重视自己在任何一个阶段的经历，努力做好任何"低贱"的工作，就是重用自己。只有低贱的人，没有低贱的工作。《了凡四训》中讲："命由自造。"放弃自己是自作孽，活不出真正的自己。自己重用自己，才会有人重用自己。

3.修炼自己。

在年轻时期，要听得进话、吃得了苦、拿得起活；进入职业生涯中期，要讲程序，讲质量，讲诚信；进入成熟期，要形成自己独特的思维方式和工作风格。最好的思维方式是从企业的高度、战略的高度考虑本职工作。古人讲："取乎其上，得乎其中。取乎其中，得乎其下。取乎其下，则无所得矣。"尤其要修炼正向影响上级领导的能力，在个人品质、前瞻力、对情况了解程度、思考深度、勇气、忠诚度等方面提升自己。只评价修炼自己的努力程度，不评价组织对自己的评价和使用。

4.平衡自己。

要爱你所做，要知道做任何一件一件的事情都是在一笔一笔地作自画像，就是在一笔一笔地描绘自己的幸福感。甚至要爱你所憎，从中自省、学会择善、体味宽容、履行人道，这是最好的爱自己、救赎自己和他人。自己安顿自己，不期求组织安置自己。

只有贡献于组织的成果，才是衡量自己在群体中价值的唯一指标，也是观测群体中自己的唯一着眼点。

优秀的管理者或领导者对贡献的理解，就是对个人成果和成就的理解。管理与领导的本质都是实践，管理者或领导者都是在运用知识工作的人，管理者或领导者的有效性只能体现在个人成果如何被他人使用。管理者或领导者离任后，他应该向自己问三个问题，以评价自己的成就：

第一，我留下了怎样一份业绩？

第二，我培养了哪些人才？

第三，我留下了怎样的工作理念或价值观？

而没有离任的管理者或领导者同样可以向自己问这三个方面的问题，以预估自己未来的成就：

第一，我希望留下一份怎样的业绩？

第二，在培养人才方面我能够做些什么？

第三，我期待为组织留下怎样的工作理念或价值观？

所有贡献无论大小或多少，都只能存在于处理好五种关系之中，即与组织的关系、与上级的关系、与下级的关系、与平级的关系、与自己的关系。

# 四

# 大局观

**导语：**什么是大局观？每名员工都要有大局观吗？如何修炼大局观？怎样为继任者考虑？怎样看待大局观与战术的关系？

# 什么是大局观？

通俗地讲，大局观就是凡事从整体、长远和系统进行考虑，洞察事物之间的内在联系和因果关系，把握事物的本质和发展规律，辩证地看待得与失，坚持到最终胜利。

简言之，大局观就是对胜利的根本看法。

有大局观的领导者，热衷、擅长且习惯于获取胜利。但每一次在获胜之前，他们都万分警觉和谨慎。他们对胜利的根本看法就是除了胜利，什么都不重要。常人眼里的失败，他们一律只看作挫折。所有取胜前遭遇的挫折，在怀揣必胜信念的领导者面前都不值一提。因为毫不怀疑自己将取得胜利、一向敢于胜利，他们看起来战无不胜（事实上也常常是这样）。

清末学者陈澹然有句名言："不谋万世者，不足谋一时；不谋全局者，不足谋一域。"这就是说，凡事长远考虑，辩证看待全局与局部，不执着于一时得失，敢于坚持到最后的胜利。

眼观全局，才能下好每一步棋。只有分清主要矛盾和次要矛盾，不因小失大，才能做出快速反应和正确决策，使整体利益最大化。有大局观，相当于有灵魂。在任何组织中，能看到每一个人的位置和动作的人，往往就会成为领导者。

能够衡量成果的，唯有成果本身。成果只有被人们使用，才有价值。每个人所做出的努力，未必一定能够获取成果，这要看他的产出能否被别人当作投入。在组织内，任何人的任何产出都应成为他人的投入，以使每一份产出都能获得实际意义。只有在这样的组织里，全局才是活的。

如果说大局观就是对胜利的根本看法，那么怎样定义胜利呢？显然对企业来讲不能将胜利只定义为营利。那么使用绩效这种说法呢？肯定是正确的，但这又需要定义绩效。

对企业来讲，正确的绩效可以从三个方面描述：

1.获取利润（只能来自客户）。

2.培养人才（创新型的、全员的）。

3.塑造企业文化（组织的核心价值观）。

所有能够从这三个方面解释绩效的员工，都可视为具有良好的大局观。

或许可以从更加具体的七个侧面来理解优秀的领导者，如何通过组织的特征来证明其卓越的大局观：

1.主业透明。

每一名员工都清楚自己的主业是什么、其他人的主业是什么，对内部所有机构的主业都一清二楚。

2.危急时刻有人负责最后拍板。

权力与责任对等，薪酬与贡献对等。

3.所有人都只有一位领导。

管理层级很少、尽可能地扁平，而不是像古罗马谚语讲的："有三个主人的奴隶就是自由人。"沟通速度极快而成本极低。每增加一个管理层级，管理失败的风险都会骤然增加，这是确定无疑的，其杀伤力远大于领导力不足。

4. 包括领导者在内的所有员工都只是合作关系。

日常没有人发号施令、有事只能相互商量、所有决策都只能以出主意的方式向合作者推销。尤其重要的是，领导者怎样对待员工，员工就会怎样对待工作。

5. 没有对人的管理而只有对人的领导。

充分发挥每个人的才能、热情和主观能动性。一般来讲，向领导请示工作的人要比领导更加了解如何去完成这件事，很多时候领导者需要做的就是授权、鼓励和容错。

6. 对本企业能够产生巨大影响的技术往往转化自其他行业。

例如20世纪70年代锂电池技术诞生，最早应用在心脏起搏器中，1992年Sony成功把锂电池用于小型电器，今天特斯拉等企业用于新能源汽车。可以预见，未来任何行业内的顶尖技术都会极大地影响到其他行业。

7. 客户的价值观和决策将最终决定企业的一切行为。

客户就是上帝绝不是一句说说而已的场面话，而是所有商业行为的底层逻辑。

哪怕组织内的每个人都只对以上七点中的某一点有所验证或深信不疑，那么整个组织都必将拥有出色的大局观。

## 每名员工都要有大局观吗？

只看到和维护本单位的、本部门的、自己的利益，最终会损害根本利益，损害每一个人的利益。

大局观来源于局部、高于局部、对局部的变化起着决定性作用。任何人都工作在局部（连元帅也如此），因此任何人都应该有很强的大局观（每一名战士都要学会呼唤炮火），才能出色地完成局部的工作。

只有每一个人都从理想和信念出发、从使命和战略出发，才能牢牢把握大局，才能深刻理解自己的职责，才能采取符合整体利益的行动。

每个人都要有大局观和"一盘棋"的思想，这将直接影响到每个人能否树立正确的发展观和业绩观。

真正的大局观，本质上其实都是愿意为自己的生命意义负责，而这只能通过愿意为他人的生命意义负责来完成。

## 如何修炼大局观？

卓越的大局观，练就于自己人生的经历，绝非闻道而生。闻道而醒悟者，只因所闻之道正打通了他的人生经历。

培育优秀领导者的平台是组织，而导师则是他自己。

由经历所沉淀下来的、无形而有大用的就是品格。在每一件业已完成的任务当中，其实都凝结着从事者的个人品格。因此，当新的任务来临的时候，他所焕发出来的一定是基于品格特征的激情，而不会考虑到自己的业绩、职位和他人的评价。

学会总结，才能学会怎样当好领导。

有大局观最突出的表现并不是言必称战略、满口大道理，而是会使用时间。首先，不浪费别人的时间、在乎别人的时间、不随意割裂别人的整块时间，这是重要的职业道德。领导者将自己的时间用于最重要的事情上，这是重要的职业素养。鼓励、允许和监督下属将时间用于主业上，这是领导者的重要能力。

对任何人来讲，时间的本质都不是钟表意义上的计量单位，而是行动的成效。从管理的视角来看，时间不是绝对的，而是有弹性的。时间的弹性体现在：

第一，有较高的意识水平（例如走捷径者先到达）。

第二，有较强的专业能力（例如脚步快捷者先到达）。

第三，懂得聚焦主业（例如双打选手不过多练习单打技术）。

第四，擅用整块时间（例如科技人员常常废寝忘食、通宵达旦地工作，这是因为创造性工作通常需要在整块时间里安安静静地完成）。

第五，贡献意识（例如"白莉安原则"长期为医院带来不可估量的效能与声誉）。

简言之，所有使行动成效发生波动的原因都是行动者的领导力、执行力在使时间发挥弹性作用。

换句话说，做意义重大的事情都需要使时间富有弹性。

无论是管理者还是领导者，本质都是知识工作者。对出色的知识工作者而言，最稀有的资源就是时间。

用好时间的本质是对生命负责。懂得做什么、懂得将时间花在哪里，才会使生命更有意义。

对管理者或领导者来讲，忙是一种什么状态？其实往往是一种不知道该干什么的状态。古人形容为无心的状态，就是把心弄丢了的状态。事情多又是什么状态呢？其实是角色错失的状态，即处于一种不重要的事情太多的状态，因为重要的事情总是极少数的。如果一个管理者或领导者总是以无奈甚至颇为自豪的口吻说自己忙和事情多，那其实代表他一直不在状态。

将时间花在琐碎的、事务性工作上是职场常态，若再加班加点工作则更是加剧了这种恶性循环。从中觉醒很难，下决心改正更难（不仅触及上级领导的认知与工作习惯，甚至触及组织的体制、运行机制等深层次矛盾）。

简单地说，如果将应付上级交办的任务作为自己的第一要务，必将凡事缺少长远打算（政策缺少连续性的根本原因）。

认识自己的时间，是认识自己的方便法门。


没有最好，只有更好。

任何当下，都只必须聚集精力做一件事情。

传说音乐界至今只有莫扎特才能同时作曲数首，且每首都是杰作。如果这是真的，至少有两点借鉴和启示：

第一，莫扎特懂得不拒绝灵感（因为灵感往往只光顾一次）。

第二，以莫扎特的天才，如果全力只做一首曲子可能会更好。

有"千年第一思想家"之称的马克思，也只能做一件事情。事实上，《资本论》并没有完成（恩格斯花了大量时间和精力整理完成第二卷、第三卷）。

真正的高手从不承认自己是天才。


从了解历史着手，往往是修炼大局观的必由之径。

例如训练新军，要从讲军史开始。培训工作者，则要探知企业的历史，才会在培训中生成尊重、传承与创新的力量。

偶然的一次经历，使我对大庆油田创业时期的人才培养模式有过深入的思考。那是在1997年，全国各省、自治区和直辖市都在贯彻十四届六中全会精神，搞精神文明建设十五年规划。我当时在大庆油田物资供应处办公室任干事，被抽上去干了六个月。两个月学习大庆传统，两个月进行调研，两个月起草精神文明建设规划。为了写好这个规划，油田成立了三个小组：由油田退休老领导组成咨询小组，由油田现任领导组成领导小组，由我们这些抽上来的干事组成起草小组。那六个月，对大庆油田有了较为彻底的了解。后来我将这套人才培养模式概括为"6+1"。

第一，依靠"两论"起家。"两论"，就是毛泽东的《实践论》《矛盾论》。大庆油田就是靠"两论"起家的。我在从事培训工作后请油田一位领导开发的"两论起家基本功"课程，成为油田精品课。大庆油田的"两论起家基本功"很扎实、很可贵、很独特、很有生命力。"两论"起家的精髓，就是相信实践、勇于实践、坚持辩证法、抓主要矛盾，遇到矛盾就兴奋而不是紧张或气馁。

第二，当时有号称"雷打不动的"每周五中心组学习与每晚员工学习制度。我在二级企业党办当秘书的时候，每周五为"雷打不动的"领导班子中心组学习做记录。每晚组织员工学习，我姐姐就经历过那个"苦干+苦学"的时期。那个时候的员工工作和生活都很艰苦，每天晚上还要进行政治学习。但就是靠这种特殊的"苦学"，确实造就了一批特殊的干部和员工。

第三，师带徒。师带徒在大庆非常普遍、根植很深。我们在调研过程中所接触到的大量的事实和案例证明了这一点。实际上师带徒在牛津很有名，称为导师制，是牛津的标签。师带徒这种叫法，更有手艺传承的味道，更有年代感。其实，领导力就是一门手艺，其本质跟修理自行车这种技能没有什么区别。怎样才能学会修自行车呢？只看书是学不会的，请一位高手来讲也是学不会的，只有动手修理才能学会。领导力就是这样一门学问，读书是读不出领导力的，请高人讲也讲不出领导力。德鲁克讲，管理就是实践。被称为"欧洲德鲁克"的马利克讲，领导力的本质就是一种技能。

第四，岗位责任制。大庆的岗位责任制是"一把火烧出来"的。那是1962年四月，油田的北二注水站建成，五月中一站失火，北二注水站深刻反思，查找管理上的漏洞，建立和完善管理制度。油田会战工委号召全油田学习北二注水站的做法，全油田共查找出120万个管理上的问题。六月，周恩来总理视察北二注水站，听取了经验介绍，给予充分的肯定。在大庆油田供水公司的西水源厂区门口，有一块石碑，上面刻着一句话："岗位责任制的灵魂是岗位责任心。"那是1963年初，西水源设备保养员马登嵩上井巡检，避免了一次深井事故。当他给大家讲体会时，深有感触地说出了"岗位责任制的灵魂是岗位责任心"这句话。后来，这句话得到当时的大庆石油会战领导康世恩的高度评价，成为传遍整个石油工业的名言。很多人去西水源参观，看到石碑上这句话，都惊讶于这么有哲理的一句话原来是一位工人讲的。岗位责任制的落地，靠岗位练兵。大庆油田的岗位练兵，是非常独到的培训力的体现。对工人而言，锤炼岗位技能。对领导而言，锤炼思想方法。这是大庆油田的核心驱动力之一。

第五，开好几个会。最有名的是现场会，就是到现场去开会。不是坐在会议室里开。坐在会议室里开会的效果与在现场开会的效果是不同的。出了事故，相关人立即赶赴现场，马上开会，现场拍板。出了好事，也到现场，披红戴花，表扬鼓励。即时即景，效应增大。这是大庆早期创业人的管理智慧。最有技术含量的是技术座谈会，往往要开上几周，老中青技术专家和年轻技术人员群策群力，探讨油气勘探等各种技术难题，很多年轻技术人员就是在这种会议环境中成长为技术专家的。按今天的话讲，就是一个高端的专业研修班。

对政工干部来讲最能够提升水平的是政工会，我参加过很多次。很多政工干部，就是在这种会议环境中磨炼出了政治敏感性、做一人一事思想工作的能力、政工经验和文字功夫。有些人说政工干部是写材料的，政工会是念材料的，这是片面的认识。写材料、念材料，只是形式。文字材料形成的过程，其实是总结过往工作经验、改进当前工作方法、形成未来工作思路的过程。例如大庆有一句话叫"典型引路"，什么叫典型引路？比方一个单位刚成立，一周之后就开始出典型，常规思维是总要半年或一年之后看看谁干得好，再出典型，这其实是滞后评价。典型引路不是这样，不是通过谁干得好来评价，而是通过发现特点来引领未来走向。例如一周之后，就发现和表扬早到现场的人，仅此一点就是典型，便可引路。这种典型很方便大家向他学习，也不难做到。成为某一个方面的典型若很容易，良性企业文化的形成就不是难事。

每周之星、每月之星的典型，更有节奏感、紧迫感、活力感，很容易让每个人都有机会借此获得成就感。我的感受，大庆在思想方法这方面的管理智慧是很深的。可能外行一点的看法会觉得工作还没干得怎么着，就出了典型，会不会有点左？其实这是外行的评价。内行一看就知道是设计、是功夫、是智慧。这才是创造式的管理、中国式的管理、智慧的管理。这种设计很聪明，甚至是管理的捷径。王进喜，很多人的印象是苦干实干，其实铁人很会巧干。同铁人工作过的人都说，铁人很聪明，不太识字，就画画来记笔记，本子上画怎么工作，每次总是他想的办法好用。巧干，才是大庆最硬的传统。最激励人心的是七一表彰会，典型发言，披红戴花，大张旗鼓。

第六，建好几个组。第一个是项目组，这有点像西方的项目管理法，遇到挑战性的工作，就抽调几个或几十个精兵强将组成一个项目组。很多老会战说，这种方法最锻炼人。第二个是课题组，遇到技术难题，就组建课题组，集体攻关。其他还有革新小组、修旧小组、安全小组、保障小组、读书小组，类型和数量很多。这种灵活的、任务导向的、小冲锋队式的管理，有点像游击战，又像杰克·韦尔奇倡导的无边界组织，也很像近年国际上很推崇的以自主管理为特色的青色组织。

最后，以人为中心。外界很多人以为大庆油田就是搞会战，以任务为中心。其实，大庆油田是以人为中心的企业典范。事事看人的作用，处处看人的思想，时时看人的状态。2011年七月的一天，王副总经理问我一个问题："小那，你说什么是人才？"我看他那神态，听他这口气，像是自己带着一个答案来问我，我便反问王副总经理："您认为呢？"果然，他立即脱口而出："一个陌生人来到一个陌生的企业，在三个小时内能看出企业的核心竞争力，这种人就是人才。"我听这话好像有所指，便问："那谁符合这个人才的标准？"他说："傅赛。"接着他说："我刚刚接待了壳牌公司董事会考察大庆油田，全体董事会的人历史上第一次坐一架飞机来大庆，他们说也是最后一次坐一架飞机出行。他们在大庆只有半天的时间，其实有效的时间也就三个小时。临走的时候，壳牌公司首席执行官傅赛说：'大庆油田在业务发展过程中，把人的因素放到非常高的位置，形成了大庆精神、铁人精神，用先进的企业文化推动企业发展，这种做法值得壳牌公司学习借鉴。'"王副总经理又说："国际知名大公司，确实有人才。我们国内很多企业管理者，都没有像傅赛这样把大庆看得这么透。"

我相当服膺大庆油田"6+1"人才培养模式，它饱含中国石油人的创造。对我后来做好培训工作，帮助极大，我开始极力主张并逐步实施将其中的精华研发成为培训产品。培训工作者若能够根植于企业的历史，其所研发的培训项目就一定能够联结到母体的巨大能量，使受训者更有意愿接受培训，从而产生修正行为与重塑价值观的力量。


如何解读历史，往往也能够检验一个人的大局观。

经常听到有人用"你不懂"的口吻煞有介事地谈论学习型组织理论。这很新鲜吗？当然不。但这并不是说很多人都知道（恐怕也仅仅是听说）彼得·圣吉创立的学习型组织理论，而是说许多人根本就没有认真想一想，难道中国共产党自诞生之日起不就正是一个学习型组织吗？

在一次石油发展主题论坛上，我曾讲过这样一段话：

"历史上我们的党是不是一个学习型党组织呢？我想花一点时间做一个回顾。事实胜于雄辩。而数据就是最有力的事实。中国共产党1921年成立，当时全国有300多个大大小小的政党和组织，从当年的57个党员发展到今天的9800多万党员。从1921年到1949年用了28年的时间建立新中国。再从1952年到2022年的70年里，我们的GDP增长了1727倍、翻了近11番，从一个积贫积弱的国家发展成为世界第二大经济体。仅从这些数字看，这是不是一个学习型的政党呢？值得我们每一个人深入思考。"

"中国共产党从成立那天起，发展成为一个成熟的、学习型的政党，取得了一系列的伟大成果。试数一二：

第一，在战争中学习战争。我们1921年建党，1927年建军，用了六年的时间搞明白一个道理：党必须要有自己的军队。1927年发生了举世闻名的一件事情，就是'三湾改编'。这件事情对中国石油的影响也是深远的，靠'支部建在连上'建立起完整有力的组织架构。1927年毛泽东的秋收起义部队在江西三湾那个地方休整，原来5000多人剩下不足1000人，战马48匹，部队非常混乱。'三湾改编'首先是把第一师改编成第一团，最重要的就是在党的建设上首次提出来'支部建在连上'。在此之前叶挺的部队是党委建在团上，这都是非常重大的创举。成立'士兵委员会'、提出来'排建党小组''班见党员'，这些都是最早提出的政治建军、党指挥枪的重大原则的具体做法，也是早期的统一战线思想的形成。'三大纪律六项注意'是在那个时候提出来的，'官兵平等'是在那个时候提出来的，民主主义、民主管理是在那个时候提出来的，使得这支部队脱离了旧军阀的作风，非常有战斗力，而且有信仰。即使在1949年新中国成立之后我们打的几次仗，比如1950年至1953年的抗美援朝、1962年的对印边境自卫反击战，甚至与'老大哥'在1969年交手，都证明我们是一支有信仰、有文化、有战斗力的军队。这样一支军队可以说跟'三湾改编'是非常有关系的。我们用战争的方式学会了战争，我们可以把这句话套用在很多领域：在做饭中学会做饭，在管理中学会管理。这似乎揭示了一个普遍的学习原理：实践出真知。

第二，延安学习运动与整风运动。延安学习运动是在1938年，整风运动是在1941年到1945年，是连贯的动作。它最大的成果就是摆脱了共产国际的影响，真正提出来了马克思主义中国化。到1945年的时候，在六届七中全会上形成了一个《关于若干历史问题的决议》，在那个决议里明确提出来，我们的指导思想是毛泽东思想，毛泽东被确定为全党和全军的领袖。从1935年的遵义会议到1945年的六届七中全会，用十年的时间解决了这样一个问题，就是用什么思想搞革命、谁来带头搞革命。1935年的遵义会议解决了军事指挥的问题，1945年的时候解决了思想的问题和统帅的问题。实际上整风运动在建国之后也是常有的，成为定律和规定动作。比如说1951年到1952年这个阶段，我们搞'三反'，就是'反贪污、反浪费、反官僚主义'，肃清了像刘青山和张子善这样的巨贪，在当时就算是我们党自我革命、清洁自身、自我更新的手段。

第三，大生产运动。从1938年到1947年的大生产运动，冲破了封锁，密切了官兵关系、军政关系、军民关系、干群关系，为抗日战争、解放战争培养了一大批懂经济的人才，也为后来的新中国建设培养了大批懂经济的人才，并且形成了一种精神，就是'自己动手、丰衣足食'。还有著名的南泥湾精神，也是那个时候创造出来的。毛泽东曾盛赞大生产运动是'中国历史上从未有过的奇迹'。

第四，独立自主的精神与自力更生、艰苦奋斗的精神。独立自主精神最早是1930年的时候萌芽的，毛泽东在当时写了一篇文章，叫《反对本本主义》，批评教条主义。当中有一句话讲得非常的震撼，他说：'盲目地表面上完全无异议地执行上级的指示，这不是真正在执行上级的指示，这是反对上级指示或者对上级指示怠工的最妙方法。'这是最早对独立自主的阐述。到1935年的遵义会议，我们形成了自己的军事路线，摆脱了苏联革命的模式，这表明独立自主精神开始成熟。到1956年4月毛泽东写出《论十大关系》，精辟论述了一系列重大问题，形成了我们自己的发展模式。应该说最早的中国模式，应该是从这个时候开始形成的。可惜过了整整20年才公开发表《论十大关系》。毛泽东一生注重调研，《论十大关系》是他一生中最长的一次调研后写出来的光辉巨篇，在两个多月里进行了42个整天的调研。我们今天读起来都能非常强烈地感受到其一针见血的锋芒，就仿佛是针对我们今天的情况来讲的一样。

第五，'实践是检验真理的唯一标准'大讨论。1978年的这次思想大解放，摆脱了'左'的思潮影响，从此掀起了中国历史上迄今为止最伟大的一次改革开放的浪潮。

第六，改革开放。这是中国历史上从未有过的大发展时期，是民族复兴的大前奏。1978年之后，党的理论建设取得丰硕成果，从'摸着石头过河''黑猫白猫论'，全党发展和掌握了邓小平理论。随后的历届领导集体，发展出了'三个代表'重要思想、'科学发展观'以及'新时代中国特色社会主义思想'。

回顾党的历史，可以回答：这样一个党是谁选择的？是谁选择她站在历史舞台上领导着如此巨大的国家、如此落后的国家、特别是在鸦片战争之后受到列强任意欺凌的国家？不仅站起来了，并且领导她的人民取得了举世瞩目的伟大成果。我们曾经面临过封锁，我们今天依然面临封锁。但是我们听到的最有豪气的一句话就是'封锁吧！封锁个十年八年，就什么问题都解决了！中国人该有的都会有的'。"

我们当然并不反对谈论学习型组织理论，只是更加强调和主张运用学习型组织理论，因为文明互鉴始终是历史的潮流与趋势。但我们应该正确解读历史，不要以摆弄西方学术概念为趣，应该研究自己的实践，崇尚自己的实践，提炼自己的实践，用自己的理论指导自己的实践。

要学会定义工作的意义，这方是大局观的本义。

优秀领导者的本领，在于能够定义工作的意义，使每一名员工都充满激情，在每个岗位上迸发创造力。

干得越久，越需要从头思考，这方是大局观的要义。从"这件事的本质是什么？""为什么要做这件事？"这里思考。每个阶段的阅历，都会支持自己做出不同的、越来越接近本质的回答。

由此再来回答"这份工作对于我的意义是什么？"大体就是在定义自己人生的意义。

这份意义要由自己去赋予，不能由他人代办。但恰恰是那些优秀的领导者，能促醒和帮助他人决定这份意义。

优秀的领导者能够使每一个人看起来都那么富有独创性。

无论多么困难和艰辛，优秀的领导者都应该是第一个看到曙光和希望的人。当他描述曙光和希望的时候，又最能打动人心，令人振奋精神、追随前行。

但在组织高歌猛进的时候，优秀的领导者常常是第一个看到隐患和危险的人。当他描述隐患和危险的时候，却往往令人错愕惊讶、将信将疑。

从来打江山易，守江山难。难在一个守字，失之保守。须以打的精神，方守得住江山。那就是自我革命，向自己开刀。伟大的领导者，勇于在事业蒸蒸日上的时候，向自己开刀。

看看竞争对手做了些什么，这还不够！要看看他们没有做什么。领导者的远见，往往就体现在这里。

所有强有力的竞争对手，都是老师——不然，就是毁灭者。

大局观离不开对人的观察。然而对人的观察往往又是最具风险的事情。原因之一，便是我们对于某人的第一印象常常会被我们的大脑解读为整体评价。也就是说，人们只是根据接触或了解到的关于某人的一两件事，就在大脑里仿佛管中窥豹一样通过想象来填补大量的关于评价此人的所有空白。这其实无可厚非。人们不得不如此，否则不足以应对整个世界。

如果问哪个词跟大局观最为直接相关，那就是：视野。

有军事家说：视野决定新战场。

拓宽培训的视野，在于跟进公司的业务。

铁人王进喜曾说过："要把井打到海外去！"第三代铁人们实现了他的梦想。随着海外油气业务不断拓展，大庆越来越多的队伍闯出国门，我开始想同样的问题："要把培训做到海外去！"

2012年，大庆油田伊拉克培训分校成立了。三名年轻人、两台笔记本电脑，是我全部的人员和资产——极度轻资产。其他所有需要的硬件，全部在当地租用。租金多高我都不在乎，我只在乎培训效果。何况租金都是交给我们自己的基地。从成立那天起，我就打算随时可以轻松撤离——人活着比什么都重要。一旦有风吹草动，我就把人撤回来。

我授权分校校长行使全部权力。对分校的工作标准，我只交代四个字：直接、实用。对分校的工作思路，我只交代三句话：现场打造课程，整合国际资源，跟进全球业务。

我的设想：现场打造课程所需师资全部来自项目组内部、当地西方一些顶级石油公司里面退休的当地的雇员、当地科研院所里面的退休的技术人员；复制伊拉克分校成功模式，在每一个中国石油海外项目组都建立一所培训分校，跟进全球业务。

很快，伊拉克分校交出一份厚重而可观的业绩：在21个月里，承办了58期培训班，培训2035人次，其中伊拉克雇员508人次，中方雇员1527人次；培训内容有中石油企业概况、企业文化、大庆精神铁人精神、沟通、执行力、HSE（健康、安全、环境管理体系，编者注）、伊拉克文化风俗礼仪、防恐安全、海外员工健康保健及体验式培训等。

辉煌背后，倒是分校的几件工作或生活中的片段留给我很深的印象：1.没有教室，租用当地一间餐厅，稍做装饰和布置，传回的照片上，我看到三位年轻人的笑容是那么甜美。劳动让人开心，同时生长智慧。2.没有桌椅，从仓库找到一些废旧的、断胳膊断腿的餐桌和餐椅，自己动手进行修理，刷上油漆，一排排整齐地摆放，初具教室模样。3.蚊帐不管多么致密，总有一种极小的飞虫进来咬人，奇痒。4.四米高的围墙，吃、住、工作，三点一线，晚上睡不着，数星星。5.待上三个月，眼神就直直的，必须回国休假，三位年轻人轮休。6.从视频上看到：培训师将水果放在地上，拿一块石头向水果自由落体，当地招募来的员工笑成一团。但将安全帽放在水果上重新演示，再拿掉安全帽，望着安然无恙的水果，学员个个神情肃穆。项目长竖起大拇指，无声地称赞培训效果好。7.从一组照片上看到：拓展训练，找来汽油桶、买来长条木板，做孤岛求生项目，学员极认真地跳来跳去、失足者急得直喊。

21个月后，我将分校撤离。理由很简单：第一，当时伊拉克的安全形势急剧恶化，我要确保分校人员的生命安全；第二，休整、充电，再充实新的人员随时准备重新开赴海外做培训。

这个案例还告诉我们，有伸缩的管理才是更有力量的管理。

案例本身会说话——读者而非作者能听到的话。

最为考验领导者的不是判断趋势，也不是激励他人，而是克服在运用权力时人性的弱点。任何人都有人性的弱点，卓越的领导者擅长运用权力分配的办法，克制人性的弱点。

要相信，道德对失去监控的权力毫无办法。

严格地说，道德与法律是两个范畴的概念。道德是最高限度的法律，法律是最低限度的道德。法律约束人的行为，道德约束人的内心。所有商业行为必须在道德规范和法律准则下进行。一般情况下，一个人的道德取向应与职业操守相一致。随着经济全球化，道德、法律、商业行为之间的关联越发成为重要问题。中国人讲"入乡随俗"，"俗"的内涵就包括道德与法律。

在职场里，有人不具备职业道德也被提拔或重用，但这并不是我们可以不具备职业道德的理由。

所有愿意同世界上不同文化背景的国家、民族或地区打交道的人，都要建立起文化同理心，这是全球化的必要且充分条件，比以往任何时期都更加重要。

合格的领导者能够做出正确的判断；优秀的领导者诚信而正直；卓越的领导者，擅长提出洞见性的问题；而伟大的领导者，永远使人对人类自身抱有憧憬和希望。

大局观来自对现有资源的清醒判断。

某位中层干部连续两个年度在民主测评中低于称职标准，当组织部门征求我意见的时候，我沉吟再三，说："她在特殊岗位，能交人也能得罪人，我宁可她得罪人。只对她进行告诫谈话吧，不做组织处理。"我调离数年后，那位中层干部被重用。有人告诉我的时候，我说："这未必就证明她优秀。"

立足于现有人力资源做事，一直是国企的担当，也是国企的难处。民企将全国的人才看作自己的干部资源库，可以毫无顾忌地摒弃培养制而实行选拔制（包括招聘、解除合同等用工制度使民企拥有巨大的用人成本优势），也算痛快和幸运。

缺乏大局观的自信是危险的。

有些中层领导者在被提拔到高层领导岗位之后，他们的蠢没有任何改变，只是变得更自信而已。

有时，大局观体现在不马上犯同样的错误。

一次单位出现亡人事故。我立即建议总经理召开一个所有中层参加的短会：通报亡人事故，强调所有岗位马上进行安全自检。会后，我对总经理说："别小看这个短会，往往第二起亡人事故紧跟着就来！再说，咱们第一时间通报亡人事故，也省得基层乱传乱猜。刚才的会议才五分钟，很值。"

珍惜有创意、有价值的想法。

甚至可以通过遭到反对和抵制的强烈程度来判断一个想法是否真的有创意、有价值。不仅如此，有创意、有价值的想法只有经过反对和抵制才能真正卓有成效地得到实施。

基于大局观的分工合作可以实现效率与威信双丰收。

一次我带领新来的副手与分公司两位领导商量工作，我提前交代副手关键时候唱红脸，拿出有利于分公司的方案，我再表示同意，以此帮副手树立威信。后来，这家分公司的两位领导有事很愿意先与那位副手沟通，很多事情办起来都顺畅而高效。不但副手成长很快，我也腾出更多时间去做其他更重要的事情。

很多时候，大局观是一种赤子的状态。

老子崇尚赤子的状态，完全地信赖、顺应、无欲，野兽都不会伤害他们。从很多优秀领导者的身上，确能看到赤子的品质，他们浑身散发着那种天真无邪、通透而纯粹的人格魅力。从某种角度说，伟大的领导者一定是高尚的人——我们或许没有能够成为伟大的领导者，但一定能够使自己成为高尚的人。

被西方称为"领导学大师们的院长"的沃伦·本尼斯说："宁可有些轻信、冒一点遭到欺骗或者失望的风险，也比疑虑别人的诚信要好。"

敢于诚信才是诚信最有力量的表达。

从年轻人开始抓队伍建设，往往是捷径。

一次，我到上级领导办公室请示工作，上级领导问："为什么这么用心抓年轻人成长？"我答："年轻人容易被带动起来。"上级领导问："你这样不怕年龄大的有意见？"我答："有意见更好，说明抓年轻人抓对了。"数年后，单位不同年龄段的群体先后都被带动起来。

大局观常常以创新与变革的姿态出现，要扛得住组织文化中陈旧习惯势力的反抗。就像人的免疫系统一样，组织文化也会对新进入系统的任何人和事物发起攻击或要求新进入者尽快同化，以期获得安全。更为严重的是，负面的组织文化通常并不被组织内的人员所觉知。但无论怎样充分地估计组织文化中陈旧习惯势力对创新与变革的反扑，事实都会证明这种估计远远不够。问题的焦点不在于反扑，而在于反扑的分量，即能否反复锤打创新与变革，使之尽快成熟起来。当然，允许陈旧习惯势力有一定的生存空间，才是现实而聪明的选择。

严格地讲，组织内部的陈旧文化是不能通过责备来更新的，它只可以先被理解，从中找到和调动积极因素，然后放在新事物的运行中以期被转化而重获新生。

组织内常见有外人单枪匹马冲入进来的牺牲（哪怕是来任一把手），有些牺牲是无谓的，有些牺牲确是有价值的。

一次谈及此现象，老同事问："为什么会如此？"

我说："任何生物体都会攻击外来的活体。"

老同事问："对组织会起到疫苗的作用？"

我说："是的，有价值的个体牺牲换来组织的免疫力。"

老同事说："若是无价值的牺牲呢？"

我说："无谓的牺牲，总是一地鸡毛，并不引人瞩目。"

老同事说："有些牺牲，为何横竖看不到价值？"

我说："当时的牺牲，往往成为后人的价值。"

老同事说："可有的组织进来一群外人，似乎也没起战事。"

我说："草原上斑马结群狂奔，令狮子眼花缭乱无从下口。"

大局观出色的领导者，必须认真检定企业颁发的各种荣誉或奖项的真实性和有效性。否则宁肯废止或不再颁发任何荣誉或奖项，也不要冒险伤害员工士气或使组织沦为笑柄。

很多企业经常使用的"员工满意度"其实只是中性的概念。因为当一个人贪腐或躺平的时候，也能获得满足感。而当一个人想发挥个人特长，以期为企业做出更大贡献的时候，必然会对企业的某种僵化现状产生不满。满意度并不能成为充分的工作动力，只能算消极的默许。

唯一正确的方法是激发员工的责任感。责任感强的员工往往会通过出色的工作获得自豪感和成就感。员工的自豪感和成就感都必须源自工作本身，对于企业才有积极意义。因此，只有当各种荣誉或奖项确实能够代表员工在工作上的实际成就时，员工本人才会珍视这份荣誉，其他员工才会羡慕这份荣誉。否则只会被员工看成官方的例行公事甚至虚情假意，容易招致员工不满，反而对士气有杀伤力。

当员工确实做了值得自己骄傲的事情时，他才会因企业的奖励而感到自豪（而"轮流坐庄"的人会说："总算轮到我获奖了！"），同时因这份自豪油然而生对企业的感恩之情。当员工确实有所成就时，他才会产生对企业有益的成就感。很多时候我们在身边会听到这样的声音："这种人也能评上这种等级的奖项？原来自己一直以为获得这种奖项的人是多么了不起呢！现在才知道，原来企业所有的荣誉和奖项或许根本就一文不值。"

最高决策者往往会在身边形成一个亲信群体，他们由一批类似旧社会幕僚性质的人所构成，往往是企业内部手握一方实权的人物。但真正有大局观的领导者一定会警惕幕僚们的作用。因为幕僚们的真实身份其实意味着他有话语权，却不必为结果负责任。特别是决策者身边的幕僚们往往会严重干扰决策者的决策，无形中影响整个组织的绩效。这些幕僚谈论问题往往听上去很有道理，但实际上却很难实行。

幕僚们与组织内其他管理者发生冲突的本质其实是选边站队与利益冲突。很多幕僚不仅不会为其他管理者服务，反而试图变成他们的主人。特别是幕僚当中有一些从事政策研究或技术研究工作的人往往极力推销自己的专业知识，仿佛这就是他在组织内工作的终极目标。这甚至使得其他管理者越来越担心自己升迁的命运就掌握在这些幕僚手中，纷纷猜测幕僚们传递给决策者的评价或小报告会是什么。因为这些幕僚往往不是通过其他管理者们的绩效来衡量他们的工作成果（超过一半的危机都来自没有衡量真正最有价值的东西），而是根据亲疏与利益。

用宦官和阉党来形容这些幕僚似乎不够厚道，但却非常形象，并且符合实际的情形。因此最高决策者应慎重在组织内部交友，事实上这几乎已经是世界上所有领导者的一项重要原则。要承担组织发展的重任，就必须有所不为与舍弃。

还有，决策层必须清楚的一点是当一个有出色领导力的人没有得到升迁机会的时候，他一定会在其他方面继续发挥他们出色的领导才能，例如成为对企业唱反调的领导者或跳槽成为企业的强有力的竞争者。但在中国的国企，永远将有相当数量的人在此种境况下会选择在本岗位上做出超越职权界限的突出贡献。对这一点，决策层也是必须清楚的（但不要感到庆幸）。

最后，关于升迁，决策层还必须清楚，突出的绩效只能代表一个人适合现在的岗位，但不代表适合未来的岗位。可几乎所有企业的人事部门都将考核重点放在"他在过去的岗位上做得怎样"而不是"他在未来的岗位上能做好什么"。

从组织的角度培养人，有效的具体措施有五：

第一，在他走上新岗位之初就提出告诫。

通常，改变人的思维模式并非易事。但在他走上新岗位之初就提出告诫，情况会变得容易得多。履新的敬畏感甚至虚空感会使得人们更容易接受严格的忠告。同时，这种面向未来的告诫通常不会带给人有针对性的压力，更不会带给人被评判的感觉，最多算是一种善意提醒或提前警示，甚至可以看作福利。即便是履新者与告诫者并不相识，也会产生信任感，从中学到未曾经历或未曾料想的事情。

第二，在履行岗位职责遇到困难时给予附带条件的帮助。

例如他在自我管理与成长中必须做出哪些具体的努力以及必须取得哪些具体的成果。这个时候，他做出承诺的态度会比较郑重，自然也比较愿意兑现。

第三，定期进行反馈。

让他感受到一直被关注和重视，尤其让他知道自己哪些方面被认可及哪些方面还没有达到标准，促动和增强他改进工作的主动性，允许他为自己辩护，便于组织和领导者了解真实情况。反馈的及时性和精准度对其成长有着重要意义。刻意不反馈也是一种反馈。而有时，从不或极少反馈要比错误的反馈还可怕。从另一个角度看，如何接受反馈同等重要。接受反馈的态度和技巧决定着今后是否会经常收到反馈以及收到怎样的反馈。只要是正向的、积极的和善意的，那么无论是反馈还是接受反馈，既是一种技巧，又是一种美德。

第四，对他所做的重要事情进行检查。

人们通常不重视上级说了什么，而重视上级会检查什么。

第五，给他确定若干最低的指标。

明确规定逾越最低的指标就将降职或免职。即便是最优秀的人，也需要有绝对不可突破的底线。当然，指标的拟定（这绝非易事）与选择（从众多指标中选择最重要的指标，甚至为每个人选择不同的指标）具有决定性意义。

没有任何一种大局观是可以脱离核心技术来谈论和运用的。

领导者偶尔沉浸在组织的核心技术里，这本身就是一种不言自明的态度。他肯这样做，足以说明他对核心技术的深刻理解。极少花时间这样做的领导者，不用问，他一定不清楚或自以为清楚组织的核心技术是什么。

这倒并不是说领导者一定要精通核心技术，而是一定要知道组织的核心技术是什么以及谁真正精通它。

领导者应该把时间花在界定问题、分析问题和提出正确的问题上，为此他必须深入实际、深入一线，下大力气进行调查研究。不应该花太多的时间来寻找所谓"最佳的解决方案"。理想的状况是：一旦做了决策，再花任何时间来推销决策，都纯属浪费时间，只能证明在最初阶段没有抓住要害。现实的状况是：在很多情境下，擅长做决策的领导者不得不学会推销决策（例如，毛泽东擅长做决策，但如果他不擅长"推销"决策，那么就不会有四次

"反围剿"和长征的胜利，也就不会有中国革命的成功）。但不管怎样，领导者经常发生的错误是为过时的问题寻找答案，而没有提出正确的问题。为过时的甚至错误的问题寻找正确的答案，这是企业最荒唐也是最严重的渎职（至少是浪费）之一。

再强调一遍，领导者在界定问题、分析问题和提出正确的问题上，花再多的时间都是值得的。过程中还必须深刻地回答此类洞见性提问："如果什么都不做，会发生什么状况？""假如十年前采取什么样的行动，可以改变目前的状况？""我们想要的最终成果是什么？"

向他人发问，有些问题不能只问一次，而是应该经常问，这非常有必要。即便是我们自己，也不能做到当他人在不同情形下询问同一个问题的时候，所做出的回答都是一样的。何况，即便我们自认为表达得很清楚，对方都有可能由于各种原因并没有理解。反过来也一样，我们自己也并不能确保每次都能准确理解对方所要表达的意思。

因此，为了更好地表达，我们需要学会倾听。其实，有耐心倾听是一种有实力的表现。为了帮助对方更好地表达，我们需要提问。当我们自己表达的时候，仍然需要向对方提问，以确认对方理解的程度或准确性。不管怎样，只顾自己长篇大论或长时间地表达，肯定是不明智的。

最后一点，我们还要注意自己的语言模式，要随着不同的对象及情境进行转换。管理者或领导者要注意修炼自己的语言功夫，形成自己的语言风格。

当领导者深切了解组织的核心技术是什么以及谁真正精通它的时候，他将会认真考虑如何从制度安排上解决这部分人的职务升迁问题。要知道，优秀的专才往往不是优秀的管理者。而将他们升迁到管理岗位上，常常又会毁掉这些出色的专才，却没有培养出优秀的管理者。但在这些专才眼中，如果企业只是提拔行政管理人员，且通常这类人不具专业才干，就显得很不合理，会让专才们觉得企业在偏袒行政管理人员。

因此，出色的领导者会考虑建立与管理职位平行的升迁渠道。今天某些国企已经开始实行管理与技术"双序列"升迁渠道，有的甚至将专才的待遇提高到比平行的管理岗位还要高一点的程度。尤其在技术发展突飞猛进的今天，我们必须肯定专才对企业的贡献至少不会逊色于管理者的贡献。

很多出色的管理者也有专业上的特长，但这些特长不会决定管理者的工作内容。这些专业特长只会影响管理者如何做正确的决策，以及在努力实现和达成目标时会采取或不会采取什么样的工作方式。

出色的领导者不会委派或允许人事部门"监管"专才们的工作。专才们的工作应该由他们自行负责，即自行确定自己的工作目标，自己决定如何完成自己的工作，自己评估自己的工作。事实上，很多专才毕生都致力于在狭窄的专业领域里不断精进，成为全球至少是本行业的顶尖大师。当然，跋涉在专业领域道路上的专才们也应该具备管理企业的崇高愿景和人文情怀。

领导者必须承认专才们的独特性，充分肯定他们的贡献。事实上，任何组织如果能够解决好专才发展问题，都将对于解决现代社会的诸多矛盾具有重大的参考意义。


大局观来自对事物本质的洞察。

**何谓中高端**　同事说："感觉企业内训师这个项目开始火起来了？"我说："咱们学院在前些年是有这个项目的，而且做得挺红火，后来这个项目被学院选择性地放弃了，理由是'我们学院是做中高端培训的'。其实我们学院没有搞清楚自身的定位，才会这样想问题。我们当然应该成为中国石油所有培训机构的龙头，诠释培训的品质，定义培训的内涵，确定培训的标准，这是一份担当。这份价值不亚于他们所谓的中高端培训班，甚至还要更高，因为未来他们所谓的中高端培训班是要采用有效的培训模式，才可以称之为中高端。"

同事说："也就是说，中高端培训不应是师资或培训对象中高端，而应是培训模式和培训效果中高端。"我说："是的，所以只有对事物本质有洞察，才会有大局观。如果连基本概念都没搞准，就很难做好一件事。我今天在内训师的课堂上还说，告知不等于培训，培训不是刷新学员的认知而是激活学员的认知，从而产生联结和共创，形成问题解决方案。如果学员只是带回一堆知识而不是一套解决方案，这样的培训对企业就没有多大意义。"

**访谈的底层逻辑**　一次我问徒弟："你最近在忙什么？"徒弟说："学员访谈。"我问："访谈的底层逻辑是什么？"徒弟说："教学的真正反馈在企业现场，学员是唯一的信息反馈通路。用讲故事的方式收集捕捉学员的过往经历，提炼学员的领导力模型与行为方式。那您怎么看呢？"我一边画图一边给徒弟讲解起来："访谈的本质是社会性互动。中国汉字本身存储着大量原始信息，访者谋与各方也，谈者和悦而语也。访谈，就是带着目标，营建氛围，搜集特定经验、动机、情感，应本着协商的精神，追求共赢。至于访谈的方法，主要有两种，即结构化、探索式。结构化，就是语言经由内心而向外呈现的逻辑层次，泛指一切有效方法。探索式，就是向外探索发生了什么和早已存在着什么，向内探索自己的观念和假设是什么，还要探索未发生的事情中什么可能发生以及什么不可能发生，探索已发生的事情中什么是难以解决的以及被我们忽视了原本很重要的什么事情。"

徒弟显得有些惊奇和兴奋，问："那么，学员访谈呢？"我说："学员既是访谈对象，又是主体之一。把握好这一点，万分重要。我们作为培训工作者，访谈学员的底层逻辑就是迭代项目。针对学员的'三个带来'即难题、案例和创意，还有'四个带去'即带回老师讲的、学员们讲的、行动计划书和带给企业精彩的一课，进行联结共创，找出项目的迭代方向。要点是三件事，准备工作、深度分析与结果使用。学员访谈几乎是独立地分析企业培训需求的唯一可靠渠道，也是我们补充企业经验性知识及自我修正培训假设的唯一良机，更是与厘清培训目标最近的成本最低的沟通方式。这四点，就是访谈学员的功能。至于编写案例集、召开专业分析会、个人参评职称和备课、形成报告上呈培训所不能解决的问题，则是常见的几种访谈结果使用。"

通常，行业的新进入者总是拥有巨大的成本优势。同时，新进入者还有着巨大的文化优势——它们根本没有旧组织中专门用以对抗新思维的传统势力（巨大的文化包袱）。

被誉为世界第一CEO的韦尔奇倡导"无边界组织"，即任何自愿者都有权组建项目组，跨越职能和级别采取行动，项目组合并、弱化、取代职能相近的组织，成为新型组织。如此周而复始地进行组织变革，永不停息。这种做法对精简机构、清除官僚机制、简化流程、消除部门壁垒、打通部门界限、提升运营效率、把不必要的工作拿掉，非常有帮助。打造"无边界组织"，无异于自我革命，此种构想具有非常卓越的大局观。

大局观并不主张预测甚至反对预测，因为未来是不可预测的。恰恰因为未来是不可预测的，我们才需要大局观。大局观是责任而非技术，是思维方式而非观念，是想象和判断而非猜测，是行动规划而非宣传口号，是敢于尝试而非回避风险，是保持前瞻性而非替未来做决策，是动态而非静态，是系统化而非定量化，是基于反馈的衡量而非基于愿望的直觉。

# 怎样为继任者考虑？

为继任者考虑，对一位领导者来说，难能可贵。能不能、愿意不愿意为继任者考虑，考验着一位领导者的见识、胸襟和大局观。事实上，愿意为继任者考虑的领导者是不多见的。

离任前做什么，很能显示领导者的深层品质。

留下空间　我在一次离任前，给继任者留下四个中层干部职数（全体员工才117人）。有老同事大惑不解："通常都会塞满，甚至会超编配备。你倒好，还留！你不怕跟你出力流汗的人寒心？"我说："跟我出力流汗的人都是骨干，由新任领导提拔是早晚的事，那样更有利于上下形成合力。更重要的是，每个人只能做他理解且擅长的事情，新任领导一定有自己的思路和打法，留下几个职数，他才有操作的空间。"老同事释然又不以为然："只怕新任领导不那么想，也不领情。"我说："那是他的事情，我只考虑我能做的事情。"

**花钱看素质**　有某位领导为单位精打细算，明知即将离任，也不乱花钱，留下颇为可观的家底。继任者一上来，就大兴土木，很快将前任留下的积蓄花光。这位继任者行将退休，毫不为他自己的继任者考虑。

出色的大局观固然来自坚定的理想和信念，更来自对组织本质及人际关系的透彻理解与深刻洞察。人类自进入分工社会，组织与组织的关系、人与人的关系，其本质就变成了相互寄生的关系。任何组织、任何人都要有自己的专长，才能为其他组织、其他人提供独到的服务以获取报酬，凭此在社会上、在组织里稳稳地立足。任何组织、任何人都要依靠其他组织和其他人的专长，才能生存和更好地生活。这不仅需要有协商的精神与合作的能力，还要有甘愿这样做的淡定态度和舒畅心情。

对任何一位领导者来讲，继任者正是使自己的使命得以延伸而不至于荒废的接棒者。

这当中，大局观往往体现在如何看待和对待基层。为继任者留下高效和强有力的组织，十分重要。

高层管理者需要从组织内最基层入手，弄清楚他们需要完成什么？为此需要什么支持？中层需要做出怎样的改变？中层又需要完成什么？为此需要什么支持？高层需要做出怎样的改变？这样从最基层向上一层一层倒逼做出改变，才能使得基层少做无用功、少被折腾、多被关照、多打胜仗。否则，顶层设计再花哨，在基层也什么都不会发生，高层只是在自娱自乐。好比战争当中是谁在具体地消灭敌人？战士。优秀的统帅，都无比关怀战士。任何领域，高层都是要靠基层才能成事的。高层不是让自己有多厉害，而是让基层真正厉害。

最好的继任者应该在内部产生。

形成重视基层的组织文化，组织内优秀的领导者将会不断涌现。最好的继任者有机会在内部产生，优秀的领导者有责任为自己培养接棒者。从外部调入继任者，某种意义上可以看作是决策层不易令人觉察的失职。

企业的一切活动，其本质都是实践，只能以成果去认定实践的方向与方法是否适当。大局观恰恰不是在理论上如何验证行动，而是从实际效果上验证行动。

因此，相当重要的问题是如何解释和管理绩效。追求如何科学和精准地进行绩效考核，在企业里是相当危险的行为——尽管这话听上去无比正确。美女有标准吗？爱情有定义吗？要求谁来科学和精准地回答这两个问题，无异于刁难。组织内部的绩效管理应各有特色、具体问题具体分析，甚至让不同的管理模式之间展开绩效竞赛、让成果来验证，或许才是探索企业有效行为的可靠方法。干得好不好，谁心里还能没数？所有运用"科学"方法研究管理的行为都是建立在"管理是科学的"前提假设之上的。但管理的本质不是科学，而是实践。

为继任者留下灵活务实的组织文化，既是对继任者最好的馈赠，也是为组织做出的重要贡献。

大庆油田在创业时期有句名言："分析问题走极端，处理问题走中间。"这不就是中华民族"执两用中"的传统吗？列宁讲："马克思主义的最本质的东西、马克思主义的活的灵魂，就是具体地分析具体的情况。"具体问题具体分析，这是辩证唯物主义的一条基本要求和重要原理。

仅从文字表述上看，企业对战略少有错误的描述。战略一经确立，战术极其重要。中层干部和业务骨干们要创造性地执行战略，没有特殊的才干是不行的。在战术问题上，既不要迷信西方，也不要迷信专家。真正能解决问题的人，一定是我们自己。干成一件事，不可能只有一个领导方法。事情是变的，人也是变的。因此领导力是千变万化、因人而异的，没有一定之规。

为继任者留下正确的战略固然重要，但更重要的是为继任者留下擅长将战略化为行动的中层干部和业务骨干。

但也要警惕，一旦出现靠人的才干来支撑的局面，就必须检视是否职位设置与组织架构存在严重问题。在设计职位时（涵盖要广，普通人经过历练可以胜任），心中不要有某位预定人选；当某人出现时，不要考虑专为他设置职位。当然因事用人或因人设事，都不是绝对的好或不好。只要深刻理解组织是动态的、职位设置不应该妨碍"无边界"（不由某种预先设定的结构所局限，最大程度发挥组织的灵活性，经常以临时授权的团队取代部门）、任何职位都是牵一发而动全身的、坚持用绩效来评价人，就可以灵活处理职位设置与组织架构问题。


重新定义事业是什么，其实是大局观最具技术含量的问题。

当年全球最大的挖土机制造商、美国的卡特比勒公司提出"我们是因为什么而获得报酬的？"这个问题的时候，该公司发现答案是："我们之所以获得报酬，不是因为提供设备，而是因为这些设备在客户施工地点的功用。这意味着必须让这些设备一直运转，因为哪怕只要停工一个小时，客户遭受的损失都有可能超过设备本身的价值。"

换句话说，"我们的事业是什么"这个问题的答案是"服务"。于是，这个答案导致该公司彻底调整了从售后服务直至生产车间的全部工作，以便保证客户获得连续的服务，一旦设备发生故障便能立即修理或者更换零部件。这样，该公司的服务代表，通常是一名技术人员，便成为真正的"决策者"。

体力劳动者的生产率永远不会是"做什么"的问题，而是"怎么做"的问题。可是至今，很多管理者和领导者仍旧在采取体力劳动者的思考方法。

以企业培训为例，就不应定义企业培训是以排排坐听大课的方式接受理论灌输，甚至不应定义企业培训是提升学员的理论水平和素质能力，而应定义企业培训是支持学员在实际工作中解决问题。"支持学员在实际工作中解决问题"，这一定义将彻底颠覆绝大部分企业培训机构的基本理念与现行做法，而每一个培训项目的项目长也将成为真正的"决策者"。

## 怎样看待大局观与战术的关系？

有卓越大局观的人，也往往是战术大师、技巧大师。

商场如战场。

在很细小的地方，让对手不敢脱手，就是战术大师。

但如果对方狠下心来不予理睬，甘愿局部受损，坚定地去蓝海布局，那么也不要着急，在局部拿足收益才是现实的王道。

有着卓越大局观的领导者，一定是特别擅长干扰竞争对手的人。种种干扰让对手欲罢不能、欲罢不甘，逼迫对手不断投入资源，消耗对手的有生力量。

要知道，每发生一件事都会对大局产生影响。这种些微的影响，有时足以影响胜负。培养这种敏锐性和洞察力，才是拥有卓越大局观的必修之技。

当对方孤注一掷、一意孤行的时候，放弃争夺才是明智的。因为，这意味着对方已经投入了较多的资源。不计一城一池之得失，方为拥有卓越大局观的领导者。

打胜仗还不是最重要的，最重要的是乘胜追击。很多领导者善于赢取胜利，却不擅长乘胜追击。他们往往在实现了最初的目标后，就把资源转移到其他事情上去。要知道，最大的战果不是来自打胜仗，而是来自乘胜追击。

至少，乘胜追击永远比转移资源做其他事情拥有更低的成本。

换句话说，战略家应该把自己的时间和注意力从打败仗的部队上转移到打胜仗的部队上，甚至果断地撤下打败仗的部队去策应打胜仗的部队以乘胜追击扩大战果。

长距离的竞争也可以实施跟随战术。

要经常衡量当老大与当老二的风险。

大局观来自大量有价值的数据。但要警惕，能够量化的通常都是滞后的、过时的信息。

怎样理解数据的有效性？这是一个很难回答的问题。例如，我们常听到人们拿"陈词滥调"当贬义词来用，可问题的关键并不在于有多少人重复某种说法而在于这些说法是否正确。

至少有一点要引起重视，数据总量并不能代替数据质量来说话。真理往往掌握在少数人手里，准确地掌握"重要的少数人"的数据更有说服力。就更不用说，用什么方法搜集数据是十分重要的。迄今为止，种种研究表明，还没有任何一种方法要比深入访谈更为有效（尤其是一对一地访谈——毕竟公开而坦诚的座谈或辩论只有在容许挑战权威而不用担心负面结果的组织文化中才能实现）。但就管理学和领导学领域来说，即便掌握"重要的少数人"及访谈的方法，如果脱离情境进行研究，其结论必然也是大可质疑的。

凡先于政府关心民生的企业，必然会创造出新的业务。

而伴随新业务的到来，势必影响战术发生改变。

当年大批国企"办社会"（幼儿园、学校、医院、供水、供电、通讯、物业）都是基于这样的背景。

很多优秀的国企领导者，都是从"办社会"中历练出来的。

今天的民企，同样面临这样的选择。

可以预见，中国优秀的民企领导者一定会觉察到这一点，主动做出战略调整，成为致力于造就公共福祉的伟大企业。

可以这样总结出一条企业管理的逻辑：因价值确立战略，据战略确定目标，以战术达成目标，靠成效检验价值。

全力出击是最好的战术之一。

最能够验证领导者是否具有大局观的问题，就是看他如何回答"我应该做出怎样的贡献？"几乎所有能够深刻回答这个问题的领导者，都擅长在某一两件具体事情上发力、全力以赴、做出极致的努力，取得令人惊异的成效。

一位新上任的医院院长就向自己提出了这个问题："我应该做出怎样的贡献？"这个医院规模很大，而且声名远扬。可是，它已经吃了30年的老本，因此已经变得平庸。这位院长经过思考之后得出结论，自己的贡献应该是选择一个重要的领域，然后在两年内成为这个领域的标杆。他决定全力扑在急救室和外伤治疗中心的改造上面——这两个科室规模又大，又引人注目，而且作风散漫。他认真思考了应该对急救室提出什么样的要求，并且考虑清楚了应该如何衡量它的绩效。他要求病人在送达急救室之后的60秒内就得到具备一定资格的护士的救护。结果，12个月后该医院的急救室就成了全美的标杆。

很多企业领导者喜欢开会，逢会都做重要讲话，通篇"价值""卓越"之类的字眼，却很少关注实际的、具体的事情。企业管理是实实在在的工作，核心业务往往只有一两件事情。在这一两件事情上发力，工作就算没干好也绝差不到哪里去。

任何事物，只要破解其底层逻辑，就会洞察大局。只有洞察大局，才会有灵巧多变的高效战术。

一次，同事问："怎样理解中国革命的三大法宝？"我说："你是怎样理解的呢？"同事说："统一战线是讲对外部的关系，武装斗争是讲对敌人的关系，党的建设是讲对内部的关系。我感觉现在要多在自我革命上下功夫，真正做到实事求是。"

我说："划分三种关系，就抓住了底层逻辑。但在处理每一种关系的背后，其实都讲了一种核心能力，这也抓住了底层逻辑。例如统一战线的核心能力，就是求同存异的能力，也就是灵活地寻求其他各方的共同目标，找到最大公约数，并且在不同阶段有不同的策略和选择，甚至在敌人内部也可以搞统一战线。再说武装斗争的核心能力，就是让组织内的每个人都知道为什么而斗争，知道为什么打仗比会打仗更重要，这是中国共产党军队的军魂。还有，党的建设的核心能力，就是自我革命的决心、勇气和手段，敢于刮骨断腕。建设任何一个组织，深刻理解了这三条，都会无往而不胜。"

同事："统一战线是站在全局考虑问题、跳出自身局限性照顾到其他人利益需求的政治智慧，搞大国外交，朋友要搞得多多的。武装斗争是走自己的路，没有枪杆子就没有政权，无论怎么讲统一战线，枪杆子是不可以放弃的，夺取政权后也要强军，党指挥枪，对外敌也要敢于亮剑。党的建设是提高组织执行力，把经济、军事、科技搞上去，埋头发展，提升综合国力。"

我："你讲得很好！毛泽东思想，其实很活，因为扎根于中国这块土壤，很有生命力，能运用于今天和未来。"

同事："说起统一战线，感觉身边民主党派的人好少啊！"

我："事实上，持各种政见的人却很多。统一战线是一种理念，对象并不固定。团结多数，孤立和打击少数，这是统一战线的精髓。记住这一点，就不会迷失和困惑。"

同事："我很困惑内部发言的语言体系，官话感比较强。"

我："明哲保身而已，为了保乌纱帽，这是官话的底层逻辑。"

同事："凡事用底层逻辑的思维去分析，就会清晰很多，就能够抓住主要矛盾，事半功倍。"

同事："好传统真的要继承。但面对有些严峻的现实，您能用一句简单直接的提问，有效地警醒人们不忘好传统吗？"

　　我："凡事都应该这样问一问，'这件事，老人家在的话会允许吗？他会怎样说？'"


　　任何人面对任何事情，一旦当他产生不惜代价获取最终胜利的想法，那就足以说明他已经具有良好的大局观。

# 五

## 执着

**导语：** 什么是执着？如何在领导力语境里解释执着？

# 什么是执着？

简言之，执着就是指坚定不移。

有趣的是，"执着"原为佛教语，指对某一事物坚持不放，不能超脱，泛指固执或拘泥，对包括不好的事物也追求不舍，甚至因片面而孤立地理解事物而产生妄情和妄想。

执着的精准含义是：如果方向是正确的，执着就是坚定不移；如果方向是错误的，执着就是固执、拘泥和妄想。

判断方向是否正确，恰恰是领导力最难解释的部分。往往要过去数年、数十年甚至数百年，历史才会给出答案。换句话说：成功，不代表方向正确；失败，不代表方向错误。

而回过头来看所有正确的判断，往往都是十分简单的。

# 如何在领导力语境里解释执着？

做正确而难的事情，非执着不可。满怀信心地去做，下大决心去做，百折不回地去做，且以乐观的态度去做。一旦做成，开心也只是瞬间的事情。接着，就去做下一件正确而难的事情。这样的状态既是领导者的担当，又是领导者的宿命。

优秀的领导者都具有百折不回的执着精神。这种精神当然源于对趋势的嗅觉和对方向的判断，但并不是对趋势和方向有着良好嗅觉与判断就一定会采取行动、长期坚持去做。因此，执着的精神是一种独立的个人品质。有着执着精神的人，也会逐渐发展出对趋势和方向的良好嗅觉与判断。

敢于坚持的力量，常常会影响上级领导的决定。

某年我对新任部长说，应打报告成立干部监督室。部长问："党委会能通过吗？"我说："不通过的可能性大。"部长问："明知不能通过，为什么还要打报告？"我说："就算不能通过，也会留下印象，为下次办成这事做铺垫。"果然，没有通过。过了一阵子，我又提出打报告。部长问："为什么一定要做这件事？这次要是还不能通过呢？"我说："因为这是正确的事，我们应该一直打报告到通过为止。"结果，获得通过。部长问："这次为什么获得通过呢？"我说："领导们能感受到我们的决心，也会逐渐相信我们的判断。"事实上，我们成为石油系统最早成立干部监督部门的企业。

同样，调到大庆油田高级人才培训中心，我也曾打报告要求更名为铁人大学，被批否。我淡定地跟办公室副主任说："记得，半年后再打同样的报告上去。"办公室副主任惊诧地问："啊？为什么是半年后？"我说："半年刚好够他们忘掉这件事，我们打报告就是提个醒。"办公室副主任越发惊诧："上级会同意吗？"我说："那是他们的事，打不打报告是我们的事。"半年后，办公室副主任小心翼翼地来问我："更名报告又被批否，怎么办？"我忙着手头的工作，头都没抬："记得，半年后继续打报告。"又半年，办公室副主任惊喜地找我："好像有门儿，上级要咱们再上报一个名称，便于会上讨论。"我仍淡定地说："好，那就多报一个名称，大庆油田人才开发院。"结果，批下来的名称就是大庆油田人才开发院。我虽不是十分满意，但也算七分满意。在我调离几年后，又更名为铁人学院。

有效的执着，必须符合以下五个条件：

1. 方向是正确的。

2. 阶段性的目标、环境与自身实力都符合现实。

3. 有一支强有力的团队（哪怕只有两三个人）。

4. 刚巧出现了启动的机会。

5. 做事情的基本假设能够以收获成果的方式不断得到验证。

这最后一个条件可以这样举例来解释：为什么有的父母会经常打骂孩子，即使无效也不改变做法呢？因为这样的父母无意中遵循着一条基本假设——打骂孩子总是会有效的。

执着的态度，往往背后包藏着专业的精神与洞见。

一天，我接到一位广东的陌生女士打来的电话，问我可否为她们的企业做基于实际问题解决的行动学习。这是一家国企，从事石化行业。我说："可以，那么你是怎样找到我的呢？"对方提到一个人的名字，问我有否印象。我诚实地说不记得，她大惊小怪地说："啊呀，他是你的学生啊，在天津听过你的课，回来就跟我反复讲，要请您来做行动学习。我问他什么是行动学习，他也说不太清楚。"这位女士同那位学员都在人事部，女士负责培训工作。我设计了三阶课程，每阶四天一晚，二阶结束的时候，这位女士便离职去了一家民营培训机构，三阶便没有进行。

女士告诉我，虽然她也不了解行动学习，但她从那位学员向她的反复描述中强烈地感受到了一股气息，不知怎么就心里升上来一股劲儿，就找处长商量，处长有些谨慎，她就找负责培训工作的副总经理，副总经理也拿不定主意，她就找董事长，董事长在英国参加过类似的培训，就同意了。

大约一年后她在微信里跟我说："现在我主要做企业教练，每天都在学以致用，成人达己。我记得那老师您说过，教练的核心是爱，现在我有了切身的体悟，以爱的初心去支持每一位学员，用心无敌。我还在路上……"

相较于活生生的实践，任何理论总是苍白的，且都会过时，然后失效。执着于实践，总会让人充满期待，让事情充满生机。而执着于任何一种理论最终都是危险的，一时一事或许会有效，长此以往必然招致失败。

可以预见，当理论行将过时乃至失效的时候，理论的维护者总是要反对威胁该理论的新思潮与新生事物，开始时这种反对还是防御性的，之后就是疯狂地诋毁与打击。当这一切都不起作用的时候，他们当中的年纪稍长者也只会缩进书房里修补残破的理论，而不肯走进火热的实践。

满足需求与创造需求是两回事。执着于满足需求与执着于创造需求必然会收获截然不同的结果。伟大的产品最初从来都不是客户提出来的某种需求。现实恰恰相反，一直以来都是伟大的产品在创造客户。伟大产品的背后，一直站着一位执着于创造需求的领导者。

执着于创造需求的领导者擅长且必须做好两件事情：让人们亲身体验和感受到产品的好处，正当人们陶醉其中的时候再推出新的迭代产品（让人们相信并期待后面还有更好的）。品牌的本质，就是将价值观植入人心。执着于创造需求的领导者，会带领组织从品质的胜利走向价值观的胜利。

几乎一切产品事实上都存在两种客户：亲身体验和感受产品好处的人，告诉人们产品都有哪些好处的人。而后者存在的价值对于产品制造者来说，无疑是更大的。领导者要将客户当作衣食父母，因此领导者经常需要考虑的问题有两个：第一种客户所体验和感受到的究竟是什么？由此他们是如何定义产品的？第二种客户在哪里？如何与他们合作？通过对这两个问题的经常性思考，领导者便能够准确地回答另外两个更难以回答的问题：我们的事业究竟是什么？它应该是什么？其实，检验领导者水平究竟如何只需看他如何回答最后这两个问题。

回答"我们的业务应该是什么？"并不是一件轻而易举的事情。甚至可以说，凡轻而易举地回答"我们的业务应该是什么？"这个问题的答案，都会是缺乏前瞻性的甚至是错误的答案。

一次，我在微信里问几位徒弟："工会的业务是什么？它应该是什么？"

徒弟："代表工人获得合法权益，保障职业健康和安全，组织职业培训。"

我："你像是在背书，而且只在回答第一个问题。"

徒弟："工会的业务应该是维护会员的相应权利，是以民主集中的方式建立的。您的回答是什么？"

我："将企业的主业做好，以保障和提高自己的利益。"

徒弟："工会的业务是经营企业？"

我："鼓舞会员将企业的主业做好。"

徒弟："引导会员？"

我："是的，并将这一点作为与资方谈判的条件。"

徒弟："只要有联系，必然有共赢的方案。"

我："工会的出路，就在这里。资方是聪明的，会欢迎以此为谈判条件的工会。事实上，百多年来全球工会的主张一直对资方的业务发展形成了限制作用，这不符合工会自身的利益。是时候考虑'工会的业务应该是什么？'这个问题了。"

徒弟："您为什么要问这个问题？"

我："以我的观察，几乎绝大部分的组织都不曾真正搞清楚自己的业务是什么？它应该是什么？更不用说每隔一个时期都要重新回答这两个问题了。或许在工作报告里提过一句，但从未采取过任何行动，这与不曾搞清楚的结果是一样的。"

假如能够深刻地回答"我们的业务应该是什么"这个问题，接下来的问题就是"那么，谁需要我们？他们在哪儿？怎样识别他们？他们到底看重我们能提供的什么价值？怎样培育更多的、潜在的他们？"回答这些问题，同样不是轻而易举的，必须从组织外部看向组织内部，必须找到超越常识的答案，找到令我们甚至令他们（客户）大吃一惊的答案。

执着，要求于个人的品质：

1. 将方向当作志愿。

2. 坚信目标会实现。

3. 视客户与竞争对手为伙伴。

4. 向他人发出的一切讯息本质上都是自己的承诺。

5. 习惯于将目标分解为具体工作。

6. 每言每行都是调集资源和付出努力的表现。

假如回顾某个时间足够长的阶段，每个人都可以检视到自己在其中的遗憾，多半是由于没有坚持做正确的事。

我到大庆油田高级人才培训中心任职的时候，很快就认识到必须学习英文。我是学日文的，学英文要从字母学起。于是，我拜师一位教英文的年轻老师，开始学习英文。我打算每天抽出半小时到一小时，我的目标是达到用英语交流和阅读英文原著的程度。可没几天，中心副主任来我办公室，一句话把我似冷水浇透："这么大年龄，还学英文干啥？"那年我45岁，如今我58岁，假如坚持下来就已经13年。这些年，我常跟年轻同行们说的一句话就是："要知道，顶级的培训还是英文的天下，要好好学习英文。虽然你们早已是英语四级六级的，但千万别扔下，仍然要精研英文，达到阅读英文原著的水平。好书翻译过来的不多，且翻译过来的书多有错误，一定要读英文原版。"

有时，执着地做一件事并不消耗很多时间。

有一位世界著名的科学家，经常问同事："你在这个研究实验室里，三五年来为公司的愿景、知识和结果做了哪些贡献？"然后他会接着问："你在五年内希望为公司的愿景、知识和结果做出哪些贡献？"他说，他首次提出这个问题，从来没有人能够答得上来。但他连续几年不断地问，慢慢有人能够做出回答。再过几年，就慢慢有人获得了研究成果。

智慧的执着，有五个特征：

1. 只在主业上发力。

2. 持久地打造核心竞争力。

3. 坚决而系统地放弃和废弃失效的假设、不合时宜的制度及浪费惊人且极其低效的一切活动（例如建设展厅、开展答题竞赛或讲授各种"高端"课程的大规模培训，甚至各种报表）。

4. 将一切规划与构想完全置于行动之上。

5. 坚持以有效性检验每一步操作。

执着并不只是像外人看上去那样埋头于一件苦差事，而是执着者甘心情愿做一件真正有价值、有意义的事情。

我是在2016年4月调入中国石油管理干部学院工作的，当时是带着任务来的，为整个中石油纪检监察队伍举办培训班。因为之前好多年没有系统地进行过纪检监察队伍培训，所以那次进行了精心调研和策划。从2016年夏季到秋季，共举办了六期纪检监察干部培训班，其中两期是纪委书记培训班，两期是纪委副书记和监察处长培训班，两期是业务骨干培训班。在项目设计上也下了功夫，每期班七天三夜，有将近一半的课时是在做行动学习的。

当时院长经常去观摩行动学习的课程。一次他跟我说，能不能在学院的其他项目里也推动行动学习。我说可以，但是需要催化师，可以从年轻人入手培养。院长就立即号召学院的七八位青年团员，由团委负责组建了催化师训练小分队。

我当时做了两个承诺：一是无论每次来几个人，每周二下午我都会正常开课；二是每两周的训练内容是一样的，确保缺课的学员还有机会补课。结果真的就有一次只来了一位学员，我就按照承诺正常进行了授课。当时这位学员刚刚从外面参加了一个短期的行动学习类的培训，我还帮她进行了复盘。

在培训界，一对一的授课并不少见，例如摩托罗拉大学就有一对一的授课，属于VIP性质的学员，有的甚至是二对一授课，两个老师给一个学员授课。也就是从那次授课开始，我对滴灌式培训有了更清晰的认识，当学员人数越少的时候，问题会越聚焦，知识输入也会更加符合个人需求。以至后来，无论有多少学员，我都有意识地运用滴灌技术。

后来学院催化师的队伍越来越壮大，到2020年初的时候已经达到38人，其中有16人是可以做总催化师的，其他人可以进组催化。为了推动行动学习法，我可以尽自己一切的努力和能量，且乐在其中。

从时间管理的角度很容易解释两件事：战略和执着的精神。如果不是将主要的时间（经营与管理人员至少超过50%的时间、专业技术人员至少超过60%的时间、操作人员至少超过70%的时间）投放在最重要的事情上，任何个人或组织就都谈不上有真正被实施的战略，那么其人或组织的领导者也谈不上具有执着的精神。

从2003年我38岁觉醒至今已有整整20年，我都能够将主要精力投入主业。无论遇到怎样的困难和挑战，都始终保持动机单纯地、全身心地将主要时间投放在最重要的事情上。做干部管理工作时期，专注做干部考核、政策研究与向上沟通。做培训时期，潜心做内训研发和推动行动学习法。

我多次在课堂上讲这个问题，学员们反馈：

"生活中当有人问到'你是做什么的？'我们能很快回答，但是那老师告诉我们只有在某项事情上花了50%以上的时间，才能称之为知道自己是做什么的。这让我想到'只要功夫深，铁杆磨成针'，而这功夫就是靠时间和不断练习得来的，我们只有在某个领域上花的时间够多，学的东西才越多，才能慢慢成为这个领域的'钻研家'。"

"要用超过50%的时间做最重要的事（不要用回忆来计量时间）。老师这句话挺警醒我的，回想上研究生以来，明明是想找个实习工作为辅，学习为主，偏偏工作占用了大量的时间，在这短暂的一年时间里，没有充分利用好时间好好充实完善自己，值得反思。"

"案例让我印象深刻，让我感触很深。衡量我们是否足够认真和努力只有一个标准，那就是我们'是否用了50%的时间做了我们最应该做的事情'。而这个时间的衡量只能是现场记录，不能靠回忆。其实只要有了这个想要记录实际学习时间的想法以后，就会刻意关注自己在学习中是否能做到真正的全神贯注。"

主业之外的事情，要下大决心放弃，要舍得放弃。对无法放弃的（例如报表、会议、迎检之类），要有智慧周旋、尽力简化、巧妙应付和勇于承担后果，坚持不过多地投入时间。


很多事情（特别是新事物），只要认定该做，不必跟上级领导过多解释或宣传，用效果说话才是最有效的方法。

2015年我借调到中国石油纪检部门协助配备各企事业单位纪委书记，这与我之前做干部管理工作面临的情况大不相同，主要是干部分散全国各地、日常对干部情况不熟，且不便大范围考核。我便对干部的所学专业、工作年限、正职年限、基层工作年限、企业类别、艰苦地区企业工作年限、职级年限、获重大奖励情况、年龄、后备干部推荐率等数据反复分析赋予一定权重，设计出初步人选量化遴选公式，明显提高了人选推荐质量。后来，领导还提起量化遴选公式，称赞公式简单而有效。

紧接着，2016年分六期培训纪委书记、纪委副书记兼监察处长及业务骨干，我设计了每期七天三夜的培训方案，首次在此类项目中运用行动学习法，记得第一期我就掉了七斤体重。上级领导进教室发现是小组圆圈形制的座位而不是排排座，还很惊讶。课后领导特意问学员："你们对行动学习法感受如何呀？"学员纷纷说非常好，还建议以后加大行动学习的课时。

这两件事情都没有事先跟上级领导着重解释，汇报方案里也有意只是一笔带过。很多时候，对尚未用实践检验效果的新想法，过多的解释反而会招致质疑甚至反对而搁置。

认准方向固然不易，但能够奉行长期主义其实更难。

执着给人的印象一直是刻板的，但其实执着最有趣味的部分，就在于心情恬淡地长期聚焦只做一件事情。

调入中国石油管理干部学院之后，我给自己又重新制定了约法三章（在组织部和培训中心工作时期都制定过约法三章）：不任职（只当老师）、不闲聊、只专注于授课和研究培训技术。后来不任职这条没有做到，约法三章就改为：不闲聊、只专注于授课和研究培训技术、暂时放弃使命。

2019年11月底的一天，我接受南方某央企七位管理干部学院筹备组成员访谈。2020年元月，又有两家企业培训机构的同行来访谈。三次访谈的话题都是围绕国企培训问题，我都谈到自己的约法三章。我说："我的使命，就是为国企做好培训。天天被使命感驱动着，做的很多事情已经超越了界限，以致睡眠出了问题。别的任何困难我都不怕，睡眠不好身体就吃不消。除了身体，没有什么能击败我。"

他们问："只专注于授课和研究培训技术，又能产生多少直接影响呢？像您一直强调的从项目研发、企业内部课程体系建构、企业培训机构建设和管理的角度不是可以做出更多的贡献吗？何况又是您很擅长的事情啊？"我说："也有很多人这样跟我说，你怎么拼命授课？你浑身是铁又能打几根钉？我说多打一根是一根。像一个故事讲的，小男孩从沙滩上捡被海浪冲上来又困在浅水洼里的小鱼扔回大海，聪明人说，那么多小水洼里有几百几千条小鱼，你救不过来的。小男孩说知道，聪明人问那你为什么还在扔？谁在乎呢？小男孩捧着小鱼说这条鱼在乎。人要做擅长的事情没错，但我现在只能做我擅长且能够做的事情，不会去想我擅长却没有机会做的事情。"

在这样宁静的状态下，授课之余我写出了41万字专著《管理者怎样学习》。仅找出版社就花了三个月时间，一家一家打电话，先后同36家出版社联系，才最终出版。首印8000册，上架三周即售罄，两个月内又二印5000册、三印8000册，市场上也出现了盗版。责任编辑跟我说了几次，要继续合作。紧接着，又完成专著《让对话温暖而有效》，由另一家出版社出版，两个月内就加印至12000册，责任编辑旋即跟我签了下一本书的出版合同，就是这本《洞见：国企领导力行知录》。其实，即便是刚刚来学院时各种工作最忙的时候，我也写出并出版了专著《隐藏的教练》，被选入集团公司送书下基层项目，加印至45000册。

在国企里，能够热爱自己的工作，做有价值的事情，做自己擅长且能够做的事情，怀着恬淡的心情去做，仔细想一想，职业生涯中还有比这更惬意的状态吗？

**执着于事业者，从不惮于周围的攻击与诋毁，倒要在亲人或挚友的关怀面前耐心而温情地解释，但绝非犹豫。**

一次，友人发来微信："早上看《金刚经》，'凡有所相，皆是虚妄。若见诸相非相，即见如来。'有些似懂非懂。非空非有？亦空亦有？"我即刻感受到友人委婉的关怀，但因友人并未说破，便正经回应道："不着相是对的，因为可以灵活，以目标为导向。不做事的时候，不应有评判，才会不着相。一旦要采取行动，必须做出判断，精准着相，否则做不成事的。在我看来，佛经就是一部管理学，经由管理自己而影响他人。"

友人继续开导我："'倚天照海花无数，高山流水心自知。'这两句我大概是二十年前读到的，非常喜欢，一直不忘。尤其感觉前一句很有佛家的意境。"我仍顺着我的思路说："现代的科学研究和发现，很多已经是在解释佛学。例如基因里面有宗族实践经验的嵌入，后天遇到相应环境才得以表达。"

友人搬出李叔同的句子："'君子之交，其淡如水。执象而求，咫尺千里，问余何适，廓尔忘言，华枝春满，天心月圆。'给人无穷想象。"我也继续自说自话："没有任何判断的状态，就是一派清明安静。一旦动如脱兔，就会打破清明安静，势必做出选择。中国的文化，崇尚清虚，但没有发展出抽象，这很矛盾。同时中国的文化在骨子里是实用主义，但又没有具象研究的习惯，也不推崇具象，这也很矛盾。说真的，中国的文化，应该好好地学习西方。"

友人直接表明观点："'空即妙有'，这很难想象它的实践价值。"我也明确地说："当然极具实践价值。在没有采取行动的时候，评判是没有意义的。而一旦采取行动，评判马上就活泛起来，变得精准。"友人说："还是不好理解。'心有所住，难以入境。'"友人的后一句，明在说自己，其实在点我。我说："空和有，本是一回事。空，不是什么都没有，而是万有。万有就是中立的状态、不做评判的状态、对无数可能性都保持觉察的状态、全然允许一切情状都蓄势待发或发生的状态。一旦要做事情的时候，就从万有当中选择出恰当的行动，这势必要准确看清和区分具体情境。而现实中很多人一直处在评判的状态、处在有的状态。但这个有是一、唯一，等于没有选择。打一个比方，用单弹打鸟是有的状态、一的状态、唯一的状态。而用散弹打鸟就是万有的状态。我是从管理学的角度学习佛经的，它其实跟生活密切相关，很实用的。"

我接着说："人们缺乏心智训练的样子，总会让方家一览无余。而一旦经受训练，几日下来，变化极大。咱们集团公司的催化师班，就是例证。那些人，都还年轻，经历远不如咱们呢。年龄大了，就更要学习，躲到诗词或家族生活里，也一样不能解决认知问题。"友人直白地说："不是所有的人都能成为济世栋梁，至少我就从未给自己定过这样的目标。佛把普度众生作为目标，但能否成功还得看众生能否自渡。我一直充满了对你的担心，你仍像一个战士在战斗，现在更是在行动学习领域里战斗。我觉得你应该更加冷静，考虑方法适配的问题。"我也坦言："行动学习本身就是战斗。你能把真实感受告诉我，这非常好。这只能让我更精研如何找到更好的方法。"

对执着者来讲，必须经常回答三个问题：

1. 我努力的方向是对的吗？

2. 我在做自己擅长的事情吗？

3. 我在运用属于自己的方式吗？

一天，接到某银行的授课邀请，讲一堂廉洁的课。我说："我的58门课里没有这门课。"对方说："我知道，但你会讲得不一样，不是吗？"这句话很打动我，尽管非常忙，还是答应备课，而且我只有两天时间。

我决定讲自己内心想讲的，讲自己经历的，讲自己从经历中悟到的，讲自己相信的。讲得入理，要靠底层逻辑；讲得入脑，要靠故事和案例；讲得入心，要靠内心感受与情绪。

还在备课中，对方问："能否告诉我，您的简要提纲和主要观点？"我说："题目就叫，怎样做一名廉洁的干部。只讲两个问题：第一个问题，什么是廉洁？为什么要廉洁？什么是干部？什么是管理者？谁需要廉洁？第二个问题，怎样做一名廉洁的干部。主要观点有：从纪检监察的角度看，贪污、行贿、受贿、违法乱纪，这些是腐败，要严查。但我是做干部管理工作出身的，不作为、敷衍塞责、明哲保身、只想着交人不愿意得罪人、当老好人，也是腐败，要严管。不仅领导干部、共产党员要廉洁，组织内的每一个人都需要廉洁。廉洁是中华传统文化的精华部分之一，中国共产党是中华优秀文化的代表。人的本质是其一切社会关系的总和，交友的原则体现出人的品质。要做到廉洁就不要光想着什么事情不能干，而是要让更重要的事情来占据和充实自己。要提升自我认知，不给自己机会贪腐。要汲取家族的正能量，滋养自己。"对方立即说："就要这些。"

课后，我跟徒弟说："大大小小讲了39个故事和案例，我讲了这么多年课，给自己的表现打十分不会超过十次，这次可以打十分。其实这次授课是我心里最没底的一次。我希望你能知道，培训师最需要下功夫修炼的不是学问，而是人格。我听过廉洁的课挺多，都是那种用案例吓唬人、震慑人的，不让干这个，不让干那个。我这堂课里，不让干什么不是唯一的重点，重点还在于干什么，用什么重要的有价值的事情占据自己的内心和时间，没工夫也没兴趣琢磨乱七八糟的东西。"

徒弟说："这思路很精妙又好用，就像是阴阳平衡图，不是强调当'阴'过大有哪些坏处，而是放大'阳'的部分，让能量流动起来，'阴'被自然转化消解。"

领导者绝不是天生的。有些人天生具有领导者个性和领导者智能，或许稍加训练就会成为领导者，但他们不可能是天生的领导者，这如同不可能有谁天生就是一个歹徒。成为领导者只有一条可行的途径，就是执着于自我培养——不能把希望全寄托在组织身上（当然组织负有这样的责任）。每个人都能够经过自我培养具有领导力，但不是每个人都可以经过自我培养成为领导者（尤其是非领导职位上的领导者）。

自我培养，需要刻意训练，刻意训练需要洞见性提问。

**师带徒训练**　我曾设计九组训练题，附录参训者们的反馈。

**第一组题：**"1. 昨天你做过的一件最重要的事情是什么？这件事花了你多少时间？2. 那么，你今天如何评价自己做的这件事？3. 假如回到昨天，你会做出怎样不同的改变？"

翰："这几个问题真的戳到我了！"

煜："1. 昨天做的最重要的事就是看完了一本关于葡萄酒的书，花了两个小时；2. 还挺有意思的，学到新知识；3. 决定暂时不再看这类书，虽然有趣但无用。"

柳："内心在回答这几个问题时的感受是痛苦、感激。"

萌："我有些愤怒，感觉时间被切得太碎了。"

华："这些是很好的每日复盘的问题，我要积累一下。"

**第二组题**："1. 你觉得与你所在单位之外保持着联系的、却关乎你所从事工作重要意义的人都有谁？2. 那么，你是如何管理他们的？你靠什么维系这份重要而有意义的关系？3. 你的存在，对于他们的意义是什么？在他们眼里，你是谁？"

柳："1. 集团下属各单位负责培训工作的领导者、专业管理人员、讲师；2. 缺少主动性的管理，怕投入时间、怕没有回应、怕自己不够专业；3. 最近有一点动力想要尝试着去联系，但没有采取行动，没有发现自己对于他们的意义。"

萌："1. 潜在的创业团队，有我的研究生同学，线上的创业伙伴；2. 定期主动交流，靠我的专业能力和主动性；3. 互为拓展心理学应用的伙伴，在他们眼里，我是有专业敏锐度和高度主观能动性的心理学人。"

华："我好好想了一下，好像没有。但感觉这些问题很好，我原先确实没有系统地思考过，以后还是很有必要按照这个思路不断复盘的。"

**第三组题**："1. 想想你所做的非常令你满意的事情，所运用的本事是谁教给你的？2. 你最看重与谁的关系？理由是什么？3. 未来，你还需要与什么样的人建立重要的关系？"

薇："1. 我做的最满意的事是每次组织的活动，都让我当总协调总指挥，策划活动方案和接待事宜。这些能力都是一次次的锻炼积累下来的，不是某个人教的，而是现实环境教会的。2. 工作中我最看重与主管领导的关系，因为他能给我机会锻炼。工作中的成长、挑战、机遇都是通过主管领导才能得到的。3. 未来，我还要和主管其他业务的领导建立良好关系，拓宽业务领域，给以后的成长打基础。同时还会和同事搞好关系，赢得口碑和群众基础。如果可以，想多接触类似心理医生的人群，目前心理状态不好，快乐少，忧郁多，急需调整。"

我："只有快乐才能带来快乐。学习快乐是一种严格的训练，这是任何人都代替不了的任务。快乐是一种修行。对于亲人来讲，使自己快乐是一种义务，也是应尽的责任。"

薇："你的快乐是什么？"

我："你感觉呢？"

薇："写书，其次是读书，还有授课。"

我："你说得非常准，还有一件事，就是帮助别人。通过提问帮助别人理清方向或找到解决问题的方法甚至直接解决他的问题是我喜欢且擅长做的事情。"

柳："1. 好像没有让自己很满意的事情，运用的本事来自老师+书本+实践+反馈；2. 以为自己更看重与学员的关系，但也仅限于力所能及地调整他们的学习状态，而在项目设计与课程开发上还远远没有体现出来更看重与学员的关系；3. 未来还需要和学院内外对培训感兴趣的人建立联系。"

我："你是想说'与真正热爱培训的人建立联系'吧？而不仅仅是'对培训感兴趣的人'。"

柳："在交往不深时，不太好识别哪些是'感兴趣'哪些是'真正热爱'，先从'感兴趣'入手吧。"

我："然后呢？会与'真正热爱'的人建立长期联系吧？像某些老师授课虽多，但显然不能说是'热爱'，甚至连'感兴趣'都算不上吧？培训对他们更像是一门生意。"

萌："1. 感觉很难说是谁给我的，有老师有亲人有我自己；2. 与我父母的关系，因为他们给了我生命；3. 与志同道合、能给我精神支持的人。"

我："只是如实地回答问题，并非全部达到提出问题的目的。提出问题的目的主要是'有什么是我难以通过反思来回答的？却很真实。'"

萌："不在意识层面的，很难通过反思来完成，但可能对实际行为有最大影响。"

柳："您怎样回答这些问题呢？"

我："1. 实践教给我最宝贵的东西；2. 我看重与一把手的关系，因为组织的资源在他那里；3. 未来需要与更多的行动学习领域的专家建立联系。"

第四组题："1. 你的工作是什么？2. 这是谁确定的？怎样确定的？3. 你每天做的事情是什么？你能在多大程度上决定自己的工作？"

权："1. 制订工作计划，协调推进，控制进度，把关质量；2. 自己确定或和部门核心骨干商量确定；3. 检查和指导，有时候自己也要上手写相关重要材料，80%可以决定自己的工作。"

我："令人羡慕！通过回答上述问题，你的收获是什么？或者说，你觉察到了什么？"

权："那20%才是影响到自己工作节奏的重要内容。人，都是在夹缝中做事，内心的苦涩只有自己懂，尤其是中层，面对年轻领导和新生代员工，两头受气，但情绪价值没有意义。"

我："所有的情绪都是准确的、可靠的、真实的，无好坏之分。情绪如同哨兵，总是来报告准确的、可靠的、真实的消息。情绪不需要管理，也不是用来管理的，情绪是用来觉察的，真正需要管理的是情绪背后的东西——价值观。我在《让对话温暖而有效》第三章重点讲了情绪。情绪的价值和意义就在于此。"

萌："1. 秘书的工作；2. 我表达自己的意愿，能决定20%，主任决定50%，上级领导决定30%；3. 几乎所有时间都在填写各种表格和开会。"

我："你回答问题的状态，仅是要回答而已。其实你的回答中有很多切入点是可以使工作有所改变的。未来，每一名员工的工作自主性将成为组织成长性的最重要的构成。你有很好的理论储备。但书里只有信息，没有知识。信息只有通过个人经历的过滤与反思，才有可能成为知识。知识的本质是体现在行为上的、能够带来成效的能力特征。"

萌："的确是这样，我只是笼统地回答问题，没有展示在任何一个固定工作中我可以体现自主性的地方，似乎我把自主性定义为完全空闲可自我掌握的空间，但即使是必须要做的事情中，我也可以做些有影响力的事情。只是跟着大流走比较轻松舒服，所以有时便有意地忽略了，特别是当身体有倦怠感的时候，这种随大流状态会展现得很明显。"

我："你不仅有很好的理论储备，还有很好的思考能力。要在自主性的工作中将其变现为行动力和成效。再考虑进去两个概念，边际成本、边际收益，自主性会更佳。"

萌："当自主性行为成为习惯，边际成本会递减，边际收益会提升。"

我："是的，'习惯'这个词用得好。但有一个平衡点，是人生效能最佳的。还有，自主性必须基于贡献，否则成了躺平的另一种高级形态。"

萌："贡献是指对于组织的贡献吗？"

我："是的，每一名员工都应以此为核心意识，不需要谁来要求这一点。只有如此，他的工作才有可能富有成效。"

第五组题："1. 你每天用于工作和思考工作的时间加起来有多少小时？2. 在什么样的事情上你希望减少或增加时间？3. 什么样的事情你希望交给他人完成？什么样的事情要自己完成？"

平："我前些年上班的时候若是心中有这几问该多好，头脑会清爽很多，也会更好地发挥自己和别人的作用！"

萌："1. 每天大约工作10小时。2. 希望减少撰写各种材料的时间，增加学习和研究的时间。3. 希望重复性工作交给他人完成，创造性的事情自己完成。"

我："那么，你觉察和收获到的是什么？"

萌："觉察到我很不喜欢事务性工作，同时也要想办法让事务性工作变得高效和有趣一点。好像只是觉察，不算收获。"

我："觉察就是收获。只是不大。'我要收获'是一种强制的意识和能力。"

萌："感觉到达收获层面是很难的，需要有意识与行为上的转变才能算。"

我："你说'很难'，其实是潜意识不想。'难'的本意是可以做成，只是需要付出代价。"

萌："今天是周末，我发现自己周末一般都非常不想工作和思考与工作相关的事情。上学时也是如此，周末完全不想学习和做作业。潜意识里我把时间分割得很清楚。"

我："我想到这一点了，可还是发给你了。我想表达的是，周末与工作时间不会自动地去区分价值的，人会。所有到来的，都不会挑你允许的时间。将来在工作和生活上遇到的事情，大都会如此发生。说到这一点，今天的训练才完整结束。"

萌："今天训练的目的是什么呢？"

我："两份觉察。第二个部分就是'我知道是周末还要发'。"

萌："觉察到我对别人回应上的纠结，潜意识里有排斥，但是行为上还是会做，导致思考的质量不高。"

我："我早就知道你的这个特点。"

萌："那像我这种比例的人多嘛？"

我："很普遍，这是人性。我要训练的是反人性弱点的事情。"

萌："知道了这个弱点，该如何做呢？"

我："知道最重要。看着自己一点点做，感受自己的感受就好。人生的意义不全在于做，而更在于体验做。"

萌："那往哪个方向走呢？接受潜意识与行为保持一致，还是改变行为来看能不能改变潜意识？"

我："这取决于首先要搞清楚一个问题，我到底想要什么？这个问题才是最不容易回答的。"

萌："这个想要什么的重要性排序很困难，它随着年龄和境遇而快速变化，当前休息和成就感对我同样重要。当然这里有二极管思维，并不是要获得成就感就要牺牲休息，想要休息就会没有成就感，只是平衡两者会很纠结。"

我："允许纠结，允许各种答案。我前面说，最重要的不全在于行动结果，而更在于过程体验。"

萌："好的，看过程。"

我："不是看过程，是看自己的感受。训练是没有答案的。看清自己的答案就好。出题者并不关心答题者的答案。"

萌："感受并不直接指向答案，或者我的感受太丰富了，答案不太容易显现。"

我："答案隐藏在感受的背后。肯找，就有。"

萌："好的。"

我："为了将'被打扰'变现为价值，你只有追加今天的投入——用复读的方式。"

萌："什么是复读的方式呢？"

我："就是看一遍对话记录啊！或者，你最信任的且有思想的人是谁？将对话记录发给他，相当于引入第三方'审计'。"

萌："好像没有哎，我得挖掘一个。"

我："这是缺陷。必须有一个。"

萌："可能是我会把微信聊天看作自己的隐私，界限感比较清晰，所以从没想过这个。"

我："学习不是隐私。今天的对话会写书里，你同意吗？"

萌："没问题的，这是学习。我不想发给身边的人，感觉是基于这对于别人是负担的假设。"

第六组题："1. 你与他人沟通的主要方式是什么？面对面的沟通占多少？文字沟通占多少？2. 你每天用于沟通的时间是多少？你希望是多少？3. 在什么样的事情上你希望面对面沟通？在什么样的事情上你希望文字沟通？"

卜："主要是当面沟通、语音或电话沟通和文字沟通，文字沟通在研究性工作上的占比高达90%，但用于事务性沟通的时间却高达80%。另外，所沟通事情的紧急度、表达的难度、事情的复杂度、事情的重要程度、对方的角色和身份以及我和对方当下所处的环境，决定了我的沟通方式和时间。如果条件允许，我希望所有事情都可以面对面地沟通。比起事情本身，对方的角色和习惯更是我会选择文字沟通的原因。"

我："那么，你的觉察和收获是什么呢？"

卜："1. 沟通是自主的，是个人可以选择和掌控的。2. 人在熟悉的环境（业务环境和人际环境），会更容易产生自主沟通。3. 发觉自己在思考和回答这些问题时，脑海中浮现出的万千场景，大多数都是别人找到我寻求帮助以及自己主动帮助别人的沟通，自己向他人寻求帮助的沟通占比很少，而且主动性和意愿性不高，有畏难情绪，这是自己今后应该提升的部分。4. 真诚是有效沟通的制胜法宝，发觉自己喜欢面对面和手写字，都是因为能更好地展示真诚，面对面也能实现我通过观察对方的细微之处来调整自己的沟通方法和策略，当然是在真诚不变的基础上的方式方法的调整。"

我："反思得很到位。"

卜："念大学的时候，最不喜欢误会、错过、遗憾这样的字眼，为此好像还写了一篇文字。那会儿特别想有上帝视角，特别想知道各个角度的人和事之间的细枝末节，然后找到解决事情的最优方案，或做嘴替，或演出戏，让其有个大完满结局。"

我："我可不可以理解成你在语言表达上还需要提升呢？"

卜："大学时让我觉得沟通的难点是：没法知道对方的人设、当下的状态、对方可能会有的看法、沟通的时机是不是合适或者让我知道该用什么方式及什么语言模式去沟通。所以特别想有上帝视角，知道所有事，钻进对方肚子里，然后可以让我精准匹配和选择我的沟通方式。"

我："这些事都需要你去做，需要你去完成，需要你成为自己的上帝。可是，你怎样才能做到这一点呢？那就只能先提高自己的语言表达能力。语言表达能力来自对所探讨事情的底层逻辑的理解，来自对双方动机的洞察以及掌握一定的修辞技巧。对话其实是一个共创的过程，让对话双方都想追求真理，至少要有兴趣去了解更多的知识。你已经大学毕业几年了，你现在是管理者。你该学习管理者该掌握的知识和技能。而管理者的重要任务之一就是沟通。松下幸之助曾经说，'企业管理，过去是沟通，现在是沟通，未来还是沟通。'前面提到修辞学，修辞学的传统定义是'促使人类的心灵去热爱真实知识的艺术。'"

卜："明白了，我需要提升达成目标的沟通能力。这需要场景历练，但发现自己内心对这些场景很不喜欢。"

我："凡不喜欢的，都是需要学习的地方。"

恒："回答这三个问题让我发现，在沟通这个问题上我是比较被动的。我还有些吃惊地发现，对于我来说，与其说是选择需要面对面沟通的事情不如说是选择想要面对面沟通的人。如果是可以信任的关系，即使是很小的事情也会想要随时当面沟通。我希望文字沟通的情况，出于保存沟通痕迹的需求，以备后续回顾使用，也出于充分思考后再回复的需求。"

第七组题："1. 你掌握哪些别人不掌握或很少掌握的组织内部的信息？这些信息是怎样得到的？2. 回头看你做出的重要而正确的决定，是因为当时掌握了哪些不为人知或不为人注意的信息？你得到这些信息的深层次原因是什么？3. 回头看，你是怎样运用公开信息做出重要的正确的而又与众不同的决定？"

谛："这些问题挺有分量。1. 主要是朋友透露的一些内幕信息，加上付费知识。2. 与其说是知道重大非公开信息，不如说是凭借内心的感觉做决定。3. 深挖公开的信息，不停地问为什么，由表及里，再把它们串起来，配合直觉，得出某种结论，做出决定。"

我："'内心的感觉'与'重大非公开信息'并不矛盾，很多时候，'内心的感觉'就是潜意识加工了'重大非公开信息'的结果。"

谛："重大决定一定要追随内心的直觉，否则长期来看不利于身心健康。"

我："这个角度好，别致、新颖。"

谛："听从内心的声音做出的决定，结果再差，也不会差到哪里去，一句'无怨无悔'就能让事情翻篇。违背内心的声音做出的决定，结果可能会是好的，但你不会心生感激，你会觉得是你应得的，但如果结果很糟糕，你就会非常生气。"

我："你从情绪和身心健康角度的回答，背后是价值观。"

萌："1. 基本没有掌握别人不掌握或很少掌握的组织内部的信息。2. 得到做决定所需要信息的深层次原因是我对自己的好恶很清楚。3. 不知道自己是怎样运用公开信息做决定的，做决定是自然的过程。"

我："你'对自己的好恶很清楚'，这很好。但你需要将'自然的过程'变为自觉而主动的过程。"

柳："您自己怎样回答这三个问题呢？"

我："1. 我掌握我所认识的人的思想及行为特征，这些是通过从事干部考核工作得到的，离开干部管理岗位之后，又是职业习惯养成后自觉而主动去获得的。2. 我的信息来源，一方面是来自我的实践经验对问题的判断，另一方面来自学到的知识。这些知识与实践经验产生联结，因此让我对事情有判断，特别是对事情的本质有判断。我得到这些信息的深层次原因，就是实践和读书。3. 回头看，所有公开的信息我都会通过被我掌握的未公开的信息进行比较，得出对事情真相的判断。因此，我可以做出重要的、正确的而又与众不同的决定。"

萌："您对这三个问题回答得层次很深，干部考核工作对您识人用人的能力和深度思考的习惯影响很大。您很自觉地在回答时从工作层面思考，我还是从生活层面思考多。"

我："我是通过工作来真实地感受我人生的意义的，工作意义是我人生意义当中最重要的一部分。"

萌："能感觉到工作意义对您的重要性。您的提问，还让我意识到我对于组织公开信息的主动了解不够。回答这三个问题，需要从哪些角度思考呢？"

我："首先要不间断地思考'我需要什么信息？'其次，要思考'他人需要我提供什么信息？'在通过向他人提供信息以获取自己需要的信息之后，还要思考'这些信息共同指向组织希望达成的一种怎样的成果？'至于公开的信息的价值，在于分析它们是否来自关键或特殊事件？它们是否重复出现？它们对于谁是最有意义或最没有意义的？但不管怎样，如果不主动且强制地与组织目标相关联，任何信息都是没有意义的。"

第八组题："有知名画家评孔子'《论语》文学性极强，但他的言行体系我都反对，他想塑造人，却把人扭曲得不是人，因此儒家一直被帝王利用。他既不足以称为哲学家，又不足以称为圣人，他是一个庸俗又高级的知识分子。他内心复杂，欲望强盛，讲究吃穿，种种苛求，世界满足不了他。虚伪，十分精致的虚伪。说什么君子死不免冠，父亲做坏事，儿子要隐瞒。三个月不做官，惶惶如也。五四打倒孔家店，表不及里，他的幽灵就是无数中国人的伪君子'。对此，1. 你想说的是什么？2. 其中，值得肯定的是什么？3. 那么，你决定从中收获什么呢？"

萌："1. 对圣人的解构会带来更丰满的对历史、社会、人性的理解，这并不是对孔子成就的质疑，有人质疑和探讨本身就是一种认可；2. 如今多元化社会，人们对秩序和创新、集体和个人等矛盾需要用一种新的思想来解释和解决；3. 应该乐于自己被质疑，而不是被自我保护和自尊感束缚开放性。"

屹："我想知道，您的反思有哪些？"

我："1. 文学性，我从《论语》中看到的不多，但确实有，例如对野鸡的描述，很生动，还有孔子见南子的描述，很精彩；2. 我自己反对什么的时候，以后要小心，不能什么都反对，我要想一想，其中值得肯定的是什么；3. '扭曲人'这样的判断，自己要慎重，不要一棍子打死什么；4. '不是哲学家、不是圣人、庸俗、讲究吃穿、精致的虚伪'这类的话，要引起自己的警觉；5. 今后再听与自己见解相反的言论，要持开放的态度，例如'子为父隐'，背后的深层次含义是什么，要历史地看；6. 真诚地说话，像这位画家这样，不容易，得佩服他；7. 作为画家，能喜欢《论语》的文学性，已经很不错。"

萌："从他敢说话这一点，反思自己的斗争精神还不够，自我保护意识强。"

我："斗争精神是源于核心价值观的一种内在的力量，知识和经验则是像工具一样的辅助性的资源。换句话说，斗争精神可以升华一个人的知识和经验，使这些知识和经验真正成为自己的核心竞争力并随时可以变现为成果。"

萌："孔子通过伦常和道德塑造秩序，而当前社会变化速度之快，必然要求组织具有更大的弹性。让个人潜力得到更多发挥，这需要百花齐放的思想。每个人对孔子的解读都有个人内心世界的投射，要时刻警惕某个观点形成后，对所有线索信息有意无意地忽略和筛选。"

我："除了忽略、筛选，还有冲淡、损害、曲解、篡改。"

**第九组题：**"1. 在给自己规定要做的事情里，你的优先级前三项是什么？2. 你如何确保自己能够有效地去做这些事情？如何对自己进行监管？如何评估效果？3. 今后做这三项事情，你最想分别去优化的程序是什么？"

萌："1. 优先级对我的含义，就是当有空闲时间时的做事顺序，当面临客观任务安排时的主观做事顺序；2. 每日学习打卡会引发自己的逆反心理，偶尔做不到，就不苛责自己，效果可以从输出结果上体现，看重他人的反馈；3. 找自己感兴趣的学习资源，坚持做电子笔记，开会感觉无聊时复习笔记，在手机上随时记录和整理好案例和思路。"

我："优先级的含义，就是与其他事情相比要排在前面先做的事情，有一定的重要性和较强的迫切性。优先级跟重要性并非强相关，例如跟家人视频极重要，但不是优先级。以重要性和迫切性两个维度做优先级矩阵分析，就会明白很多事情应该摆放在什么样的位置。"

萌："把时间维度放进来，短时间内迫切性强的可能会放到优先级的前面，但长时间内一定要留出时间给到重要性高但却没有那么紧急的事情。"

我："优化后的程序，需要固化为习惯。优化程序的每一个动作、每一处加减和顺序的调整都很重要，哪怕很小的改变也好，其实越小越好、越多越好。"

萌："现在会议太多，很多时间被扯碎。"

我："会议多只是现象，问题的本质在于如何定义会议。通常，会议的目标决定会议的内容，但用什么方式开会、需不需要开会、如何落实会议精神，更加重要。如同掏耳朵不是问题——尽管耳聋患者多半是因为掏耳朵造成的耳聋，问题的关键在于掏多深、用什么来掏、多久掏一次。"

华："这让我想到特权，怎样理解领导者的特权？"

我："领导者有特权吗？当然有。问题是很多人只知道那些指挥他人的权力、甚至贪污的便利，却不知道领导者真正的特权是什么。领导者真正的特权，乃是依靠自身的角色和方法，可以得到信息——很多是第一时间得到的——独享权。所以，领导者最大的机会成本是什么？时间。"

华："这些探讨很有趣，可以通过授课进行分享。"

我："管理者的培训，'授课'这个词已经过时。要共创，老师提供理念与工具，学员提供难题、案例、经验和平时连自己都认为不现实的各种奇思妙想。"

**自我训练** 阅读《学会提问》这本书，我在脑子里构想自己与两位作者相遇，展开一段与尼尔·布朗和斯图尔特·基利两位大师的对话。

我："企业培训机构的两个最重要的任务是进行企业内部课程研发和开展行动学习。这是我的基本观点。我想请两位向我提出一些问题，以帮助我澄清一下这个观点。"

作者："这是个好主意！你知道的，管理学的创始人德鲁克先生曾说'如果你不改变提问的方式，你永远都不会成功。'谷歌的CEO施密特先生也曾说'我管理公司是靠发问，不是靠回答。问答会启动对话，对话会刺激创新。如果你想要一个创新文化，那就多发问。'你认为呢？"

我："我很同意，并且对这两段话很有感受。那么，请开始提问吧！"

作者："你的结论是什么？"

我："我的观点就是我的结论。"

作者："理由是什么？"

我："理由是企业必须做管用的培训。"

作者："你的哪些词语意思还不够明确？"

我："'企业内部课程研发''管用的培训'。"

作者："其中，什么词语是价值观假设和描述性假设？"

我："'两个最重要的任务''必须做管用的培训'是价值观假设，'进行企业内部课程研发和开展行动学习'是描述性假设。对吗？"

作者："你来决定，我们只负责提问。推理过程中有没有谬误？"

我："可能有。或许我对外部课程了解不够、认识不足。"

作者："用于证明观点的证据的效力如何？"

我："证据的效力很强，数量也足够。"

作者："有没有替代原因？"

我："有。很反感理论家们对管理指手画脚，同时也很反感管理者们对理论家们的指手画脚或兴趣浓厚或兴味索然。"

作者："数据有没有欺骗性？"

我："有。很多企业内部管理者所讲的课程并不好。"

作者："有什么重要信息被省略了？"

我："很多。学员的需求被满足的程度。还有理论家课程中精彩的部分。我脑子开始有点兴奋，因为有些不曾注意的想法出现。"

作者："很好！那么你能得出哪些合理的结论？"

我："无论是谁来讲课，满足学员需求才是最重要的。"

作者："接下来你要做什么？"

我："我只将自己看作是一名老师，视讲课、备课为我的全部工作。但如果有机会，我会愿意去帮助所有中国的企业培训机构去做企业内部课程研发和开展行动学习。因为我自大学毕业36年以来所积累的直觉、个人经历、典型案例、当事人证词、权威或专家意见、对趋势的观察、各类研究报告、自动发生的类比，都一直在告诉我，进行企业内部课程研发和开展行动学习对企业培训机构来讲是极其重要的，可以说是企业培训机构的生命。"

作者："祝你好运！"

执着是有原因的，也是有回报的。从领导力的角度讲，执着的精神在沟通与共事中会相互感染。

我："刚才长城钻探的一个人在车站等我，为了进站买了去沟帮子票，自己说看见老师模样的人就上前问是不是那老师。还拎了吃的，冒雨来的，说听说我腰不好，讲了一天课应该很累，本想买腰垫但商家没开门。急急地说了一会儿话，额上冒着汗，很激动，接我递过去的纸币边擦汗边说自己很冒昧，说自己负责钻井公司的培训，很向往行动学习，说要请我去讲课。挺令我意外，也被打动。"

徒弟："您去授课的这个培训班是辽河第二届培训项目设计大赛赋能项目，我是首届的第一名，代表全体参赛选手给局长做汇报展示。我们原来单位的小伙伴这次听了您的课很受触动，他们本来不想参赛，听完您的课决定好好做一做！他们评价您的课'娓娓道来，让人舒服，触动心弦'。其中一位说都准备看您的书了，哈哈！她从来不看书。我到广州后，一直在想，如何成为您这样的老师呢？"

我："做一个不炫耀的老师、讲课不只为了收入和名气的老师，一心一意为学员好、为企业好，这是我的追求。"

徒弟："对标您的追求。"

我："昨天有一个学员拿一个笔记本让我写一句话再签名，说本来让家人找我写的书送来却怎么也没找到就买了一个笔记本。言辞恳切，打动了我，我给写了一句话签了个名。昨天还有一个长城钻探的参加过集团公司催化师班的学员特意跑来送了一束花，刚才到车站找我的人也提到这个孩子，说这个孩子发生了巨大的改变。这些点点滴滴，添加了我讲好课的动力。"

徒弟："送花这孩子就是之前跟您提起过的那位在今年催化师培训中

和我分享了从未和人分享过的'被父母遗弃'的故事、在您的课堂上流下了三十年都未曾流出的泪水的那个姑娘，她说您在课堂上讲，'有很多穷人家的孩子，他反而在他的生活层面上能够历练出不俗的品质和品性，而他愿意去关心别人，哪怕他自己都很难的情况下还去关心别人。'她说'那老师在讲台上慢慢地讲述，难以想象我在台下泪流满面。短短几句话就直击内心，我发现我这样的人也是被认同的，有非常好的品性，让我觉察到自己的价值。'她说自己被送养后，从未哭泣过。"

我："她送我花的时候，很激动，嘴角在抖动。"

徒弟："没什么比学生真挚的情感和真实的改变更打动当老师的了。正向的回馈还是很能促进人继续努力的。这些令人感动的细节，都是前行的动力。"


执着的精神回报给执着者的不应只是艰辛而应是成就，不应只是成就而应是成就感。

# 六
# 前瞻、洞察与创新

**导语：** 什么是前瞻、洞察与创新？如何才能具有前瞻力、洞察力与创新力？如何做决策？

# 什么是前瞻、洞察与创新？

简言之，前瞻就是向前看。

向前看的精髓：展望、预见未来，而非主观臆断。

前瞻力，就是向前看的意识水平与综合能力。前瞻力强的人，向前看的欲望更强，能够将眼光放得长远，比他人更敏锐、更早地正确分析和判断趋势。

洞察，就是将事物的本质看穿，又对局部明察秋毫。

洞察力，就是指观察的透彻度。洞察力强的人，不仅能发现所观察对象的内涵和意义，还能通过观察中的体验感而产生联想，充分地激发内心深处情感的源泉，使全身心都能参与到创造性的观察与思考之中。

创新，就是指凭借已知及现有资源，本着某种需要或需求，改进或创造出新的见解和事物，以获得有益效果。

创新的本质是：否定已有的、利用现有的、创造没有的。

创新力，就是改进或创造新见解、新事物的意识水平与综合能力。创新力强的人，敢于质疑一切，对人类已知及现有资源有着迥异于常人的理解能力和利用能力，擅长和习惯于将异于常人的想法付诸实践。

创新是一种责任，它将带来工作方式的重大改变和管理风格的激烈改变，更是对组织文化的变革。

在所有创新中，思维创新是根本性的创新。

创意只是一种想法，而创新是一种结果。

创新最适宜的方式就是以项目的方式实施，组织最重要的成果应该来自创新及关键的少数项目。创新并非没有代价，但这都将成为较为短期的合理成本。创新最大的挑战并非来自技术或市场，而是来自陈旧的思维定式及组织内部的传统陈旧势力。

前瞻、洞察与创新，都对事物的矛盾有清醒的认识。具备前瞻力、洞察力与创新力的领导者，第一项成果就是他自身，即不断更新自我认知、不断进行自我革命，达成内在自觉与外在自发相统一的自我发展。

前瞻、洞察与创新是领导者的一种日常习惯，贯穿于一切实践活动中，这种自我意识与自我行为的发展，必然推动自我生命的成长。

创新是企业的重大任务之一（或许是最重大的任务）。但毋庸讳言，创新精神和创新能力是国企管理者的瓶颈之一（或许是最大的瓶颈）。

2017年，我做了一项研究。对大庆油田20名高层管理者、150名中层管理者、150名基层管理者的思想及行为特征进行研究。每名管理者排序5—7个特征，再从每个层级管理者的所有特征中找出高频关键词，便得到每个层级管理者的现状描述。

这项研究得出七点结论：

1. 关键词的分布，两头少，中间多（高层和基层少、中层多）。

2. 在三个位格（层次）中，有六个出现频率较高的关键词：聪明、善良、思考、自律、敬业、协调力。

3. 每个人在职务晋升过程中，同一个关键词的内涵都会被更新（位格对关键词的内涵有特定的要求或约束）。

4. 具备本格特征且向上兼具若干特征的人，有较大发展空间。

5. 仅具备本格特征，虽很胜任，但发展潜力有限。

6. 仅具备上格特征，虽优秀（工作之外的表现）但难称职。

7. 三个位格中，共同缺少创新。

一次与徒弟谈起这个项目。

我："研究成果令人意外，有点不敢相信。"

徒弟："缺少创新并不意外吧？"

我："这点不意外，但深深地震撼人心。"

徒弟："为什么呢？"

我："就好比珠穆朗玛峰上的风光照片，并不令人意外，但登上去看，很震撼人心。"

徒弟："理解了，您这个比喻很恰当。"

我："因为工作量大，所以堪比登珠峰。"

徒弟："虽然只有320人，但已经算是一项大工程啦！"

我："用今天的话讲，可以叫现状大数据吧。"

徒弟："'关键词的分布，两头少，中间多'，这是设置了一个客观的频率线，达到这个频次的就呈现在位格中吗？"

我："是的。'两头少，中间多'，这个现象令人困惑。'两头少'是因为可以确定这些关键词是符合现状的，其他的关键词虽多，但难以佐证。'中间多'，也因为是可以确定的，舍不得排序太少。这个现象至今我没有可以确定的解释。"

我："通常情况下，每个人的20个特征，我认为只有前5—7个特征是可以通过行为确定的，真正能够在一个人身上大比例呈现特征的，一定是前5—7项。我当时搁置了对这个问题的解释，但留下了一条备注，就是我在大庆油田党委组织部工作时期的主要责任是考核中层管理者，基层管理者是作为后备干部来考核的，对高层管理者并没有考核责任，但是可以协助上级组织部门进行考核。所以，我对中层管理者的了解可以确定之处非常多。"

徒弟："第一，'中间多'，可能是说明不同中层管理者的差异性大，可为不同岗位提供储备干部的信息，或同一个中层管理者的发展潜力大，同时具有多种特质，有适应不同岗位的能力。第二，也可能有研究者偏差，将中层管理者作为主要研究对象，所以研究者在觉察、记录和整理中无意识地保留了中层管理者更多的特征，或去掉了另外两个层级潜在的更多特征。第三，也许说明担任中层管理者所需要的特质，比另外两个层级更多，更具有灵活性与适应性。"

我："你讲的三点，我认同。关于研究方法，我唯一确定的，也是我唯一相信的，就是我们当时的团队对管理者的——真实的每一位管理者的判断。关于这一点，我相信很多专门从事研究的、特别是科班出身的研究者是不会赞成的。但我个人认为德鲁克会赞成，因为我与德鲁克的基本观点是相同的，管理的本质是实践，它无法被任何科学理论所解释。"

不管怎样，对企业管理来讲，创意、好点子都不是创新的本质，将其执行到位才是创新的本质。

## 如何才能具有前瞻力、洞察力与创新力？

养成前瞻、洞察与创新的习惯，才会练就前瞻力、洞察力和创新力。毛泽东说："读书是学习，使用也是学习，而且是更重要的学习。从战争中学习战争——这是我们的主要方法。"他还说："我是靠总结经验吃饭的。"领导力的本质是实践，领导力的性质是技能，领导力的核心是判断方向，而这都基于对趋势的前瞻、对事物本质的洞察、对战略和战术的创新。

古人说"见微而知著"，就是指看苗头，用发展的眼光看待变化着的事物。具有前瞻力、洞察力和创新力的人，对所处现实认识得非常清楚，能以现实为起点追踪到将来事物的面貌。

对包括领导者在内的所有职场人士来讲，创造性地工作是一切工作的本质要求与最高境界。而一切创造都首先源于思维创新。思维是由人的品格与习惯所决定的，人的深层次底蕴决定人会产生什么样的思维方式。思维创新是一切创新（例如战略创新、技术创新、制度创新、方法创新、文化创新）的基本特征和根本途径，思维创新是一切创新的由来与去向。思维创新的本质就是重塑自我，其总门径是品格修炼与习惯养成。

预见性源于对可能性的分析，预见的意义在于愿意为每一种可能安排行动预案。

某年我请大庆油田党委组织部副部长开发了一门党建课程，很受欢迎。但考虑到副部长工作繁忙，有可能排上课程却与临时紧急任务冲突，我做好了随时代为授课的准备。

果然，有一次就出现了这种情况。我连夜将他的授课录音听了一遍，将原来的PPT由70多页删减到50多页，顺利地完成了授课。那位副部长不放心，派人前来旁听，旁听者回去汇报说："授课非常精彩，与企业经营和管理结合得更紧。"

那次授课融入很多自己对企业党建的理解与感悟，后来还在其他企业讲过多次。

观察他人，要从小事上看品格、看习惯。

一次我面临从两位挺不错的小伙子当中选一位调入总部的选择，一时不能决定。偶然，我看到其中一位小伙子将茶叶根随意倒进洗手盆里，遂马上决定选用另一位小伙子。

选人的时候，主要看品格和态度。至于能力，选进来后是可以培养的。

但对现有的人员，要相信品格也是可以培养的。不然呢？

自我重塑，要从小事上涵养品格与习惯。

只是拥有良好的品格（例如诚信和正直），未必会成为优秀的领导者。但如果欠缺诚信与正直的品格，则一定不会成为优秀的领导者。然而令人难堪的现实是，任何人都会认为自己是诚信和正直的。对管理来讲，如果人们不知道什么才是诚信而正直的行为，那么诚信而正直就只能是一个空泛而无用的概念，没有任何实际意义。管理之难，在于为正确的概念确定准确的、切实可行的、具体的行动标准。例如"三大纪律八项注意"，一切行动听指挥、不拿群众一针一线、一切缴获要归公，说话和气、买卖公平、借东西要还、损坏东西要赔、不打人骂人、不损坏庄稼、不调戏妇女、不虐待俘虏，每一条都简单、明确、具体，但却能够生动和深刻地诠释党和人民军队的本质与宗旨。

最为快速地改变品格的方法，就是凡事都愿意尝试着采取全新的行动。一切较为理想的行动结果，都会使人们自动自发地倾向于将品格与行为相匹配（例如一位社恐者通过逼迫自己参加演讲一举获奖而使自己认为自己原本很擅长当众讲话，生活中开始变得愿意与他人沟通，渐渐养成了自信的品格）。

改变自己是艰难的。但改变自己的态度、想法，总要比改变自己的行为简单。而恰恰是通过改变自己的行为，才有可能一点点地改变自己的品格。

改变行为的自我训练，有六条有效的具体措施：

第一，每年去学会一项新技能。

第二，用故事去沟通。

第三，主动而诚恳地向他人寻求反馈（但当他人主动而诚恳地向你寻求反馈的时候，你要知道这其实是在考验你是否有能力以建设性的方式反馈难以直言的信息）。

第四，幽默地处理冲突（包括自嘲）。

第五，在生活中的点滴小事上练习自己的领导技能。

第六，开发出令自己有些畏难的、专属于个人的月度小指标（例如晚餐吃五分饱、跟关系紧张的某人主动沟通两次、在社区做一次志愿者）。

最能够考验品格的是权力，最能够成就权力的是品格。

个人经历是向外洞察的基石。但要正确地解构个人经历，才会经由洞察自己，向外产生深刻的洞察力。

同行："学员更喜欢听有厚重人生经验的案例，不喜读书。"

我："理论如果未搭载案例，便不是培训，充其量算教育。换句话说，任何平淡无奇的常识，只需放入有血有肉的案例，便成为动人心魄的至理箴言。因此，读经典变得很难。很多经典著作似乎很容易懂，但其实如果没有关联个人体验就不能算真懂。读书，重在以切身之体验来拆解，书方会活起来。"

同行："您经常讲什么案例？"

我："讲自己经历的。我主张老师带领学员解读学员自己的案例。传统的案例教学都是在解读其他企业的、他人的案例，这远远不够。解构个人亲身经历的案例很有难度。我刚才谈的是学员们最初接触这种案例学习时经常发生的现象。"

同行："你用什么方法来做？"

我："我讲自己亲身经历的案例，然后让学员们来提问，我仔细倾听学员提问中的包含在直觉里的意图，然后面向未来反思，以相当具体的行动方案来回应学员们的提问。管理者的学习，必须能够从另一个人甚至另一个行业的案例中'想到'自己能够'做到'的事情或步骤是什么。"

同行："这不容易做到，需要功力。"

我："这很见效，学员们慢慢体会到反思的力量，感觉很惊奇，往往会问'老师，您是怎样做到的？'这时我才来讲解聆听的层次、提问的技巧以及如何运用V字形理论来进行反思，学员们这时候往往兴趣大增，很快就学会在小组里解构自己的案例。这其实是在训练如何优化心智模式。"

常言道："事出反常必有妖。"群众的眼睛是雪亮的。反常的现象，背后必有隐情。

某领导将自己办公室所在楼层的摄像头拆掉，引起群众议论纷纷。不久，这位领导就因涉嫌经济犯罪出逃。

还有一位领导，将自己休息室所在办公楼层的摄像头拆掉，也引起群众议论。心里有鬼必行为异常，拆自己所在楼层摄像头之举实在是愚蠢之极。事实上，这位领导的绯闻不断。

**洞察的背后，往往由心念所系。**

同事："讲一个您上课时不爽的经历吧？"

我："一次给一个学员很年轻的班上党建的课。上课时间到了，还有学员陆续往教室里走，有的还在倒水，或在说笑。我直接告诉大家我不爽。上课后，超过一半的人在看手机。半小时后，陆续有人不再看手机，慢慢被吸引到课程里。但是，露出迷惘的眼神。我开始跟大家互动，发现他们没有从事党务工作的，都是管理层级最低的一群，并且对很多基本常识都不知道。下课的时候我跟他们说我依然很不爽，他们都欢笑了。从他们的欢笑中我感受到他们原本是愿意学习的孩子，但是在成长的过程中，没人教过。对了，你想知道什么？"

同事："原来不爽是可以说出来的！"

我："你不觉得，学员们很可爱，而我们的项目设计很糟吗？"

同事："您总是能将话题转到培训的品质。"

**若心有所念，便事事皆有洞察的机会。**

**洞察需要知识储备，需要深入到价值观。**

某次，一位老师对我说："清华大学的彭老师讲中华礼仪讲得很好，但我去请他几次，他都不愿意来。"我问："为什么呢？他不想来咱们大庆看看吗？"老师说："来过一次，就是因为来过。也许觉得我们失礼吧，那次他在机场，同时有领导下飞机，大家都关注到领导，可能让他觉得没有受到重视吧。"我说："没问题，你再去请他，告诉他，我们新来的主任希望他能来授课。就说我请他来不是讲礼仪，而是来讲礼仪背后的东西。"老师问："礼仪背后的东西？我这么去说就能请来吗？"我说："试试吧，或许能请来。"

这位老师顺利地从北京请来彭老师，跟我说："真奇怪！我说了那句话，彭老师马上就答应来授课。这是为什么呢？"我说："有一次子夏以《诗经》里面的几句诗来问孔子，'巧笑倩兮，美目盼兮，素以为绚兮'。何谓也？年轻女子笑出浅浅的酒窝，黑白分明的眸子顾盼生辉，洁白的粉底更显出面容的绚丽，这究竟是指什么呢？孔子说，'绘事后素'。就像绘画一样，总要有素白的底子才可以描绘美丽的画卷啊！子夏又问：'礼后乎？'那么礼也仿佛是后起附丽于仁的精美文饰吗？孔子说，'起予者商也，始可与言诗已矣！'启发我的就是你啊，以后我们多谈谈《诗经》吧！"我接着说："礼的背后是仁。无仁之礼，失之伪。无礼之仁，失之鄙。彭老师见到我很客气，说'您请我来讲仁，我若不来，就是不仁啊！'"

大约十年后，我去国家典籍博物馆听彭林老师讲《仪礼》，那时彭林老师已去浙江大学任马一浮书院敦和讲席教授。彭林老师越发精瘦且矍铄，言辞依旧恳切、对中华传统文化一片拳拳之心丝毫未改。我注意到听众多是老年人，讲座结束后围着彭林老师交流，彭林老师一眼就认出我，有些激动地用力拉着我的手，说："有一位年轻人，她之前信传统文化，后来怀疑了。约好讲座后要与我交流的，我就不能陪你了。"然后他向人介绍我，说："这位是大庆油田的一位领导，一位君子，我们认识很早。"愧得我唯有欠身连连，束手恭听。

现实就摆在那里，有时只需稍加洞察便会惊出冷汗。

几乎每一家国企，都煞有介事地在总部摆放着一个科研部门。但细细考究，这些所谓的科研部门普遍都缺乏科研能力，充其量只是一个喜欢且擅长将项目外包给社会机构的中介部门。动辄数百万、数千万的项目，竟然放心大胆地外包给社会机构。至于取得怎样的收益，不过换来一堆堆纸面上的"成果"或精美的PPT而已。更有甚者，滋生腐败。

有洞察，才有创新。

一次，一位年轻人跟我讲起自己初入职场，苦恼于复杂的人际关系。我说："现在，你想象自己身边的人，谁可以看作老虎？谁可以看作大象？谁可以看作猴子？你也可以将自己看作某一种动物。"年轻人陷入想象。我接着说："其实，人与人之间的差别，跟老虎、大象、猴子之间的差别一样大。"年轻人脸色明亮起来，说："好奇怪，心情一下子豁然开朗，很多问题一下子就想通了。"

用隐喻的方式解释某种现象，会孕育创新。

若无信仰，便无洞察。

同事："我感觉中石油的文化与行动学习的理念是相反的。"

我："你指的是哪部分文化？"

同事："我看到的全部。"

我："同意。不过，你看到的只是今天的。"

同事："什么？"

我："昨天的不同。譬如大庆油田一次创业时期的文化，与行动学习的理念甚至具体方法都是高度契合的。"

同事恍然大悟："哦！明白了。但是，为什么会变呢？"

我："为什么不？"

同事："懂。可是变糟了呀？除非当初的文化不像宣传的那样。"

我："文化不是祖传的手镯，继承只靠保管。文化是种子，继承要靠创新。千年前的种子，今天能发芽吗？种子是要一代一代精心培育的。育种是有很高技术含量的事情。"

同事:"完全明白了,一定是这样,这就是文化基因说。"

我:"培训的研发,就像育种。"

同事:"很精妙的比喻。"

要找到共同成长的伙伴、切磋的好对手,为自己建一个共读共践、相互砥砺、互鉴共生的小圈子。

**玩和写作业** 我问:"玩和写作业这两件事情,如何出现在一个亲子的句子里才好?"段老师说:"玩和写作业都是你的事情。如果先玩,你就会惦记写作业的事。但如果先写作业呢,你心里还在惦记着玩的事。一直以来你是怎么做的呢?你现在感觉怎么样?下次你打算怎么处理呢?你给自己做出选择的理由里边,哪个理由会更让你安心呢?"

我说:"哇!太棒了!"段老师问:"您的句子呢?"我说:"玩是快乐的,因为你一直很投入地在练习各种玩。写作业你还没有感受到快乐,因为那个快乐需要好的成绩来促成。这个好的成绩,会影响你一生中很多重要的事情。但无论怎样,这都需要你来做决定。我想知道你什么时候能告诉我这个决定?"

张老师说:"玩,就是一个探索自己喜欢什么的过程,比如每天练习打球,技术有进步,你会感到很快乐,也代表你喜欢球友。你通过写作业,也会感到自信和满足的。回想你感到自信和满足的时刻,你有什么发现呢?你希望未来怎样写作业?"

**感恩于石头** 田老师说:"玉要石头来磨,君子要小人来磨。要感恩于小人。有一个佛教故事里讲,小人其实是你前世的朋友来充当现世的陪练。从科学的角度讲,感恩是对高维能量的唯一回报。对不喜欢的,要刻意练习,必有所获。自己所憎恨或不喜欢的,正是自己所欠缺的。一个人的高情商有时是被自己的低智商倒逼出来的,而有时一个人的高智商则会惯养自己成为低情商。"

我说："如我这般智商与情商都平庸的人该怎么办呢？不过，平生于石头，倒是遇到几颗，可惜我又不是玉。但对小人，我还是心存感激的，让我见识到真实的人间。对刻意练习，我有投篮的经验。到学院这几年，我一直在刻意练习投篮。从最初的投50个罚篮能进20个球，到能进47个球。不过，我是当作在运动中实现冥想来练习的，投篮时我甚至能感知到树叶落在我脚边，能听到远处人们在说话。我还喜欢游泳，游泳的时候，我会把游泳这件事交给身体去完成，而我的心神会进入到冥想状态，感知水流、光线和交织在游泳馆上空的各种声音，也感知着仿佛自动在游动着的身体。我的体会，冥想就是活在当下。冥想的要领就是专注、觉察与放松。生活中处处都可以冥想，无论你在生活中做什么或不做什么。"

**示范超越**　我说："一种痛，是对另一种痛的治疗。一种爱，是对另一种爱的认同。唯有平静，没有对手。"段老师回应："回归本我。"我问："怎么解释？"段老师说："回归本我的平静，并非要与世隔绝，而是更深地融入。有一种穿越的力量，在示范超越。"我说："精辟！智慧的老师善于在对话的瞬间发力。"

**对话前辈**　我问姚老师："您做党建课程研发，用什么方法？"姚老师说："行走的方法，去过山区、黄土高原、边疆、革命发祥地。我们的团队，都是退休的资深专家。"我问："会用到行动学习吗？"姚老师说："是的，用共创的方式研发课程，同时用共创的方式呈现课程。你这些年一直在做行动学习，有什么新的认识？"我说："行动学习充满挑战，很有魅力。我喜欢它的检验方式，用行动检验学习，用学习检验行动。"姚老师问："它最终检验的是什么？"我说："它最终检验的是基于共享意义的学习能力与基于推动变革的工作能力。"

姚老师问："会用到PPT吗？"我说："基本不用，只用大白纸。而且我也反对给学员印发教材。不过，我看到有些欧美的老师在课后会给学员提供印刷品，放在讲台上，谁用谁拿，我看到并不是所有学员都去拿印刷品，这做法倒也不错。"姚老师说："电脑能干的事我们别干，我们要做不能被机器取代的事情，我们自己才不会被取代。"我说："而且我发现，不但老师使用别的老师的PPT无法讲课，就算是他使用自己的同一个PPT也无法讲出同一门课。我有一门讲授式的课，早在六七年前就开讲，PPT也一直没有什么变化。但最近在讲这门课的时候，忽然发现今天的自己与六七年前的自己讲得不同。"姚老师说："你今后也会像现在这样看自己。"

我问："您怎样看学习这件事？"姚老师说："学习是指因经验而引起的行为、能力、心理的持久的变化。如果你什么时候看世界不一样了，这时就意味着学习发生了。所以，不要屏蔽信息进来。心为所动，便记下来，学习首先是记录。学习由低到高的层次是知识、技能、工作方法、思想方法、三观。行动学习就是同学们一起摸象的过程。每个人摸到的，经过讨论叠加在一起，就是真实的大象。管理者的学习，都是摸象的过程，没有人能教。"我说："精彩的隐喻！"姚老师说："张闻天有一句话讲得非常好，他说'经过自己的努力得来的思想，才是最可靠、最有力量、能够使人们行动的思想。'谁也考不过高三学生。管理者不需要考试。丰富多样的人格化学习，才是正途。真正的学习是主动探究，增加自尊、自信和自立的过程。只有与自身成长相关联，才是学习。针对真实问题讲真话是学习发生的基础。反思是质询自己的假设，反思是发生改变的先声。"

我说："在课堂上很难做到这一点啊！"姚老师说："要从辨识跳跃式推论开始。例如学员说，'这是体制造成的！'老师就应该问，'这是怎样得到的结论呢？'帮助学员将跳跃或省略过去的部分检视出来。所以，当判断瞬间出现的时候，要问自己，'我是怎样知道的？''这是正确的吗？'只有学习者自己反思，才会促进改变发生。"我说："您说得很对！确实击中问题的症结。"姚老师说："中国人特别善于提炼总结，容易形成条条，却不会做。条条就是框框，框框就是局限。不反思，学习就是低效的存储、简单的重复。"我说："不应仅当作知识去学。"姚老师说："我们集体备课，还采取重要事件访谈法。"我说："真实的案例，相互探询，会让学员自己悟出管用的知识。"

姚老师说："现在有些风气不好。领导干部不带队伍，不愿意下功夫培养人。有的以写材料写得好当工作意义。有用吗？没有用。八项规定为什么管用？因为是针对政治局自己搞的。省级干部就坐不住了。有位专家看了两遍《第五项修炼》，没看懂，找来英文原版，读懂了，告诉我说，'简单，共产党早就这么干了。'"我说："丢掉了传统，反向外面去学些皮毛。"

姚老师说："要建立学习的空间。学习空间是基于各个岗位的、基于能够提出重要的开放式问题的、基于工作中遇到的难题的，从时间上讲要打破先学习后应用的惯性思维。领导班子学习中心组就是学习空间，也是建立学习空间的关键。可当下的某些现象呢？江湖代替了组织。"我说："又一个精彩的隐喻！"

姚老师说："我们的当务之急很多。中国要有自己的管理学、经济学。领导要赋予组织以意义。毛泽东讲要'关心群众生活，注意工作方法'。讲得好！不是控制，而是相互引领，共同建构组织的意义。"我说："课堂上的讨论，往往很空。"姚老师说："这是习惯性地空谈，也是自我保护。问题越具体，越有解决的可能性。要找出问题的存在条件与内部结构。解决一个问题，相当于解决一批问题。就是前面讲过的方法论、思想方法。"

我说："小事靠大脑，大事靠直觉。讨论中要敢于和乐于敞开自己的直觉。最终也不是谁说服谁，而是综合大家的想法。有一次在研讨中，一位学员因为没有人在意他的意见而要离开。我说，'你可以离开，但那样大家就更不知道你的想法了。'他就没有走。"姚老师说："研讨中要有好奇心。好奇时，跌倒也是向前跌倒的。催化师要给空间，让学员像在沙漠或戈壁滩上开车，自由而奔放。告知其实是一种触犯。不触犯对方，对方便不会抗拒。"

我又说："我形容催化师有石器、陶器、瓷器型的催化师，就是使用的工具越来越精致，最好是自己设计的，并且每一堂课都应有不同的设计。"姚老师说："西方的工具要中国化。对不同类型的中国企业，也要有个性化的工具，最好的工具是内生的。研讨中要打消学员的顾虑，不要怕说错，说错总要比做错好些。歌德说，'错误使人显得可爱。'"我说："错误是一种有用的反馈。传统的领导力课程越来越苍白。道理讲得都对，但实际却没有用。即便是案例教学，大家只是当故事来听，而不是当案例来做。"

姚老师说："学员要回答'我的企业面临的主要挑战是什么？'每位学员都找到至少两个变革的机会并列出障碍，每位学员都要讲出自己遇到的工作难题和亲身经历的案例。这样做，学员才有机会，培训才有机会。"我说："您前面提到的三观，才是最大的问题。"姚老师说："民心是最大的政治。当年云南知青绝食，农垦部长一连打20多个电话，后来把公章挂门上了，这是担当。还有王选，出差坐硬卧。我们有些学员去井冈山，坐头等舱。我问，'你干吗来了？那么多烈士看着你哪！'知识、技能，只能用来正确地做事。价值观是用来做正确的事。执政为民的思想不能丢。屈原还'长太息以掩涕兮，哀民生之多艰。'当年，李大钊月薪200块大洋，朱德在军队里是700块，苦工却只有2块，死一个工人赔偿20块，死一头骡子还赔偿60块呢！不为老百姓打江山，怎么可能坐稳江山？"

我说："所以，您组织开发的党建课有感染力。"姚老师说："我们会在课堂上问这样的问题，'这门课跟你在工作中遇到的具体问题是什么关系？会产生什么影响？'我们告诉学员，'记原话，是学习。讲真话，是贡献。'"我说："有时候，学员会说，'老师讲的与我的工作无关。'我会这样问，'但老师讲的，从行动方案的特点、方法论、制度设计理念、价值观的角度去看，那是什么？'从这样的角度看，也是学习。"

姚老师说："英文'商讨'本意为'打成碎片'，引申为碎片化会话。马丁·库伯1914年提出'深度汇谈'的方法，运用的就是碎片化会话。米尔顿·罗克奇价值观调查表，尝试用在中高层管理者的课堂上也很好。我推荐你读一下列宁的《论我国革命》、美国哲学社会科学家詹姆斯·麦格雷戈·伯恩斯的《领袖论》和美国克里斯·阿吉里斯的《组织学习》。我的体会，还是要走自己的路，时代呼唤能够引领大众走自己特色之路的领袖和一大批优秀的领导者。"

**生而为人的意义**　小兰接到任务，写一本书，主人公是大庆油田采油女工刘丽。

小兰："我该怎样写这样一个人呢？"我说："刘丽的事情确实感人，她是一个大写的人。从你的叙述当中，感觉到她父亲在教育刘丽成为今天的刘丽的过程中起到了非常重要的作用。如果是我的话，我会首先采访刘丽的父亲，就从刘丽很小的时候开始，多了解生活上的细节。这些生活上的细节，恰恰是造就今天的刘丽的最重要的部分。接着就采访刘丽，我会让她从记事开始聊，尽量先不聊跟工作有关的事情。能够让她成为英雄般的刘丽的过程，一定是她从记事开始就已经在这个过程中了。你来写这本书，如果我是读者的话，我更感兴趣的不会是刘丽今天的成就，而是刘丽在很小的时候经历的那些事情。那些事情告诉读者应该怎样教育今天的子女，应该怎样走过初入职场那几年，应该怎样看待自己今天工作的状况。如果我来写这本书的话，可能浓墨重彩的部分，不会是她在工作上创新创效，她在工作上如何痴心、如何投入、如何勤奋。我可能会写八小时之外的事情，那是有血有肉有灵魂的领域，能够更加彰显刘丽八小时之内为什么是这样的！这本书带给人最大的思考应该在这里。"

我又说："我感觉刘丽，她是她父亲的延续，某种精神上的延续，或者是某种使命上的延续，应该把它作为一个整体来看待。你没有跟我谈她是怎样对待自己的孩子的，也没有谈她的家庭。我觉得把她的原生家庭和自己的家庭放在一个整体的背景里，放到她英雄般的事迹里，应该是最自然的。我觉得她爸爸和刘丽都是活明白的人，活得很主动很清晰。"

小兰说："太好了！活明白的人！"我说："其实她倒不一定非要做一个优秀的石油工人，石油工人只是她完成她自己的一个偶遇吧！像这样精神境界的人，她做任何事情都会是这样的。并且她取得的这些荣誉，我相信在她看来，并不是多么了不起或者多么需要宣传，只不过能证明她能达到的高度而已。我猜想其实她和她爸爸更看重的是那个高度。"

小兰问："生命的高度？"我说："这本书其实它不应该是写石油的，

它不是写某个行业的，它应该就是写人的，写人与人互动的意义，写生而为人的意义，写刘丽只是这意义中一个投射，一个细致入微的透视！通过对一个生活在基层的普通人的描写来完成对这份意义的透析，这考验写作者的功力。刘丽恰恰是在最基层的最普通的位置上完成了对生而为人的这份意义的诠释，这个反而比对轰轰烈烈的、干大事业的诠释来得有意义。这个高度应该就是作为一个人应该怎样活着、应该完成什么样的意义，是这样的一个高度。"

小兰说："对对！这就是我想说的，生而为人的意义！"我说："其实生活在我们身边，或者生活在这个国度中很多看上去轰轰烈烈的人物，并没有达到这个高度。但是刘丽达到了！所以这本书是非常有意义的，它的意义就在于不仅她达到了这个高度，而且是在最难以达到的位置上达到的，就是基层的普通的岗位。刘丽的这个事迹可以感染所有人，不仅是中国人，也可以感染全世界的人。"

小兰又说："她最可贵的是没有现代人常见的彷徨，没有现代人常见的困扰，就是那么安心地在自己的最普通的岗位上。"我说："你在写这本书的时候应该抱着一种轻松的态度，而不是沉重的。也应该抱着一种很自我的观察者的态度，而不是想试图通过这本书去震撼世界。不但是轻松的、自我的态度，而且怀着一颗非常充满好奇的心。但我觉得一切都要从采访开始，大量的采访，写书还为时尚早。如果让你写这本书是一个政治任务的话，你肯定很难完成这本书。因为他们肯定是有起止时间的限制，什么时候写什么时候交稿。而像我刚才说的，就做不到。起止时间在这件事上没有意义，有意义的就是很轻松的、一点不着急地去写。甚至你可以花一生的时间去做这件事。"

小兰马上说："只给我几个月的时间！"我说："所以你若迫于压力去写这本书，我想这本书写不好，写不出来。所以在写这本书之前，你应该跟各方达成共识，告诉他们你的决定就是轻松的、自我的、不着急的状态，从采访开始去写这本书。大量的采访，我觉得百分之九十的工作，就是放在采访上。而采访能否取得成功，不在于对方怎样叙述，而是在于你问些什么问题。我个人看来你问的问题，关于她父亲的，甚至关于她父亲的童年，关于这个家族的历史，然后一直到刘丽出生，一直到现在生活的所有的细枝末节，这本书最有意义的部分一定是在细枝末节的部分。我刚才在想，如果我是这本书的读者的话，我还会希望看到，一个与刘丽同时期的全世界有作为的人在做什么。比如说你要写到刘丽八岁的时候，那与她同龄的名人八岁的时候在干什么？我作为读者，我会想，这是一本以刘丽为主角、全世界为背景的这样的一本书。这本书应该写的就是家族、民族、教育，还有生而为人的意义。生而为人的意义，全世界都应该是一样的，不应该有分别。"

小兰感叹地说："就是想让您告诉我这个！现代人应该思考的人生命题。太好了！已经完全够了，您讲的这些没有人能告诉我。"我说："像刘丽这样的大国工匠，应该成为我们国家这个时代人人学习的楷模。我跟你讲的，也是有感而发的心声。"

**与隐者说**　有高中同学大学毕业后下海经商，不算成功，便去山里隐居，我戏称他隐者，常与他深夜畅谈。

隐者："脱贫若再返贫，会挺惨。"我问："为什么？"隐者说："那将少了信誉而多了埋怨。"我说："几十年来，中国使五亿多人摆脱了贫穷啊！同期世界只减少了四亿贫困人口，世界贫困人口净增了一亿。就这点来说，中国对世界贡献很大。世界银行的一份报告说，这对于人类来说是史无前例的。"隐者说："中国人要养活自己不容易。不过，中国取得的这份成就跟科技进步有关。当然，也与改革开放有关。否则，也没有科学的春天。"

我说："科技固然重要。熊彼特说，科技会带来'创造性毁灭'。但中国取得的成就，主要还是靠几十年探索出来的这套独特发展模式。中国人不能不讲政治，特别是今天。今天有些知识分子似乎天生要跟政治绝缘，这是一目了然的做作！亚里士多德说，人是天生的政治动物。有些人说不谈政治，其实就来自某种政治动机。中国今天需要大政治家，才能应对百年未有之大变局。李光耀说，中国几十年来一直由十几亿人中的杰出分子在掌舵。这评价其实很高啊！"隐者说："用人就要用从基层上来的人，经验丰富。"

我说："中国40年来成就巨大，堪称历史上的奇迹。"隐者说："现在很多人之所以搞不清中国经济崛起的原因，就是因为总是看不到看不清甚至不愿看1949年至1979年的巨大成就，总是从后40年找原因，这是不可能找到的。只有从1949年开始梳理，才能清晰明了地总结出今日中国的成就。"

我说："这见解深刻！甚至要从五千年中找原因。中国40年来的巨变，取得巨大的成绩，内在原因有三个。第一个是聪明，第二个是勤劳，第三个是缺少宗教信仰，人们缺少底线，客观上致富手段不受约束。外在的原因也有三个，第一个是共产党领导走社会主义道路，第二个是改革开放，第三个是世界上恰巧这40年没有打仗，处于短暂的和平时期。"

隐者说："有人说中国搞选举，会使民族问题、边疆问题、宗教问题、贫穷地区的发展问题变得严重起来。我看，这话说得没错。"我说："意识形态的首要部门不是宣传口，而是组织口。"隐者说："精准！组织口不作为的问题很多人看不到。现在看来，东北的吏治问题就很严重，使经济发展受到极大阻碍，有些地方很萧条。而世界上，感觉一批极右分子在欧美日等一些国家开始执政。你看他们上台后发生了多少诡异的、不可理喻的事件。"我说："逆全球化正成为趋势，2007年的这场经济危机还没有过去。这不禁让人想起恩格斯说过，资本主义世界的自我毁灭就如同行星撞向太阳那样不可避免。马克思也说，经济危机是资产阶级自己用法术呼唤出来却不能支配的魔鬼。一份报告说，全球最富有的85人的财富总额，相当于世界上35亿贫困人口所拥有的全部财富。当今中国最富的1%家庭占据了30%家庭的财富。两极分化问题不解决，就不能说是成功的发展。"

隐者说："私有制与民主两大问题，考验我们的执政智慧。"我说："恩格斯论述过家庭、私有制和国家的起源，有其规律性。民主，要看是谁在享受民主。列宁说，民主化并没有消除资产阶级操纵国家的本质，而是进一步暴露了这种本质。孙中山说，民生就是人民的生活，这个问题就是社会问题，故民生主义就是社会主义，又名共产主义，即是大同主义。这话是他讲的，听起来意外而有趣。"

隐者说："现在有些学者的水平都不如几十年前的孙中山。"我说："南怀瑾对话彼得·圣吉时也说，中国文化几千年，必定会产生共产主义、社会主义，这是一个必然趋势。"隐者说："到底什么是共产主义？马克思说的还是很精辟的。马克思说，共产主义是所有人真正解放的、以彼此自由发展为条件的联合体。现在网络发展这么快，我感觉人类将由网络形成松散的自由人联盟。那就是共产主义的互联网+。"我说："人类的社会制度，如同人类各族的饮食、建筑、服饰，不可能尽同。适合的社会制度就是好的，人民有社会制度的选择权就是好的。迄今为止，太多的社会制度理论是假设的，得到验证的理论总是少数。实践，才最有发言权。所以，各国必须得蹚出一条自己的路子来。"隐者说："至少不要对他人的路子指手画脚。"

我说："过去或现在的国家，还是以民族、地域、宗教、政治信仰、经济发达程度、生活方式等特征来呈现的。将来，我想这些特征会渐渐模糊以至消失，代之以部落式的散居形态、追求共性精神生活的一些特征。"隐者说："这是我喜欢的生活方式！"我说："动不动对其他国家的社会制度指手画脚，确实是愚蠢的、可笑的、也是无聊的，还处在对人类社会形式的认知的初始阶段的表现。人类有几百万年的进化史。建立和推翻社会制度是人类区别于低等动物的标志。人类作为富有智慧的、高级的、社会性动物的重要特点，就是不知疲倦地推翻自己之前所建立起来的社会制度。任何一个社会制度的自我毁灭都如同行星被吸入黑洞那样不可避免。社会制度没有最终形态，只有更迭，当然有时也会出现复辟或低级轮回。"

隐者说："人类会在自己的创造物面前感到迷惘和不知所措。"我说："我们应该讴歌人类所经历过的任何一个社会制度。当然包括资本主义社会制度。并且要特别地讴歌她。因为迄今为止，在很短的时间内她对人类的贡献最大。如果制度能够约束人性的贪婪、自私，那就是好制度；如果制度不能约束人性的贪婪、自私，就不是好制度。但如果制度能够顺应甚至利用好人性的贪婪、自私呢？那就是更好的制度。市场经济制度就在很大程度上利用了人性的弱点，当少数聪明的人疯狂聚敛财富的时候，无形中为社会创造了更多就业岗位，加快增长了全社会的财富。"

隐者说："当前还是要大力发展私营经济，保护私有财产。"我说："人类所有走过的路，当初大都是创新之路。后人若亦步亦趋地重走，才真正有危险。当前，我总感觉汉奸比腐败分子更可怕。"隐者说："真有本事就闯出一条新路！"我说："世界各国的国情不同。中国的发展速度这么快、成就这么大，我预感将来世界上会有更多其他国家愿意借鉴我们的模式。"隐者说："所以，不要打标签，踏踏实实闯路要紧。"

从某种角度说，一个人的圈子就是这个人的本质。现实中，一个人会有很多不同的圈子，大大小小、或远或近、有亲有疏。但假如将圈子看作靶子，从外向内的每一环，都标示着愈发靠近他的内在需求与心声。

我们观测一个人，有时只需看他与谁同行。

有些场合，只需一句有洞见力的提问。

一次，我与几位领导坐在一起聊起家庭。大家忽然发现，自己都将父母、子女、兄弟姐妹的关系放在比老婆更重要的位置。我说："其实，很多问题就是由这种错乱的序位派生出来的。一个人的第一关系，当然应该就是与配偶的关系。"其他几位领导都摇头，表示反对。我说："我只问一个问题，你们希望父母爱子女多一些还是父母互相爱多一些？"大家纷纷说，当然是希望父母之间相爱更多一些。我笑而不语，几位领导恍然大悟，都心悦诚服地说，看来一个人的第一关系就应该是与配偶的关系。

人生的错误大都是由摆错序位开始的，管理也是如此。

洞察到问题，不一定要马上"解决它"。

一位年轻人很爱读书。一次，他与我谈到读书。我说："一天只读一页也好，甚至一句话也好，不要贪多。"年轻人惊奇地说："感觉脖子一下子就松弛下来了。"

又一次我们聊天，我说："以后我们总有一天不再说话。双方只要有一方不想说，对话就不会发生。不想说话的理由有很多种，例如不必说对方懂的或不必说对方不懂的。"年轻人即时反馈说："我的身体一下子放松了，概念性的思考也停止了。"

瞬间让人放松的力量，有时是惊人的。

我对年轻人的两次觉察，都是发现他一直纠结于理论问题，而没有彻底将自己投放进实践。

对不同角色者，洞察带来的意义也是不同的。

学者可以将复杂的事情讲得很深刻，但领导者要将很深刻的道理讲得很简明。对学者型领导而言，洞察的意义在于既要将复杂的事情研究得很深刻，又要将深刻的结论简明地表达出来。

凡事都与组织的文化建设有关。

有一家公司聘用了一名来自对手公司的工程师，这位新人告诉管理层，说他从那家公司带来了很多重要"机密"。总裁得知后暴跳如雷，要这位新人把秘密"烂在肚子里"，说他再也不想听到诸如此类的偷窃念头。

洞察到"偷窃"将会带给组织的影响，才能理解这位总裁"暴跳如雷"的原因和要新人把秘密"烂在肚子里"的做法。

将不同的事物相关联，一定会产生创新，但前提是需要洞察所关联事物的本质。

同事："那老师，您觉得通用人工智能的应用可以如何赋能行动学习课堂？"

我："有趣的问题！我没有考虑过这个问题。但我相信人工智能将会对各个领域起到颠覆性的作用，其中就包括行动学习的课堂。首先，从传统上看，催化师的提问能力训练是漫长而艰难的，人工智能可以提出很多洞见性的问题。其次，对催化师来讲非常难做到的是选取、组合和创造合适的工具，而掌握大量以结构化研讨流程为特征的工具是AI的优势，它是可以提出建议的。最后，或许是最重要的一点，就是催化师的点评能力的提升也是相当漫长而艰难的，而人工智能显然在这方面更具有丰富性和客观性的优势。"

同事："是否可以作为实时的知识或信息输入，相当于让AI作为一员参与进来？"

我："这虽然是AI的优势，但并不是行动学习课堂上最需要的。因此，回答你的问题，更需要对行动学习的本质有洞察，倒不一定对AI的优势有多么深的洞察。"

同事："行动学习是否有一个永恒不变的'本质'？"

我："如果人类学习的基本原理不改变的话，那肯定行动学习的本质也不会改变。但是很有可能人类学习的基本方式会发生改变，那恰恰是由于AI的诞生，例如通过脑机接口直接输入数据甚至输入各种体验感。但即便如此，AI也并不能改变人类学习的原理，只是它大大缩短了人类学习的进程。"

向内洞察是向外洞察的前提。

向内洞察有两点最重要：

第一，要搞清楚自己到底想要什么。

这并非是一个容易回答的问题。很多人活了很久都没搞清楚这个问题或自以为搞清楚了。何况，每个人生阶段对这个问题的回答会是不同的。

第二，要发现自己的长处与潜能。

这不去试试倒不一定会发现，勇于尝试的意义就在于此。通常并不是每个人都会比了解自己的短处更了解自己的长处，尤其当领导者从组织需要的眼光打量下属的时候，他会比下属自己更了解他们的长处。取长补短是完人思维（生活中人们评价一个人是否优秀，常常并非从这个人具备何种能够完成特定任务的能力去考虑的），取长补长才是管理思维（任何人取得的成果只能来自运用自己的特长）。"短"，只要不突破底线，就不必太在意。毕竟"补短"的成本通常要高于"补长"的成本（至少在意愿上人们也会回避"补短"，总感到"补短"会令自己不舒服）。

事实上，以上两点正是自我认知的重点。

了解自己到底想要什么，并不是一件简单的事。了解到自己到底想要什么，能做到不被干扰、不产生动摇也很难。

与同事在微信里有一段有趣的对话。

同事："又要搞什么石油人健步大赛了。这次我决定不参加。人怎么能跟狗一起比赛呢？他们把手机放在狗身上，让狗跑几圈儿，一个月能跑50万步。就为了得奖品，一等奖听说是自行车。我都知道得一二等奖那几个人特别懒，饭后一圈路都不走。后来才听说他们用狗参赛。"

我："好有创意呀，我笑死了。我知道有手机摇步器。你是不是单纯地以为那些走步多的都是走出来的？真正的散步达人，人家不把手机带身上。在朋友圈里发跑步路线之类，大体与此相似。真要发自内心做某件事，何必满世界喧哗？"

同事："这次您参赛吗？"

我："我不参赛，因为弄手机下载APP还每天发步数对我来讲是浪费时间。虽说组织这类竞赛是鼓励大家运动，但我已经坚持健身很多年，例如来学院后每次餐后走4000步，每天投篮200个，还打拳和练功，我知道自己想要什么。假如你说的用狗参赛的人就是为了奖品，我觉得仅就完成目标而言他们不应受到指责，因为他们找到了完成目标的捷径。"

实践出真知吗？要视实践的思想前提而定。

一次，与一位领导聊天。领导说："实践出真知，这话对，但为什么有的人一直在实践，却不出真知呢？"我说："目标太低，只求不出错，只求让领导满意，只求个人职位晋升。没有坚定的理想信念，没有宏大的目标，就出不了真知，最多总结出一套明哲保身的处世哲学与庸俗的人际经验。"

优秀的领导者所要做的是，将宏大的目标分解成为每一个都可以经过努力而实现的阶段性目标。

事后的洞察，也是有益的。

我某次履新的时候，在原单位办公楼台阶上，一群人送我。其中一位大学毕业刚刚参加工作不久的女生说："我能跟您拥抱一下吗？"我脱口而出地对她说："在这儿？"于是没有拥抱。事后我觉察到自己的言外之意，颇为羞愧——尽管客观上这对她确是一种保护。

洞察内心，比洞察未来重要。

一位年轻人问我："优秀的领导者能够很好地面对未来的不确定性，是这样吗？"我说："不是的，优秀的领导者并不在乎未来的不确定性，而是坚定自己的信念和笃信自己的判断。所以，他一直活在确定性里，每件事都能竭尽所能办成。即便哪件事没有办成，他也不划终止符，而是寻找方法，一战到底，直至胜利。"

心之所向，则孕未来。

关于未来，至少有三点是确知的：

1.未来是无法确知的。

这一点无须讨论。尽管某些部分的未来在今天甚至昨天早已出现。譬如一个人，他的肉体总是要衰老以至死亡的。还有，人类总是会越来越聪明的，人的寿命也总是会越来越长的。更不用说种族主义会渐渐被新的思想所取代，也不用说AI技术会被更广泛地运用，而星际航行迟早也将成为现实。

但仅仅是这一小部分初露端倪或已经成为现实的未来，都足以引起各种组织的深思，从中挖掘无尽的机会。

2. 未来只能通过今天来创造。

严格来讲，未来不等于明天。因为如果今天什么都不做的话，明天就是确知的。但明天确乎是未来，因为明天谁也不能保证太阳还会升起。明天永远不会到来，到来的只能是今天。未来也永远不会到来，今天做所的每一件事都是昨天的未来。今天就是昨天的明天，昨天则永远消失。这些很像"废话"的话并没有什么特别的新意，但它们对活着的人具有深远的现实意义。

3. 未来的线索一定在昨天有迹可循。

未来肯定不会是过去的样子，但总有影子可寻。譬如一个人如果能够很深入地解构自己的过去，那么通过评估他的过去对他的未来所产生的影响，就一定在某种程度上可以预见他的未来。那些他所不能改变的事情，当然也包括在他的过去里。对一个组织，也可以通过这样的方法去预见未来。

此外，预见未来还必须特别关注：

1. 行业外有哪些新技术出现。

优秀公司的发展，很像Z字形叠加起来的路线，往往要借助其他行业的新技术，向上走到一个发展平台，然后再借助其他行业的新技术，再向上进入到一个发展平台，以此类推。

2. 行业内有哪些人提出"荒唐"的、"不现实"的想法。

回过头来看，所有重大的创新，起初都曾被视为是"荒唐"的、"不现实"的。

3. 主流客户之外的小散客户们的价值观。

从结果来看，一直以来都是小散客户们的价值观在引领着时代的发展趋势。换句话说，一切产品的品质，都应由客户定义。以客户为中心，事实上就是以品质为中心的另一种说法。因此，追求最优化永远比追求最大化更重要。

回顾人类的文明史，几乎所有足以影响人类历史进程的重大发明和创造都源于以上这三个条件。

但预见未来的目的并不是坐等或期待它如期如愿地发生，而是提前做出决策并立即采取行动。

准确地说，我们唯有持之以恒地做出系统性创新的艰辛努力，才能拥抱无法确知的未来。

洞察到自己的恶念，善念才可能诞生和强化。

一位同事说："公司门前刻着'为人民服务'的大石头很好看，想敲下来两块放鱼缸里。当然没敢敲。但每次走到那块石头跟前，都不敢直视，觉得那五个字很有震慑力，感觉自己做贼心虚、鬼鬼祟祟。走到公园里别的大石头面前，偶尔也有这种感觉。这种感觉让自己很不舒服。而之前，看见好看的石头都要走到跟前，坦然地欣赏和抚摸。"

很多人都说"眼睛是心灵的窗户"，这句话却使人们忽略了对表情的解读，影响到对人及事情的洞察。

我的新书即将上架，责任编辑跟我说："下周京东、当当平台会做新书预售，到时会请您录两段短视频讲一下这本书。"我说："我之前为《管理者怎样学习》录过两段视频，放在视频号里了。"责任编辑看了，说："确实是第二个比较好。"我说："我在国企太久了，好处是了解国企，坏处是国企人的表情很呆板，这种呆板的表情其实有着很深的含义——不敢、不愿表态和负责。"责任编辑说："您善于自我剖析，您说得太精辟！这是国企通病，都在打太极甚至甩锅。"我说："我不喜欢自己录的视频，但讲课的视频觉得还行。录视频的动机让我说话不自在，而讲课是有具体对象的。"

电视新闻里总是播报各种会议，常见到那种面无表情的表情（说不定内心里翻江倒海）和僵硬的举止，甚至怀疑是不是静止画面或身体健康有什么问题。想想，什么时候从大人物脸上看到生动的表情和灵活的举止，国家发展定会大不一样。

很多问题解决不好，往往是因为直接从解决入手。

不急于解决，才会更好地解决。

要先向前看，未来几年或十几年里，这个问题需不需要解决？其他组织是否遇到同样的问题？其他组织正在解决什么样的问题？还有什么问题需要优先解决？还有什么更重要的问题是我们没有发现的？

当确定要解决什么问题的时候，也不要急于着手解决。要先洞察问题的本质，这究竟是什么问题？导致什么现象发生？发生这些现象的内部原因是什么？外部原因是什么？主观原因是什么？客观原因是什么？深层次原因有哪些？根本原因是什么？只有找到根本原因，才能据此制定精准的目标。

准确地说，没有问题要解决，只有目标要实现。问题只是目标的线索。从问题到目标，需要通过上述程序来转化。

目标越精准，措施才可能越精准。实现目标最有效的措施一定源于深刻理解战略、源于强有力的团队、源于创新。化愿景为行动，一般来讲要经历五个层级：第一，战略；第二，原则；第三，标准；第四，方法；第五，创新。例如只要团队中有人讲措施，就对照五个层级检验这条措施（属于哪个层级、是否契合每个层级的要求），团队成员通过洞见性提问促动这条措施落地成为创新。一个行动方案只要有一条创新的措施，并且真正去实施（哪怕效果不够明显），就是不错的行动方案。

最后，目标要任务化、任务要简单化（任何人稍加训练就能完成）。对管理者的自我成长来讲，直觉要条理化、经验要抽象化。对组织的发展来讲，组织所发生的意外事件要制度化、所生成的方法要工具化、全部的创新活动要系统化。


某些显性目标，其实只是实现某个隐性目标的结果。

我在大庆油田热电厂任党委书记时，电厂排烟形成石膏雨，环保部门下发了整改通知书。在会上，我说："整改石膏雨是显性目标，但安全、清洁、高效却是显性目标背后的隐性目标。所以，治理石膏雨只是完成隐性目标的手段。我们今后遇到任何事情，都应该首先考虑，这件事的隐性目标是什么？这样往往会使我们的工作既高屋建瓴，又环环相扣，甚至事半功倍。"

洞察力使得人文情怀能够发挥其功能性。

任何人都不可能没有属于自己的一份人文情怀，但作为领导者必须给自己的人文情怀匹配敏锐的洞察力。好比性能再好的飞机，也要靠起落装置才能实现效能。领导者的洞察力，能够使自己的人文情怀真正成为功能性的领导力要素。

直觉与嗅觉源于经验积累。

**知其不可而为之**　我曾两拒去油田培训中心。第一次，我的第七任部长问我："愿意去高培吗？"我说："我是做干部管理工作的，组织决定的事情，我一定会服从。"他说："只是征求意见，怎么说也是咱们部里的事情。"我说："那就不想去。"他问："那你愿意去哪里？"我说："除了高培，任何地方都可以。"过了一阵子，我们又上演了与这次一模一样的对话，他最后问："如果去边远的三级单位，你也愿意？"我说："可以。"第三次，他跟我说："组织决定了，你就去高培吧，二级单位，收入又高，还主任书记一肩挑，部里支持你也方便。"我说："我服从。"

他第一次跟我谈的时候，直觉就告诉我最好不要去，会被告。因为以我的主见和做事风格，我可以预见我会做什么以及做到什么程度，而那将与高培原来的文化格格不入。后来我才知道，调我去高培是领导早就决定的事情，对此我倒并不感觉意外。

有趣的是，调到中国石油管理干部学院之后，本想一门心思治学，推动企业内训和行动学习法，却也被告。直到集团人事部干部处长亲自找我谈话，问我究竟什么是行动学习法，本以为他只是大概了解一下，我只讲了五分钟，没想到他竟然又用了近一个小时的时间要我详细地讲，我才知道事情的严重性。无怪行动学习的创始人瑞文斯说："行动学习的结果是一种微观政治，除非组织中有一些人在准备为行动学习而战，否则任何组织都不可能接受行动学习。"亲身体验，此言不虚。

但追溯自己被告的历史，其实第一次是发生在做干部管理工作时期，这自然是非常好理解的。三波的告状者的动机何其相似，这倒是让自己些许聊以自慰的，因为这让我想起恩格斯在马克思墓前讲的一句话："他可能有过许多敌人，但未必有一个私敌。"

**私教课** 一次与两位老师交流到深度觉察的话题，我便提到今天早晨的经历。我说："今天早餐跟段老师聊天，他说昨晚一个学员问他：'晚上8点能结束吗？'他反问：'你希望几点结束？'然后段老师跟我说：'当某位学员说出类似话的时候，老师要小心影响到接下来的课程会带给全体学员一种不公平的潜在风险。'我说：'几乎所有的老师都没有意识到这种风险的存在。我在这一点上是吃过亏的。但吃了亏之后，并没有产生明确的认知。直到你说出这段话，我才有了明确的认知。'"

我接着说："我们又谈到何以为师，段老师竟然用我从未见过的表情和口吻说：'有的老师的长相就是不合格的，因为透着一种没有信仰和底线的气质。'我很震惊，同时很赞同。我说：'这话听起来极其主观，但又非常符合现实。'他说：'学员从老师脸上读出来的内容如果与所听讲的内容相反的话，那么教学效果就会是相反的。老师讲得越好，教学效果越差。'我虽然非常赞同，但是依然感觉很震惊，因为这番话完全不像是段老师一贯的风格，但这恰恰就是他。"其中一位老师说："他这段话，我非常坚定地认为是对的。"另一位老师说："我以前做项目的时候，有每个老师的画像，以对老师进行甄别。但是没有把老师长相纳入进来。"我说："有深爱者，必有和气；有和气者，必有愉色；有愉色者，必有婉容。"这位老师说："赞同。"

我又接着说："段老师说：'我与老师们交流，只要问一个问题时对方脸上茫然，或对方提出'这件事情其实可以请中介公司很快完成'，或其发言跟他授课的内容大体一致，那么基本上可以判断他属于搬运工式的老师。'每次跟他近距离接触，我都像是在上一堂私教课。哪怕他是在课堂上给别人讲课，句句听来都像是讲给我听的。我很庆幸中国石油有段老师。同时，很困惑中石油只有段老师。而且，又是非主流。"

**恶行常以美德为拐杖。**

但若修得一双深具洞察力的慧眼，则世间种种恶行将变得十分蹩脚，寸步难行。洞察力并非一定使人变得能言善辩或灵活机警。与此相反，洞察力往往使人沉稳厚重，甚至是讷言缓行。

领导者要洞察自己的威信来自何方。如果觉察到自己在他人眼里是魅力型的领导，就要小心了。自我感觉不错，往往会相信自己总是正确的。更不要将注意力过多放在增强自己的魅力上，这将会慢慢放松对自己核心能力的培养。

对领导者来讲，唯有在无意间展现的魅力才是有意义的——但也仅仅是锦上添花。如果领导者能够努力不使自己的魅力误导他人（这种误导他人是十分常见的），那就必须将自己的魅力看作某种技巧和手段去无意且有限地运用。

只言片语间，都可以洞察。

一次，听一位老师讲："好几位老师很自豪地说'课程讲到哪分哪秒，正好讲到哪一个字，丝毫都不会差的。'我的每堂课都得重新设计，而他们一门课讲多少次都不会变化的，还当作荣耀的事说。"

我说："他们那不就是以老师为中心吗？以学员为中心的话怎么可能每分每秒讲到哪个字都不差呢？对培训来讲，这怎么应该是光荣的事呢？那不就是无视任何学员的存在吗？要知道下面坐着的是管理者而不是本科生，我们从事的是培训而非教育，做培训就要重视共创，管理者的课堂必然是即时流动着的。"

很多时候，仅仅一句话就能暴露对事情本质的认知。判断一件事情是什么，远比探索怎样做更难——哪怕对从事了几十年的工作，都会如此。

对管理者来讲，时间的真正意义在于当下采取行动。因此，认识时间才能设计任务——做任何事情都是如此。

向内洞察，尤其要警惕自己的语言模式。

一次，我对徒弟说："一个人的语言模式背后就是底层逻辑的问题。所以学习检定语言模式、学习哲学、学习辩证法，就可以为语言做体检。"徒弟说："我发现自己的语言模式还不是很稳定，还得在哲学上多下功夫。"

我说："很多人随口一句话，就暴露出底层逻辑与认知水平有问题。例如前两天一位领导讲'读经典，更需要结合现代知识更新。如果过去的能行，不会有现在，这是常识。'"徒弟说："有过去才有现在，取其精华，去其糟粕。"我说："对，恰恰这才是常识。不过，这段话还有很多底层逻辑错误。"

徒弟问："还有哪些错误呢？"我说："1. '经典'与后面结论矛盾；2. 先假定'读经典'的必要条件是'结合现代知识更新'；3. 先假定'读经典'者没有'结合现代知识更新'；4. 经典是过去的，而过去的不能行，所以经典不能行；5. 现在的，全都是结合现代知识更新的结果；6. 凡不结合现代知识更新的，都不能行；7. 只'读经典'的人，不懂常识。"

徒弟说："主观判断很容易涉及逻辑上的非黑即白，提前预设越多，灵活性越小。很多预设在潜意识里，意识层面意识不到。您是怎么找到这么细的逻辑错误的呢？其中第3条对我来说最难发现。"我说："文字是被语调语气和肢体语言笼罩着的不够准确的载体，读出那段话的含义在于对国企领导干部普遍心理状态与行为习惯的了解，而对在国企工作几十年的人——学院的人除外，这无疑有着巨大的优势。"

我说："不过严格来讲，运用检定语言模式的目的不是否定，只是起到觉察和警醒的作用。不应视为错误，而应视为可能性风险。"徒弟说："那您意识到对方认知上的风险后，主要用来提醒自己如何和对方沟通吗？还是说会把觉察到的逻辑错误向对方反馈呢？"我说："主要是自我警醒，不会反馈，顶多提问。古人讲，医不叩门，道不轻传，师不顺路，法不空出。"

预设本身没有错，语言中的预设是很常见的。觉察自己的预设才是关键，使预设起到自我推动和自我优化的作用，才会拥有思考的灵活性。实践、认识，再实践、再认识的过程，也是优化预设和验证预设的过程。

创新要从项目开始，即作为独立的业务展开（不要放在现有的哪个部门当中进行管理），由新面孔组成的专人负责（不要由负责现有业务的人员构成），对组织内部用成果说话（没做的事情不要宣传，避免因招惹非议而被舆论扼杀），必要时可演变为独立部门或机构（前提是合并、撤销与之业务相近的机构）。越多这样的项目演变为独立部门或机构，则组织的生命力愈强悍、组织的生命愈长久。

任何时刻，组织创新都将考验一把手的远见、决心和勇气。

传统的力量不只在老人们那里，在年轻人那里一样很强大。

学院里有一位年轻人，打从入职就在我的行动学习的课堂上熏陶。后来她备了一门变革管理的课程，却是讲授式。她的理由简单又充分：对年轻老师来讲，在PPT上码知识，课堂上不费力又好驾驭（在学院传统讲授式老师们中间，有一个词组叫"刷认知"很盛行，说这个词组的时候，颇带着窃喜和自豪的口吻）。

但她毕竟接受过比较系统的行动学习训练，又有一点小小的不甘心，问我怎么把课程转化为行动学习的课程。我花了半天的时间，在催化师训练营里以她的问题为例，完整地将她想要的课程做了出来。她望着写满了字的几张大白纸，迟疑着说："好是好，但我还是觉得讲授式更适合我们这样的年轻老师。"我说："讲授式适合一切不想费力的老师，行动学习对老教师的考验远大过对年轻教师的考验。不过，你自己做决定。"

她的这门课一直到现在，都是讲授式，自然是没出什么乱子。

世间的事大多如此，转了一圈儿还是愿意回到老路上。

组织内部的任何人在任何情况下都一定要相信，创新是可以学习和掌握的一项技能。

熊彼特认为，创新是企业家精神的核心特质。法国经济学家萨伊给企业家的定义就是"将资源从生产力和产出较低的领域转移到生产力和产出较高的领域"，也就是说一切创新活动都是能够赋予资源以一种新效能的新能力（往往是别人照猫画虎都很难达到的核心能力），于是创新活动本身就创造了新资源。可是，这样的企业家精神难道不是组织内部的每个人在本职岗位上想事做事时都应该也能够具备的吗？

创新者要将一切变化视为机遇。在经济活动中，购买力是相当重要的资源。人们只愿意为满意度而动用自己的购买力。合理的价格代表人们愿意接受的价值，真正的价值是组织创造的社会性成果。组织通过创新去改变人们的价值观。

创新不一定必须与技术相关，甚至不一定是实物。管理创新、社会创新远比技术创新重要。

任何组织内部都随时随地可以组织这样的研讨：

1. 我们的组织内部发生了哪些意外的成功和意外的失败？我们如何通过建立健全制度的方式，将这些事件转化为机遇？

2. 我们的组织内部存在哪些不够协调、不够合理、不够理想的现象？其中哪些是稍加努力就可以改变的？其他现象的改变需要满足什么样的条件？

3. 我们在情绪上的波动是什么？例如惧怕的、反感的、喜欢的，它们的背后究竟有怎样合理的因素和正确的动机在发挥作用？对我们的积极意义是什么？如何加以利用？

4. 基于事情的本质及程序需要使我们所产生的想要改变的欲望是什么？我们如何定义某件事情的本质究竟是什么？做好它必不可少的条件和步骤是什么？

5. 外部发生了哪些变化？哪些特殊的事件、人口及劳动力市场的变化、科学和非科学的新知识、社会思潮、产业结构和市场结构的变化、人们的需求与欲望，将对我们产生哪些既特别又现实的影响？

围绕这些问题进行研讨所产生的任何想法，都可以看作创新的机遇，从而转化为创新的起点。

无论怎样，创新必须是全员创新才有规模效应和实际意义。创新可以超前，但不能过于复杂。创新要简单而明确，门槛要低，但必须怀揣引领生活的梦想。创新不分大小，小小的改变也是大大的创新，创新仅仅是一种人人必备的工作习惯和工作方式。再说一遍，观念的创新要比实物的创新更有意义。

全员创新需要在五个方面采取措施：

1. 树立独具本企业特色的人才观，建立灵活高效的人员选聘、薪酬、激励等机制，引导全员通过扎实的工作获得成就感。

2. 系统地废弃一切不合时宜的、低效的、烦琐的制度和流程，任何人都有权通过正式渠道公开提出废弃哪些项目、任务，鼓励每个人都坚决砍掉自己工作中的某些动作。

3. 所有新业务和现有业务中的新动作，都应具有某种优先权，且最好在新机制内运行（但切不可使新业务耗散资源、侵蚀组织的独特定位及核心业务）。

4. 将每个月工作中的创新点作为个人及最小单位（例如班组）月度重要考评依据，以此推动系统化创新机制与全员创新文化的形成。

5. 建立起内部学习机制以取代传统讲授式培训，将个人案例、外部信息分享与相互提问作为主要工具在研讨中进行运用。

同时，还要注意：

1. 绝对不能使创新成为一种作秀。

2. 创新的失败概率很高，必须保持宽容，且维持高投入。

寻求创新机遇的过程中，需要反复提出以下问题：

1. 什么样的活动一直在消耗着我们的重要资源（例如时间、年轻高潜人才）却没有产生显著的不可或缺的成效？

2. 砍掉哪些制度和流程对实现目标并不会产生什么影响？

3. 我们的哪些少数的行为可以很大程度地解释我们的成功？

4. 我们本该采取却一直没有采取的行动是什么？

5. 哪些"一直在做的事情"可以被新的事情所取代？

6. 外部的什么信息和变化让我们感觉吃惊或受到威胁？

对每个问题的回答，都可以当作创新的机遇来对待。

对企业来讲，成本最低且效益最大的创新永远来自企业外部——创造性地汲取其他行业和处于分散状态下的前人的成果。当某一项新事业或新技术出现征兆的时候，一定是因为包括新知识、新见解在内的各种元素刚好齐备，而聚齐这些元素所需要的时间可能长达数年甚至几十年。这要求企业的情报触角必须非常广泛、获取的情报必须非常及时、对获取的表面上看来杂乱无章的情报进行综合分析时必须具有颠覆常识的思维、企业家对这些分析结果的敏感性必须非常强——很多情况下也往往只有他自己才是真正懂得这些情报之间的关系及意义并能够据此作出超前分析的人，甚至在某种元素尚未具备的时候就敏锐而毅然地投入研发资金设法聚齐所需元素。

从这一点来说，创新的风险其实很小。周末开车去海边垂钓同样有着不可预知的风险。将一切视为机遇、专注于执行、不轻易放过任何细节，远比敢于冒险重要。将创新者形容为敢于冒险的人，与用诗人的眼光观看拳击比赛没有什么不同。

风险小，正应该是伟大创新的一种特质。

但有一点，伟大的创新并不是一定能够迅速得到市场的反应，人们对创新反应迟钝的例子屡见不鲜。

无论是创新孕育期还是孵化成功后，创新者都需要定力。

创新看似艰难曲折，其实高效地执行远比提出创意艰难得多。没有高效的执行，创意就只是微不足道的念头而已，仿佛一个五颜六色的气泡。人类历史上太多迄今还没有实现的美好念头和曼妙空想，需要漫长的时间才能醒来走进人们的生活。

归根结底，创新与我们怎样看待世界、怎样看待自己、怎样看待人类与宇宙的关系极为相关。这既包含创新的手段，更包含创新的目的。

前瞻力、洞察力与创新力，不是多么玄妙的能力。说起来很简单，只要对弄清楚事情的本质抱有强烈的好奇心、愿意在工作中体验人生、能够约束住自己、坚持按照正确的方式去做正确的事情，就会拥有前瞻力、洞察力与创新力。

## 如何做决策？

具有前瞻力、洞察力与创新力，最现实的意义就是能够做出有效的决策。事实上，从董事长到班组长，每天都面临许多重要且紧迫的问题需要解决，都需要做决策或决定。

在我们身边，擅长做决策的人总是会做出不算差的决策（管理活动很少存在所谓正确的决策，更很少存在或许根本不存在唯一正确的决策。事实上，能够经常做出不算差的决策对一位管理者或领导者来说已经很好了。实际的情况是怎样的呢？绝大部分有效的决策都只是不算差的决策，或可以视为接近正确的决策）。而那些不擅长做决策的人，无论资历与岗位多么显赫，几乎总是做出较差或很差的决策。这是怎么回事呢？

问题就在于，任何决策本身并不存在绝对的好与坏。决定某一项决策好坏的，其实往往是以下几项因素：

1.决策是谁做出的。

一个组织会做出怎样的决策，往往取决于当中某个人（未必是一把手）的意见被多数人采纳，且很可能起初多数人的意见与最终被采纳的意见是相左的（例如抗美援朝决策）。另外，在管理中常见的现象是，只要是自己对立派所做出的决策，都不会被认为是什么好的决策。例如西方的工会组织，基本上会认定，凡与员工利益相关的决策，只要是企业主动做出的而不是由工会方面据理力争来的，那无论决策本身如何，都将是对员工有害的决策。如果谁真的有了一个好主意，首先要考虑的就是交给谁去正式提出更合适。

2.决策由谁来执行。

通常锦囊妙计要交给高水平执行者来执行才会见到满意的效果，而对普通水平的执行者，最好不要交给他特别有创意的决策。甚至高明的决策者会给高水平的执行者下达积极的命令，而给普通水平的执行者下达保守的命令。因此，有效决策的另一种说法是用对了人。

3.何时执行决策。

很可能一项决策在早上执行的话会是一项绝妙的主意，但晚上执行的话就是一项馊主意。时机的把握，常常不是决策者能够做出判断或有必要做出判断的。一项好的决策往往只是放在抽屉里等待时机。

4.在何处执行。

不存在放之四海而皆准的决策。例如一项决策适合在非洲执行，却不一定适合在欧美执行。再如大型企业在全球各地设立研发中心，决策者必须考虑到各地的实际特殊情况，赋予每个战场的指挥官以应有的随机处置权。

5.决策受众对决策的影响。

苹果适合各种体质的人食用，但决策绝不是这样。假设竞争对手叫好的决策一定是对我们有害的，应该大差不差。不同的决策受众对同一项决策的影响一定是不同的，有效的决策一定将受众看作影响决策的首要因素。

6.做决策所需要的重要事实。

决策前或决策过程中要尽可能地搜集事实，这一点看似理所当然，但事实上却很难做到。因为如果对所做决策的性质（例如临时性的决策、永久性的决策、一事一议的决策、普遍适用的决策、用人的决策、针对事的决策、处理遗留问题的决策、应对未来的决策、进攻性决策、防守性决策）、问题的核心（例如用人决策中往往过分在意或敏感于一个人的缺点，但其实最重要的是他究竟能做好什么。而有时的明升暗降，其实是为了避免可能造成的更大损失）没有搞清楚，那么就不知道应该搜集哪方面的事实。甚至有些看似与决策事项无关的事实，恰恰是最重要的、决策者必须知道的事实（例如在应对未来的决策中，没有关注到或没有足够重视其他行业发生的重大技术变革。而这些看似隔行的技术变革，恰恰是足以影响我们未来的技术创新机会）。

7.相关者的意见。

一项决策如果没有经过广泛而深入地了解相关者（尤其是专业人士）的意见，一般不大可能成为有效的决策。反对性意见其实是支持性意见的另一种表达，越是专业权威者的反对性意见越有价值。因此，没有经过充分酝酿甚至没有经过充分争议的决策，也不大可能成为有效的决策。

事实上，上述影响决策的七项因素，正是做决策要考虑的事情，也是有效的决策应该具备的七个特征。

每位职场人士都希望在自己的专业领域内，自己做决策。

顺便说一句，做出一项有效的决策与做出一项低效的决策，其成本几乎没有多少差别——甚至后者更大。

从某种意义上说，决策所需的事实不如决策所需的知识重要，而决策所需的知识远没有决策所需的思维更重要——尤其是那种站在关照整个人类福祉高度的思维。这一点，可否视为包括身处领导岗位上的人在内的一切管理者最重要的领导伦理呢？

有效的决策必然包含放弃、废止，这尤其适合国企今天的情形。一切被描述为"繁忙"和"有干劲"的活动，都需要引起组织的警惕。这意味着绝大部分资源正被这些活动所消耗。

放弃、废止，已经成为创新的关键。那些自以为是地拍脑袋上马的项目、职能不清的机构或部门、工作中多余的动作、为别人制造的工作、轻而易举就可以消除的浪费、从市场上引进的却从事着低技术含量的"人才"、从未被重视和实施过的制度，都源于一次次愚蠢或心怀鬼胎的决策。而这些决策的隐性成本一直高得出乎任何人的想象且无法在任何评估系统里显现出来。

不扫除这些障碍，任何组织都不会有美好的未来。就算暂时没有更好的创意、就算让员工们一时赋闲，也要勇敢地放弃和废止它们。当我们放弃和废止它们的时候，整个世界都会随着本心而安静下来，更深沉和更有创意的想法才会浮现。

关于如何做决策，还要考虑：

1. 外部环境发生的哪一点变化与该决策最为相关？

2. 别人是怎样解决此类问题的？

3. 决策背后所隐藏的价值观是什么？

4. 决策对组织内部哪些人有利或不利？

5. 决策对组织内部业已做出的其他决策有何影响？

6. 执行该决策的关键步骤是什么？因此谁才是最佳人选？

7. 执行过程中发生什么情况就必须纠正或重新做决策？

8. 取得怎样的初步成果就可以说明决策是基本正确的？

如果说所有决策都有风险，或许很多人会同意。但事实上正确决策的风险恰恰是决策收益的某种保证。而错误决策没有风险，只有失败。领导者不应把重大决策当成豪赌，而应只视为一项应尽的职责和正常的工作。决策是对组织绩效的承诺，绝不是展示领导者个人才华的智力活动。

卓越的决策者还知道极其重要的一点常识：重大决策一经做出，在执行过程中仍然需要由各级执行者做出许多大大小小的决策，而越向下趋近基层的操作人员，越需要具有一定的或相应的决策权。

实际上，任何决策都浸透着决策者的品行和认知。

通用汽车有一次执行委员会会议，全部三个小时都是用来讨论一个小型设备事业部的助理制造经理的任命问题，那可是一个级别相当低的职位。一名与会者问时任CEO的斯隆："你让十几个身居高位、如此忙碌的人花三个小时讨论一个级别这么低的人员决策，理由是什么？"

斯隆回答说："公司给我相当丰厚的薪水，就是让我来做重要决策的。还有什么决策比如何为一个低级别的管理职务物色人选更重要呢？如果那个助理制造经理在上任之后才被发现不能胜任，那么我们这些高层再怎么聪明也没有用啊。结果是在他那个级别上取得的，而不是在我们这个级别上。还有，如果后来才发现他不能胜任，纠正错误要花的时间会远远超过三个小时。"

斯隆能够被后世称为"20世纪世界第一CEO"，一定是有理由的。因为对一位领导者来讲，品行和认知的重要性最好也只能体现在决策上。

对大型国企来讲，对分公司一把手的任免是最重要的决策。毕竟不论多么正确的战略，都需要他们来正确地执行。他们当然也做决策，且围绕着他们所肩负的主要任务：

1.敏锐地洞察外部环境，确定和调整本企业的战略。

2.着力培养骨干人员，亲自对重要岗位做出人事安排。

3.集中优势资源与力量，长期地坚持做好主业。

4.重视且致力于制度建设。

5.培育健康向上的、积极进取的企业文化。

6.将创新贯穿于企业的所有活动之中。

7.满怀热情地履行社会责任。

在所有决策中，人事决策始终都会是最重要的决策。

# 七 勇气与担当

**导语**：什么是勇气、担当？勇气与担当是怎样炼成的？

## 什么是勇气、担当？

勇气源于维持个体意志的动机，表现为具有果断性和积极主动性的心理状态。这种心理状态经过人们多次的心理体验有可能转化为某种刚毅果敢的性格，或使人们将心理状态与性格特征发生混淆。勇气与胆量不同，胆量属于性格范畴，而勇气只是具有暂时的稳定性。勇气属于士气状态的范畴，其特征是决心去冒险，同时感到害怕，或完成惊险任务又感到后怕。

担当的含义是：虽然没有人强迫我，但这是我义不容辞的责任，所以明知要付出很多，也必须不顾一切地去做。

勇气与担当使人敢于负责、敢于牺牲、敢于胜利。

## 勇气与担当是怎样炼成的？

敢于直面现实者，总是有勇气与担当的人。

毫无疑问，对管理者来讲培训课堂之外的课程才更重要。管理者的所有遭遇，无论悲苦抑或欢欣，都当视为人生的必修课。

在2010年7月我的生日那天，我从工作了13年的党委组织部调任大庆油田高级人才培训中心主任兼书记。至2014年又恰逢我的生日那天离开这个岗位，整整四年，经历了我的职业生涯中一个重要的时期。这次调任有一个意味深长的细节，我的第七任部长三次找我谈话，征求我的意见。部长说这个岗位是"一肩挑"，收入在二级单位也相对较高，总比去三级单位强。我三次都表示服从组织安排，但表示内心不希望去那里任职，除此之外的任何一个岗位我都愿意去。因为在我的直觉里，仿佛一眼就看到自己在那个岗位上愿意或能够做些什么，而那势必与那里的旧有价值系统发生冲突，我知道注定会有什么样的后果在等着我。但恰恰是这四年，是我对企业培训形成基本的感性认知的最为重要的阶段，其间的探索无论对于我个人还是对于组织甚至对于整个国企的培训工作来讲，现在看来都是一种真实而有效的可贵积累。

12年后翻阅那一年自己的博客，写于7月22日的一篇名为《关于培训》的博文映入眼帘："对企业来讲，培训远比学历教育重要。培训首先不是规模或效益的问题，而是品质的问题。凡大企业，缺乏自我培训的能力是谈不上可持续发展的。高等院校或咨询机构的专家学者，如果对企业缺乏持续的关注与研究，其所授课程的真正价值便不大。持续地关注与研究个性化的企业，是他们提升授课品质的唯一出路。从事培训工作的人，首先必须是最会听课的人。培训机构的硬件越是简陋，越显示得出从事培训工作的核心竞争力。现实是：用很多钱来培训一名领导干部，往往不如用这些钱去培训50名工人。理想是：用很多钱来培训一名领导干部，胜过用同样的钱去培训1000名工人。在现实中实现理想，是最难的事情。"

网友们的留言似乎可以从更多侧面解读这篇博文："公司领导真是高瞻远瞩，培训事业需要您这样一位领航人！""现在的领导干部热衷于学习的好像越来越少。好多领导认为干比学重要，没有时间顾得上学习。社会上潜规则太多，需要的是关系而不是知识，学多了反而适应不了社会，会吃亏。""干部越培训，圈子越大。工人越培训，技能越强。理想和现实应该改变了。也可能会发生改变，至少你敢讲出来。""我们的老师用的教材是某某出版社第几版，然而某些外国名校的名教授是不用指定教材的，他时刻追踪着学科的发展，总是把最前沿的东西教给学生，或许他本身就是最新成果研究的参与者，教案仅此一本，学生逃课后是很难补上这一课的。""我倒觉得'培训机构的硬件越是简陋，越显示得出从事培训工作的核心竞争力'，很有道理，彰显着培训机构的信心和底气。""培训者自身的能力是提升培训品质的关键。""更高的理想是让干部和工人能够自觉自愿不惜拿出自己的钱主动积极甚至争抢着去培训，使学习、提升成为他们人生中不可或缺的最大乐趣，所有接受过培训的人都能通过培训获得自我提升、自我培训的能力，对培训或学习机构的依赖性越来越小。""培训的品质就是培训者的品质！在现实中实现理想，难！但却是唯一的路！""过分强调周到服务而淡漠课堂内涵，怎会有人耐得住寂寞、好好地做学问？""必须扭转培训方向！尤其是全局的培训机构。""偶尔到这看一下，不错！见地透彻，然须防小人也！"

最后那位网友的留言真有些未卜先知的味道，与我当初直觉亦相吻合。回过头看，我在那里的四年补上了人生中相当重要的必修课。而与一批志同道合的同事携手走过那段路程，是十足幸运的事情。

所有遭遇都有理由。所有深刻的遭遇都有深刻的理由。

管理者若能将所有深刻的遭遇都视为人生的必修课，则必会发生向内的反思，自己培养自己去走好未来的路。

优秀的领导者勇于接受现实，卓越的领导者敢于创造未来。

"未来会发生什么？"听起来似乎是很不错的问题。但很可惜，其实这样的问题划过脑际，便已经将自己放在被动适应者的位置。领导者的勇气与担当应该体现在能够经常向自己提出这样的问题："我应该创造出怎样的未来？"哪怕是很小的一件事，也欣然去创造。

从优秀到卓越的距离其实很远，却并非差在思想层面（例如现实世界中有很多思想的巨人却是行动的矮子），而是差在绩效层面（更绝非差在职位高低，不要一提卓越领导力就扯到高层职位的人群而应该锁定所有人。事实上，某个团队的全部成员都具有卓越领导力在历史上完全可以找到一大批，因此现实中打造这样的超级团队不仅是可能的，也是完全可以实现的）。把重要的、有价值的事情办成，在卓越者那里几乎是一种看似不怎么费力的行为习惯。

换个角度说，对自认为优秀以及事实上真的很优秀的领导者来说，他们要走向卓越或许真正需要的不是哪些方面的素养与能力，而是远大的理想和抱负（永不满足）。

优秀的领导者或许能够做好很多事情，但卓越的领导者擅长只聚焦做好一两件事情，牵一发（核心业务）而动全身（全盘工作）。至少，聚焦在一个足够小的领域便更容易使自己成为此领域的领先者。

行动勇气是领导者的基本特征之一。领导者普遍拥有一种进取型的士气，擅长唤醒和激发人们潜在的能量，发挥于较具有危险性、冒险性的群体行动中。领导者必须具有与军人、探险者等高危险职业者相同的心理素质，才能在完成目标和执行任务时表现得临危不惧、镇定自若。

想有勇气、能担当，最好到海外去锻炼。

换句话说，在海外往往能够迸发勇气，担起责任。

在伊拉克鲁迈拉油田，数家国际石油公司在此开展业务。

来自中国大庆油田的一家钻井分公司打的第一口井花了75天，而当地的钻井记录是35天。落后的原因较多，其中最重要的原因是我们的国产钻头质量不行。

我们的项目经理决定买国外最好的钻头，但某国严格禁止任何一家西方公司将钻头卖给中国人。这难不倒我们的项目经理，他居然用一连串令人眼花缭乱的操作手法将钻头买到手。

仅用33天，就完成了第二口井。完钻当天他召开庆功会，同时宣布庆功会也是誓师大会，要再破自己创造的钻井记录。

仅用22天零16个小时，他们完成了第三口井。

痛快淋漓。

我将这个故事讲给了一位石油作曲家，他第二天就跟我说，昨晚边流泪边作曲，还将《决战鲁迈拉》唱给我听。

**勇气与担当体现在敢于坚持公平、公正，而非蛮干。**

任大庆油田党委组织部副部长期间，一次某分公司经理找到我，说要开展一项新业务，需要提拔两位中层干部，还说公司老总已经同意。我说："即使老总同意，也要经编委会批给你编制才能办。"他说："我们这种面向市场的企业等不及，编委会一年都开不上一次会。"我说："可以让这两位同志先将业务开展起来，有了工作成绩，再报请编制也较容易些。"经理遂找到部长，部长说下午一起开会研究一下。下午，部长晚到会半小时，经理就与我拍了桌子。部长到场后，也并未达成共识。会后，随经理前来参会的分公司组织部部长给我发来信息："我们经理很生气，但他在车上说组织部里最值得信任的人还是你。"

几天后，公司老总打电话叫我去，拿出一封反映那位分公司经理的上告信，信上说分公司经理违反规定调入一名中层干部任经理助理，老总很生气地问我是否知情。我说："分公司经理助理是需要在我们部里备案管理的，我不知道这件事，但我能理解他这样做的理由，分公司是一家刚刚由几家老单位组建在一起的新企业，历史遗留问题很多，他选用的这位中层干部我有所了解，这个人文化水平虽不高，但做事有魄力、雷厉风行、基层工作经验丰富，分公司经理任他当助理去处理一些复杂的问题，这也是一种选择，比较适合老单位组建为新企业初期的工作需要。他未经备案是违反规定的，或许正准备走备案流程吧，可以批评处理，补批手续。将来分公司运行步入正轨，如果这位助理不再适合，可以调回原单位任原职。"看老总的态度和缓下来，我遂提起几天前的事情，问："他曾说您同意过，我回应他说，即使老总同意，也需要走程序。"老总深深点头，说："嗯，那件事跟这件事不同，放一段时间再说吧。"

对领导负责的准确含义，其实是对事业负责。

看清自身定位，很多时候是需要勇气的。而后坚定地去做自己应该做好的事情，则是敢于担当的表现。

优秀的管理者或领导者必须在培养人方面做出突出的贡献，至少应成为培训活动的主力师资。而企业培训机构里面的学院派老师，纯粹讲授理论虽然可以维护他们的自尊心，但他们最重要的任务不是讲课，而是将我们企业里的优秀人才培养成为兼职培训师，让优秀的中高层管理者走上讲台，让技术专家、操作能手们登台授课。学院派老师从院校毕业就又来到学院里，以他单薄的经历，除了理论之外，怎么能教会管理者本事呢？企业必须告别传统的告诉式培训，走企业内部人自我培训的路子。这一全球趋势早在几十年前就已形成，只不过没有彻底改造中国企业的培训。一个在课堂上讲如何做事的人，应该正是这件事干得最好的人。企业内部专家们能不能讲清楚他擅长干的事情，就要靠学院派老师来教他如何开发课程。会干不一定会讲，会讲不一定会干。应该要求会干的人要会讲，这应作为义务、职责甚至纪律来要求。董事长率先走上讲台，带动经理们走上讲台、书记们走上讲台、处长们走上讲台、总工们走上讲台、技能大师们走上讲台。这应成为风气、成为企业文化。

做事不求多，而求精、敢较真、且能长期坚持下去，这其实考验着一位领导者的勇气与担当。

某年大庆油田党委组织部成立干部监督室，成为最早成立干部监督机构的央企之一。我主抓这项工作，给这个新成立的机构确定了两项长期任务：

第一，实行网上公开请销假制度；第二，对所属企业用人权限的干部选用情况进行大检查。

第一项任务，有效控制住干部随意出差（其实很多是办私事或变相旅游）。第二项任务，从"干部职数有没有、任职资格够不够、选用程序对不对"入手，有效将所属企业干部选用工作逐步规范起来。一次，检查出个别所属企业随意任用总经理助理，我要求："在什么会上任的，就在什么会上免。否则，上报公司党委会讨论处理。"涉事企业很快自行按要求进行了整改。

不久，中国石油天然气集团公司也在党委组织部成立了干部监督处，首任处长打电话问我是怎样开展干部监督工作的。不久，他们也将对所属企业用人权限的干部选用情况大检查列为年度重点工作，还请我公司有经验的同志前去协助开展试点工作。

对领导者而言，勇气应表现在以下几个方面：

1. 能够长期地不顾一切地朝着正确的方向努力（胸中有"虽千万人吾往矣"的气概，外表却温和恬淡）。

2. 经常果敢地摆脱日常事务的缠缚（每天至少拿出90分钟整块的不受干扰的时间，专注地做对组织的未来很重要的事情）。

3. 敢于首先相信他人（无论何种情况下都敢于将自己坦诚地交付出去，以正直和善良待人，哪怕经常吃亏也要这样做）。

4. 正视自己的缺点和过失，使反思和剖析自己成为习惯（不惮于与人谈论自己的缺点和过失）。

5. 急流勇退（感到自己不再富有激情和创意甚至处于事业巅峰时就将自己看准和培养好的继承者扶上马再送一程）。

6. 敢于另辟新战场，向陌生领域进军（不背已往成就的包袱）。

如果大家都知道某件事情不是正确的，那就应该敢于做第一个纠正这件事情的人。

我到培训中心工作后，正值刚刚开展中层干部轮训。我看到承办部门正在着手为结业的学员准备学习用品：一只精美的皮箱，里面放笔、本、由老师授课的PPT印制的教材。仅此一项，预算过百万。我问部门主任："如果只为结业的学员发放一块U盘，拷入课件，会不会影响学习效果？"部门主任诚实地说："应该不会，但现在这样做是惯例。"我说："惯例便对吗？"部门主任说："尽管大家都觉得不对，可这么多年一直这样做。您知道吗？光给一期学员装这些东西，我们部门的人就要干好几个晚上。"我说："我会向领导建议，取消这种做法。"部门主任说："可是，第一期已经发了120多箱。"我说："所以呢？就要继续做下去吗？错误的事情必须有人来纠正。"

当日，我就向负责公司培训工作的领导讲，一只U盘能解决的问题没有必要花这么多钱，领导当即采纳了我的建议。

**在同行专家面前谈论重要问题，尤其没有必要敷衍。**

我："所谓年度培训计划，或许是当今培训界最没有意义的一件事情之一。培训机构如果真的想要作为的话，那么不在自主项目上发力是无法扭转当前这种培训趋势的，那种'告诉式'教学、'拼盘式'项目设计等沉疴痼疾将一直雄居主流。自主项目给培训机构的研发提供了巨大的空间和可能性。问题何以至此？其中重要原因之一就是上面负责培训的人对培训的认知还停留在很低的层面上。"

专家们回应："您说的是真话、实话。""说得太对了！""有深度！""我很有同感，实在不想伺候他们干那些没有用的事了。""但是绝大多数的人都认识不到研发的重要性和价值，不会投入时间和精力。""所以越发觉得向上管理的能力非常重要。"

**心里有话，向领导坦露，既是有勇气的表现，也是本分。**

　　学员："这次先进个人不是我，我很委屈。因为无论如何，评上先进的那个人都不够格，领导就是在搞平衡。"

　　我："为什么不找领导谈？"

　　学员："怎么谈呀？"

　　我："你可以用'我认为''我可以''我希望'的句式讲三句话。第一句，讲你的观点，例如你认为不应该搞平衡。第二句，讲你可以服从上级的安排，你可以顾大局。第三句，讲你对今后的希望，例如希望下次能够被评上先进个人。"

　　学员："好，我可以给领导发微信，就这么谈。"

　　不论事实如何，也不论结果如何，相信双方都能通过这场谈话从对方那里获得有价值的信息。


　　团队的反思能力，往往取决于其中灵魂人物的勇气与担当。

　　成为团队的灵魂人物，前提有三：

　　1. 凭热爱投身于事业。

　　2. 摒弃私心和杂念。

　　3. 看到每一个人的优势。

　　只有具备这三条，敢说话、敢作为才会成为优秀的品质。


　　团队的反思会沉淀为个人习惯、集体记忆与组织财富。

　　在2021年至2023年中国石油天然气集团公司催化师项目里，师资团队几乎在每天的课程之后都要复盘。我在一次复盘时说："习惯才是真正的认知，认知本身并不是。在行动学习的课程中，重要的内容是需要重复强调的。要重复多次，才会生成记忆，再经过多次运用，才会生成技能。"

　　"我们是团队作战。一个老师重复三次，不如三个老师各讲一次的力量来得更大。例如对深度聆听的重要性，要年年讲月月讲天天讲。"

　　"行动学习的过程几乎全部就是案例学习的过程。案例是对故事的分析，故事是尚未分析的案例。因此，如果没有全然投入到对故事的聆听中，就会失去对故事讲述策略的思考机会，这与他人的故事精彩与否无关，而只与自己的故事是否精彩有关。因为懂得讲述策略，会升华故事的精彩程度。"

"团队的个体学习力均值高，不直接等于学习共同体的力量强。其中重要原因，就是态度上的端正与否。"

三年来，我能明显地感受到师资团队的精神力量越来越强大，技能提升也越来越快。这固然与师资团队的大量课堂实战有关，更与每次课后的复盘有关。每次在项目里与他们相遇，我都会感受到他们的个人习惯都打上了我们这个师资团队的集体烙印，也能感受到这份烙印正在成为项目承办方——大庆油田铁人学院的组织财富。

在西方，一家企业的经营目标不是为了通过聘用员工帮助社会安置就业，而是为了使企业营利。而在中国国企，安置就业和使企业营利都是目的。因此，有担当的管理者应该有勇气坚持做正确的事情。

同事："学员们总问，'为什么不多给我们安排重量级的大咖来授课？'有时真不知道应该怎么向他们解释。"

我："你应该问，'然后呢？你们会得到什么？'"

同事："他们会说，'得到知识啊！'"

我："你接着问，'然后呢？'如果他们还不明白，你就问，然后培训就达成目标了吗？"

同事："这又绕回到老问题，为什么会出现不懂培训的人在决定方向上的事情呢？总是以高端师资大拼盘为主，这是一种惰性吗？怎么才能提升组织的自纠错能力呢？"

我："这个问题我思考过非常长的时间。我想还是价值观的问题，讨好学员，讨巧上级。这样省事，也容易做。在现实中，价值观是不能讨论的，只能选择。你说的惰性也是有的，不愿意钻研，不愿意做长期艰苦的努力。

另外，社会上包括各种商学院在内的很多培训机构唯利是图，对国企的负面影响相当严重。他们将培训做成了生意，贻害无穷。"

同事："就没有办法了吗？"

我："至少目前没有办法，国企的培训机构大都如此。很多董事长也不懂培训，也不重视培训，派来的领导大都属于安置型的，或许内心里根本就不相信培训的力量。"

我："做真正的培训是非常有难度的，因为那是一个改变人的思想和行为的事情。也可以说，这个世界上最难的事情就是改变人的思想和行为。"

我："其实，国企培训机构里有相当多的年轻人是苦闷和彷徨的，找不到出路，时间一长也就躺平了，不再有什么新鲜的想法和期待。"

我："真正的培训是反'好逸恶劳'的人性的，任何一个学员都很难接受要他们产出的训练，包括我们自己。但事实上，相当多的年轻人背叛了师门，背叛了理想和信念，走进了舒适圈或仕途。他们有时候为了个人的利益，不仅对师长不感恩，而且有机会还会诋毁师长。这我见得太多了，我本人也经历过并且正在经历。几年前就有这样一个年轻人，但我一直到现在对她都非常好，她本人并不知道我已经知道了她做过的那些事情。"

同事："像您这样永葆初心，与人为善，真的太可贵了。我现在带培训项目的时候，也会有偷懒的想法，潜移默化把自己放到了一个执行者的角色上，需时时警惕。"

坚持做自己能做且正确的事情，的确需要勇气。

甚至，能够不同流合污就已经是在为组织做贡献。


有时，最为表层的解释也能触及深层的内涵。

一次，同事问："你为什么这么痴迷培训？"听到同行问这样的问题，我一瞬间只想用最浅白的话回应："我实在只是心疼这么多培训费白白花掉太可惜，心疼这么好的学员来只听到知识却学不到本领，心疼培训机构这么多高学历年轻人却没有正事干。"从对方愣住的神态，我感觉这话对他触动较深。

事实上，任何国家的任何机构去努力实现自己的独特使命都将是整个社会的第一需要、最重要利益和首要社会责任。

因此，任何机构在履行职能这一点上是绝不容含糊的。而其中最重要的就是瞄准主业，培育真正的核心竞争力。

所有机构的管理者，事实上就是整个社会的领导群体。他们主导着社会的发展、社会的风气、社会的文明，这要求他们必须有勇气去担当与自身拥有的权力相匹配的、攸关整个社会进步的相应的责任。

对他们来讲，首先显而易见的品质就是诚实。如果他们做出有违诚实的事情，那么组织及社会就应该给予他们比普通人更重的责罚。管理者们应该是一群高尚的人、脱离了低级趣味的人、有益于大众的人。

若从专业的角度讲，他们必须知道两件事情：自己所在的组织究竟肩负什么使命，哪些人掌握真正的核心技术。

被西方称为医圣的希波克拉底在其著名的誓言中说："绝不明知有害而为之。"听起来这似乎是很容易遵守的基本医德。但对领导者来讲，这已经是相当难以达到的标准。

在国企，违反这一标准的做法通常有：

1. 用人上搞小圈子（这一点最能够体现出用人者的价值观）。

2. 热衷于打造虚荣的业绩。

3. 搞利益输送。

4. 做假账。

5. 内部重要的敏感的信息不公开（惧怕舆论监督）。

6. 设定过高的年薪及各种名目的奖金（这似乎已经是最轻程度的腐败，但实质上在全社会公开地形成了权贵阶层，埋下了某种令人担忧的人际紊乱、企业弊病甚至社会分裂的隐患）。

未来社会必然是更加趋向多元。多元的本质正是全社会由专业性更强

（由于以任务为导向，必然专注在狭窄领域深耕）的日益增长的各类组织所构成，并且更加宽容地允许不同价值观（无公害的）共存。

为其他组织的生存与发展提供资源（例如购买力）与支持以促进其完成独特使命，早已成为所有组织的担当，每一个组织恰恰也是通过实现自己的独特使命来完成这一任务的。唯其如此，才能缔造不断发展和进步的、全人类的"自由人联合体"。


不用说建设一个优秀的企业需要坚持长期主义，即使是败坏掉一个企业也绝非一蹴而就的事情——尤其是国企。因此仔细想想就会知道，建设一个优秀的企业究竟有多难。这非要有绝大的勇气与担当精神不可。何况，一个企业的超前的重大决策总要在很多年后才能见到为人称道的成果。

一张蓝图绘到底，需要远见与智慧。

一任接着一任干，需要勇气与担当。


最高管理层必须有勇气做出两大假设：

1. 每一名员工都富有非凡的潜能与创造力。

其实这一点已经被人类学、遗传生物学、脑科学所证明。

2. 每一名员工都愿意在工作中实现自我价值。

人类是群居生物，由于分工与人际交往的需要，人类不止在物质需求方面需要工作，更在精神与心理需求方面需要工作。而且，每个人通常都想做自己热爱与擅长的事情。

同时，最高管理层要相信培养员工是各级管理者和领导者的主要职责而非只是人事部门的事情。

对最高管理层来讲，要有勇气打破僵化的人才培养模式，真正担负起为企业培养一大批优秀管理者和领导者的责任。

第一，为未来培养人才，而不是培养只能完成昨天任务的人。

第二，必须长期地将全部人员都当作人才培养，而不是只重点培养一小部分人（避免拿这一小部分人赌企业的明天）。

第三，必须是动态地培养。

第四，放弃轮岗或挂职锻炼（避免一知半解或只懂得一些名词），而只是根据真实的工作需要自然地安排人员流动。

第五，对任何员工都只看重绩效，而不做任何承诺。

第六，允许任何员工张扬个性，激励每个人按照自己喜欢或擅长的方式去成长和发展（至少不能误导、抑制和阻碍每一名员工的自我发展）。


无论是领导者还是人事部门，通常不要鼓起勇气试图培养三种状态或情形下的员工：

第一，没有意愿的员工。

例如将某位没有意愿从事行政管理工作的员工调到行政管理岗位去培养，即使这名员工也并不喜欢目前所在的岗位。除非明确了解这名员工的意愿，否则暂不要确定培养方向。

第二，不在培养方向岗位上的员工。

例如不要试图培养一名正在从事行政管理工作的员工去学习专业技术，即使这名员工看起来很适合或本人表示愿意从事专业技术工作——除非将这名员工调到专业技术岗位。

第三，曾在培养方向岗位，但并没有取得过出色的业绩。

例如某位员工目前正从事行政管理工作，之前他曾经从事过专业技术工作，但并没有取得过出色的业绩，这次又将他调回到专业技术岗位去培养。即使这名员工愿意回到之前所在的岗位，也不应做出这样的安排。直至这名员工在某个方面展示出特长，否则暂不要确定培养方向。


从员工的角度，每一个人也要有勇气对自己的成长和发展负责。在成长和发展这件事上，真正重要的是自我发展。指望由企业一手操办员工的成长与发展，无论对于企业还是员工都是极其荒谬的想法。真正应该承担一个人的成长与发展责任的正是他自己，任何人只能靠自己的努力才能成为优秀的管理者和领导者。事实上，没有任何企业有能力取代员工个人自我发展的努力。这好比任何家长都不能包办孩子的成长，企业也绝不能做家长式的不当干预（只能支持而非干预，而最好的支持就是系统地提供员工自我发展的挑战，例如新岗位、特殊任务或授权）。

因此，从某种程度上来说，国企里很多年轻人的迷茫就是没有勇气承担自我成长与发展的责任。

对决策层或最高决策者来讲，还要有勇气压缩机构数量及管理层级。企业的内设机构必须尽可能减少管理层级，因为每多出一个管理层级，就必须在统一共识及增进层级之间的彼此了解等方面投入更多成本。而事实上，每个新增的层级都会不同程度地扭曲目标，误导注意力，给每项业务的连接点带来"传导阻滞"般的压力，成为引发怠工、惰性、麻木和冲突的祸源。每个层级不可避免地要通过为其他层级制造工作（麻烦）来显示自身存在的必要性和重要性，这种状况比比皆是。何况，中国又是人情社会，越是经济落后地区人情世故的分量越重。

更致命的是，管理层级越多就越难培养出能够面向未来的管理者。因为有潜能和创造性的员工从基层脱颖而出的阶梯变得增多且时间变得漫长，向上晋升的过程中消耗着宝贵的岁月和能量，往往只能造就高龄的所谓"通才"而非有专才或独特才干的管理者和领导者——更不用说对"储备人才"拔苗助长式的快速升迁的做法，简直比企业遇到的任何麻烦都要致命。

不管怎样，有一点是完全可以确定的，如果不采取任何措施，任何一个企业的管理层级都只会不断增加（膨胀和臃肿）。

管理层要有勇气披露内部信息。工作在任何岗位上的员工都有权利知道这些信息，从中辨识方向、得到激励或警醒，同时监督管理层的工作。披露信息从根本上是符合企业最大利益的。刻意隐瞒信息或延迟披露信息，除了打击和影响员工士气之外没有任何积极意义。

当管理层有勇气披露内部信息并持之以恒地养成习惯的时候，管理层不但会自动矫正错误的做法甚至连想都不会去想。

更重要的是，所有披露的信息都会得到员工真实的各种各样的反馈，这些反馈无疑会成为管理层做出下步决策及最终衡量企业绩效的重要参考。

不管怎样，信息的价值不取决于信息本身而取决于使用者。

纠正自己的错误尤其需要勇气。

自我管理与自我革命是管理的基本原则与基本方法。

学员："制定标准确实不容易，取舍之间靠的是什么？"

我："成果导向。需要绘制完整的成果导图，以清晰各种成果之间的逻辑关系。"

学员："对照使命、战略、价值观去梳理成果？以我们刚刚谈到的组织为例，我感觉它的战略越来越宏观。"

我："不是宏观，而是空洞。"

学员："是的，所以没用。"

我："不是没用，而是错误的，会带来危害。"

学员："但听起来似乎是正确的。"

我："对管理来讲，它的本质只是实践。只要不是正确的，就必然是错误的。管理，只能用成果来检验。"

学员："那谁来纠正这些错误呢？"

我："要么自己，这个最快，靠勇气。要么下一任，这个靠时间，也靠运气。"

其实，认识错误、承认错误、改正错误，既是管理者或领导者的本分，也是一项需要长期修炼的基本功。

重视且擅长做评估，取得多项权威数据，用数据说话，会使人们鼓起勇气去做正确的事情。

一次，我对同事说："2004年菲尼克斯大学的一项研究表明：培训效果中有26%来自培训活动前的非正式学习；50%来自培训活动的后续强化措施；而剩余的24%来自培训活动本身，却消耗了85%的培训资金。而ASTD（美国培训与发展协会，编者注）在2006年的一项研究中发现，培训没有带来预期效果的原因，10%是由低水平的授课引起的，20%是由培训前的活动和环境造成的，70%是由应用环境造成的，即学员没有机会使用在培训中学到的东西以及培训结束后缺乏强化措施。你从数据中看到什么？有何感受？"

同事："从数据中看到培训前营造学习环境的重要性和培训后提供应用环境的重要性。不过，我更好奇他们得出结论的研究方式与过程是什么样的？您的感受呢？"

我："我的感受是震惊。其实，一旦知道培训是这种结果，就应该有勇气去改变。只有数据能告诉我们真相。培训评估一向是难事。但无论如何，培训评估不能再搞秋后算账，即只在培训活动结束时进行评估。秋后算账是传统农业的评估模式，它甚至已经不再适合今天的农业。任何事情，如果不能在任何一个环节进行状况评估，秋后只能收获失望或失败。"

同事："现行的评估不是用来改进培训质量的。"

我："凡企业员工，都应视为培训对象。从入职起，就应以每年为周期进行胜任力状况评估。依据评估结果，结合培养目标，将员工分为在岗培训和脱岗培训两类群体。在岗培训，以定期开展岗位练兵活动、内部讲座、轮岗锻炼、组建读书会等为主要培训形式。脱岗培训，要深入分析和精准设计培训项目。员工参加脱岗培训活动后，组织应为受训者提供条件，促进受训者应用和转化所学到的知识，并跟踪评估应用转化的效果。"

同事："非常认同，达到这种理想状态需要我们对决策层和主办方施加影响力。"

我："这同样需要勇气与担当精神。"

同事："是的，这太需要了。"

我："真正有意义的培训并非只是教给人知识，而是教给人识别知识和运用知识的方式。管理者必须学会萃取经验，未来取决于我们如何看待过去。否则，文化堕落之后剩下的就只有知识。可我们很多培训工作者中的年轻人陷入迷茫。对于他们来说，努力当然重要，但更重要的是往哪个方向上去努力。从学校毕业步入职场，首先要注意的、也是最重要的一件事情就是不能把所有知识只当作知识去学，而应都当作体验的机会。除却体验，那些知识什么都不是，也没有力量。"

同事："很多人看起来的躺平是对环境的适应性选择。但不同的人对环境的应对方法不同，有些也敢于改变环境。"

我："他们需要有勇气去体验学到的知识。"

同事："需要有敢试错的精神和容纳犯错的空间。"

我："因此，组织和个人都需要有勇气和担当精神。"

质疑和挑战现行制度，更需要勇气与担当。

管理无能的一种表现，就是做事前喜欢先铺张开来热热闹闹地订立一大堆制度。在国企，指望通过定一堆制度就能解决问题，未免过于天真。

更严重的问题是，其中相当一部分人，定一堆制度其实只是为了更方便地干坏事，这一堆制度成了群众的堵嘴布、应对各种检查组的挡箭牌、向上汇报或公开展览的好门面、开脱自己罪过的借口、文过饰非的利器、安抚自己内心的灵药，甚至贬低前任的证据。总之，是在拿制度当枪使。

通常制度对很多例外情况是无能为力的。几乎所有制度并不是与人们的情感和生活紧密相关的，也不能使人们避免做不道德的事情。任何制度都会有漏洞，好的制度如果没有好的人去执行，也是没有意义的。在组织里，好的品行必须成为行为习惯。规范行为的制度，最好的结局就是成为摆设。

敢说真话，对普通人来讲是比较难得的品质。但对人事部门的人来讲，只是基本的、起码的职业素养。

　　我在任大庆油田党委组织部副部长时，一次主要领导询问某分公司一位领导干部的情况，我答："这名干部有一定能力，但还不够成熟。"在又一次谈话中，公司主要领导再次询问这名干部的情况，我答："这位干部有超前意识，也有魄力，但在投资上面表现得不够稳重。"当公司主要领导第三次询问这名干部的情况时，我答："他知识面广，上进心强，对外交往广泛，但好大喜功，铺摊子过大，管理比较粗放。"

　　在公司下属分公司领导班子任期调整酝酿人选的讨论中，公司主要领导第四次询问这名干部的情况，我答："这位干部追求业绩的热情是好的，但方式草率，不够审慎，平时对自身的要求也不够严格，工作随意性比较大。"在又一次酝酿人选中，公司主要领导第五次询问这名干部的情况，我答："这个班子的其他班子成员对这位干部的意见很大，群众反映也不好，但他本人对自己并没有清楚的认识和客观的评价，反而自我感觉良好。"在最后一次酝酿人选中，当公司主要领导第六次询问这名干部的情况时，我拿出事先准备好的一份材料给公司主要领导过目，里面有分公司职代会情况及新设备闲置情况。

　　此后，公司主要领导再未提及这名干部。不管是出于什么原因或什么样的考虑，当公司主要领导反复询问这名干部的情况时，我每一次都应该详尽地、如实地介绍干部的情况，这是组织人事工作者应有的职业道德。但这里有三点需要注意：一是介绍的情况一定要准确；二是区分非正式场合与正式场合，每次介绍干部的程度和分量要把握好；三是只干净利落地回答问题而不要谈及其他。

　　这个案例我曾在培训班上多次讲过，收到如下反馈：

　　"对案例'六次回答一问'的印象最为深刻，前五次的回答或是避重就轻暗示不妥，或是话里有话明褒暗贬，最后一次回答则以某处细节证明待提拔者德不配位。更深刻理解老师说的，'德行广大长远，才干是双刃剑，偏者可利用不可重用，同时得有一击毙命的武器'。"

　　"那老师讲到'六次回答一问'案例的时候，那种智商在线双方较量的感觉，真的很过瘾！但同时告诉我们识人者，要对自己的话负责。这需要平时细心的观察和工作积累。"

"那老师讲课的技术十分高超，讲'六次回答一问'的案例，平静地讲述自己在何时被如何六次问到同一个问题，一次次沉着冷静地回答，坚定自己的立场不动摇。我当时就在思考，如果我遇到了相同的事情，面对这样的一次又一次的成倍增加的压力，可能我早就已经改变了自己的立场，被外界的压力所影响，事情有了不同的结果。这也是我一个很大的缺点，容易被压力影响，容易听从上级的安排和吩咐。造成我这样缺点的原因可能是对自己能力的不自信，也是我今后需要不断前进和努力的方向。"

"那老师讲'在夹缝中成事'，这点我感触是最深的。我是一个非常率真和直接的人，有问题喜欢直接提，能行就行，不行就不行。我就非常缺少这种'在夹缝中成事'的能力。遇到困难，采用多种办法一点点努力，不要蛮干、也不要对着干，而是采用'让各方不反对甚或容许的办法，一声不响、一环紧扣一环、一点一滴地去做，在事实上达到预定的效果。'这是一种非常可贵的能力。这不仅是国企用人和做事的智慧，更是人生发展的大智慧。我希望这些经验日后能不断在实践中领会、运用。"

"非常荣幸能够与那老师共处一个下午，我眼中的那老师是一个沉稳、安静、思维缜密、情商颇高的人。听他的课，能够感受到一股沉静、思考的力量。在那个下午，我们目不转睛地听着一个又一个'烧脑'的故事，老师为我们展现了一个真实的职场，让我们这些职场新人大开眼界，收获颇丰：思考要有高度，把自己放在高处，这样才能有宽广的视野和胸怀；正确看待已有的制度，在已有制度的规定下，把事情办成完满，这是显露我们真本事的地方；当遇到困难时，不要抱怨制度太差，生不逢时，而是要沉下心来，一步一步地把事情做成；建立动态的用人体系，作为HR，最重要的就是做到'人岗匹配'，建立企业用人体系，在发生紧急情况时，可以迅速调动人力资源，保证企业工作各个部分不受影响。"

"上完这堂课，深深感受到了用人不易，在国企用人更不易。让我感受最深的是：如何让自己产生影响力。那老师说，在国企的环境中，如果自己想做一件事，能不被反对已经是很好的情况。因此，影响力首先体现在没有遭遇反对，再高一层才是获得支持。"

"那老师特别重视用人问题，他反复强调'天下事，用人唯大，用人最难''国企的用人问题几乎涵盖了国企的全部问题''企业文化其实就是一把手文化'。然而又告诉我们'用人一定会用错人'。他教给我们识人用人的方法，对将来作为管理者的我们来说受益匪浅。"

在现实中可行的，未必正确。然而正确的，又未必在现实中可行。不过，知道什么是正确的，便总有机会使之成为现实。敢于预见、正面谈论，不失为一种勇气。

我："企业培训机构是做什么的？"

同事："将管理者培养成人才。"

我："很对，但没有启发，属于正确的废话。"

同事："那你说呢？"

我："在企业里，培训工作不应该成为一种职业。它应该是企业里差不多每一位管理者或者专业人员在成长过程中都应该拥有的一段经历，而不应该是某些人长期负责的常规工作。如果成为一种职业，它会使人腐化，使人保守，使任职者渐渐瞧不起那些'愚蠢的'学员，也就等于蔑视那些苦脏累的庞杂的工作。它会让人强调'聪明'，而不是'正确'。强调'知识'，而不是'有效'。还会让进入这一职业的人有挫折感、迷失感，因为它不能让进入这个职业的人取得真正属于'自己的'成果，而只能取得第二手的成果。企业培训机构，它其实应该是一个只有极少数人在这里从事管理和研发工作的地方。他们负责在企业内部用真正'专业的'眼光与技术去发现'岗位实践极其出色'的人选，从而把他们开发成培训师。甚至把培训项目直接交给那些在企业某个岗位上的人们，由他们设计、实施、交付成果，并且使他们之间相互传授这方面的技能。"

同事："可是，'在这里从事管理和研发工作的极少数人'不可以视为从事培训职业的人员吗？"

我："应该对他们实行任期制，期满务必调离。因为，无论他们有多么成功，无论多么受尊重，这种'合理'地与前线隔离的'职业'状态，最终必定会使他们的专业嗅觉、专业深度、对实际问题的感知能力，甚至对基层的关怀程度都明显下降。任期制是使这部分人员为自己辉煌的培训生涯画上句号的一个好方法。如果他们还很年轻，他们还有机会在回到前线实干的工作中去之后，得到充分的锻炼和提高，再回到培训机构里来继续创造辉煌的业绩。但慎重起见，像这种又回到培训机构里工作的情况，在一个人的职业生涯中不应允许出现两次以上。"

同事："这些探讨，已经涉及很多深层次的管理问题。"


假如真的热爱，怎么可能没有勇气与担当？假如胸中充盈着勇气与担当，又怎么可能不会坚持长期主义？假如肯于坚持长期主义，又怎么可能只纠结于结果？假如不再只纠结于结果，又怎么可能内心不会冲融着恬淡与沉静？

一次，与同事聊到工作的意义。我说："熊彼特曾经说，'一个人如果不能改变人们的生活，那他就什么也没能改变。'他说这句话，五天之后就去世了。他在晚年对自己的要求就是能够培养出几名一流的经济学家。"

我接着说："如果按照熊彼特的标准，我已经改变了很多人的生活。例如在大庆油田组织部从事干部管理工作时期。当然，现在是在课堂上以及日常咨询和教练当中。不过，在对自己的要求这一点上，我跟熊彼特晚年的想法是一样的，那就是培养出几名在中国培训界一流的行动学习专家。"

同事："说到咨询，我看到身边也有老师在给企业做咨询。"

我："我知道，但那不是做咨询，只不过是换一个地方讲课。做咨询不是灌输知识，而是与顾客一起创造知识。"

同事："那您认为一流行动学习专家的定义是什么呢？"

我："像段老师那样。首先是发心，很难达到他的程度。这几乎是唯一的定义。"

同事："这个听起来很难。"

我："刚才有人问我，'教练技术的核心原理是什么？'我说，我的体会是相信任何人都有能力改变自己，主要工作方法是提问。而这正是段老师的特长。我跟段老师学到的就是发心和提问，但有差距，我还有虚荣心。"

同事："如果按照这个标准，我感觉'一流的行动学习专家'很难培养出来，或短时间内很难培养出来。"

我："我不考虑这个。我只想培养。"

同事："这个决心很重要。"

我："像段老师，不是谁培养的。他是他自己的导师。有天分，同时有性格优势。"

同事："所以识别很重要。"

我："他这几天就在，你一定见见他。见见什么是真正的催化师。不，是近距离感受一下什么是真正的老师。"

不管怎样，真正的勇气，就仿佛孟子讲的"浩然之气"，指以道德良知为基础的正大刚直的正气；而真正的担当，就仿佛孟子讲的"义"。

一次子路问孔子："君子尚勇乎？"孔子答："君子义以为上。君子有勇无义而为乱，小人有勇无义而为盗。"孔子没有单纯解释勇，而是将义与勇放在一起进行解释。

"义"的原意是为了公平或信仰而战斗，即指只要是公正的、合理的、应当做的事情，就应该去做。

对待任何一项工作、对待任何一项工作中的任何一个环节，我们都应该有勇气追问这样几个问题："这项工作本身是什么？这个环节对于这项工作是什么？这项工作对于最终要获得的成果是什么？应该如何描述最终要获得的成果？应该如何设计最终成果才能更直接、更简单、更有成效地进行工作？"

回答这样几个问题并不简单。它需要我们从界定所要的最终成果开始思考，而不是每次都从某个环节如何进行开始思考。要知道，最终的成果并不是不言自明的，尤其当获取最终成果的过程中不得不（很多时候是自以为需要）获取局部成果的时候。太多组织将局部成果当作最终成果，殊不知获取局部成果只是获取最终成果的必要手段。如果没有获取最终成果，那么获取再多局部成果都是没有意义的。

不仅要有勇气追问那几个关于工作的底层逻辑的问题，还要有勇气面对得到的答案——而正确的答案总是出乎意料的，更要有勇气采取行动，坚定地将正确的底层逻辑应用于工作。

假如真正做到这一点，组织将在四个方面发生剧变：

1. 组织结构（扁平化、小单元、重新组合的机动性）。

2. 工作原则和标准（简单、明确、协同性）。

3. 工作模式和流程（与原则保持一致、弹性、自主性）。

4. 组织对成员素质、能力和状态的要求（独特性、成就感）。

谈勇气与担当，不可忽视的一个问题就是身体素质。

人从出生开始，既是学习的过程，又是退化的过程。

其中体能的退化，严重影响到人的智能退化。

例如在培训界，竟然有很多人不能理解为什么要训练体能、要上晚课、要上学习强度。

体能训练是智能训练的一种基本形式。

身体的化学物质就是领导力的一部分。

体能尤其是心理的最后一道防线。

**松下政经塾** 很多人不知道松下政经塾。这是松下幸之助于1979年84岁时斥资70亿日元（约人民币4.17亿）创设的学校，致力于培育未来能够承担起国家领导重任的优秀人才，提出"为日本政界培育清廉政治家""为一亿两千万日本人树立道德榜样"的口号及"品格第一"的教育理念。至今，松下政经塾已培养了200多名学生，其中近70人踏入政界。

松下政经塾不是给那些功成名就的人士"镀金""建小圈子"的地方。它面向年龄22岁到35岁、"年轻而富有成长潜能的人"，每年只招收不到十名学生。松下塾采用古典和"魔鬼"的方式打造政商精英，学生们每天操练剑道、打扫校园、学习茶道和书道、每日坐禅和三公里长跑、每年举行"24小时百公里行军"以挑战人类体能与精神极限，毕业前必须跑完马拉松，若没通过则补修，直到通过为止。由于体能训练过于严苛，学员入学前要签订生死军令状。四年中，学员们"同吃、同住、同劳动、同学习、同训练"，学习日本传统文化、哲学、宗教、政治学、经济学、领导学、社会学，学员想要听全球任何人的课程，只要开口必然满足，并组织学员赴海外留学。目前，日本效仿松下政经塾创建的此类学校已经有20多所。

哈佛大学商学院教授科特曾说："表面上松下政经塾这个计划很荒谬，一个和任何大学无关、又小又奇怪的组织，准备借由教育一群未来公仆来改造下一个世纪的政治。"科特因著作《松下领导学》而获《财经时代》的"全球商务书籍奖"，《商业周刊》在2001年将科特评选为"领导大师第一人"。他发表于《哈佛商业评论》上的《领导者应该做什么》一文，被2004年1月号《Template：Search/doc》中文版评选为"管理史上的奠基之作"中八篇文章之首，与"竞争战略之父"迈克尔·波特、"现代管理之父"彼得·德鲁克等管理大师并驾齐驱。松下去世时，时任美国总统老布什致电称松下是"全球人民的启发者"。科特说："就启发人性的榜样来说，他更是无与伦比。"

**华润集团的魔鬼培训**　在中国，也有这样体能极限挑战式的培训，那就是中国最早引入行动学习的企业之一——华润集团。在青年干部培训班的管理上，其"没日没夜地学习"的魔鬼程度不亚于松下政经塾。他们每天的学习节奏：

06：00　起床，出早操。

07：30　早餐。

08：00　早读与分享。

08：30　上课。

11：30　午餐。

12：00　午间沙龙（注意，没有午休。后来才增加午休时间20分钟）。

14：00　上课。

17：30　晚餐。

18：00　晚课。

22：30　吃夜宵。

23：00　研讨（号称"一天中真正的学习开始了！"）。

翌日凌晨02：30　就寝。

他们在学习纪律上，还有很多魔鬼规定：手机放在书桌上，视同看手机，扣学员及小组的学分；闭上眼睛3秒钟，视同睡觉。

学员在培训期间，根据课程与研讨收获，要结合工作实际制订行动计划书，递交上级组织部门、主管领导、公司董事长审核。若审核未能过关，不准毕业，或直接降职免职。

相比那种"学学词儿、养养神儿、交交人儿"的培训，松下政经塾与华润集团的培训管理令人震撼、发人深省。

体能极限的突破会激发潜意识，会磨炼人的意志品质，会使学员之间结下战斗般的友谊，会让公司发现更优秀的人才，会淘汰相形见绌者，会给管理者的学习与成长带来意想不到的效果。

传统讲授式的课程必须得到有效催化，晚上上课应该成为趋势。在催化师的引导下，以小组研讨和分享为主，通过分享个人经历去联结他人体验，为将新知识转化为能力创造机会和条件。晚上上课，学员没有喝酒打牌的时间，等于没有课程被酒精和娱乐冲淡的机会。

今天优秀的企业，危机感很强。至于其他的企业，经营形势亦不容乐观。企业中高层管理者培训的经费是从工资总额中提取出来的，十分宝贵。培训与学习必须是拼搏的过程。而有的中高层管理者培训班，不仅周六周日竟然都要休息，每周还至少有一个半天以"自修"的美名放假，这样的培训班被视为"正常现象"是企业的不幸。

对自认为研究不够的事情（其实又有什么是研究够了呢？），当有人问到看法的时候，应该怎样回答？虚与委蛇地明哲保身或诚实地说自己缺乏研究当然并无不妥，但就将自己当作普通人去回应，才是应有的一份礼貌、勇气与担当。

同事："你怎样看圣吉的五项修炼？"

我："他是从瑞文斯的行动学习分化出来的三大流派之一的代表人物。五项修炼只是他的组合，并非他的发现。他从东方接受过一些启发，对管理学批评甚烈却并未吃透它。"

同事："难道不是自有人类社会便有管理学吗？"

我："确切地说自有人类社会便有管理思想。"

同事："为什么人们都把泰勒作为科学管理的创始人呢？"

我："因为泰勒把西方的科学方法引入了对管理学的研究。"

同事："德鲁克为什么被称为是现代管理学的创始人呢？"

我："因为德鲁克又把管理学打回了原形，使它回到了泰勒之前通过思辨和案例去研究的状态。这也是德鲁克虽贵为'大师中的大师'、现代管理学的鼻祖，却不被西方主流学院派管理学家认可的主要原因——但谈论管理与实际去管理是两回事。泰勒的科学管理旨在提高体力劳动者的生产率，德鲁克的现代管理旨在提高知识工作者的生产率，两者可以说不在同一学科领域。但德鲁克并没有真正解决知识工作者的绩效衡量问题。"

同事："从管理角度，你怎样看待人性假设？"

我："中国自古就有人性善恶之论，近代西方自斯密提出'经济人'假设以来，麦格雷戈提出'X理论'和'Y理论'，梅奥提出'社会人'假设，马斯洛提出'自我实现人'假设，沙因提出'复杂人假设'，还有人提出'决策人'假设和'超Y'假设，我觉得在特定条件下解释，都应该是对的。马克思讲'人的本质就现实性而言，是其一切社会关系的总和'，很精辟。若从管理角度讲，没有抽象的人性，只有特定条件和情境下的符合个人内在意愿的选择。"

同事："那怎样简单描述呢？"

我："不妨用公式表达，（X+Y）×F。F代表基于特定条件和情境的某种参数。"

同事："参数可以看作科学吗？它的精髓是什么？"

我："我宁愿看作是哲学甚至经验和直觉，'具体问题具体分析'应该是它的精髓吧。"

同事："能说一下，具体怎样考虑参数吗？"

我："例如，政府、企业、非营利组织，这是三种不同的组织形态。在每一种形态里，都至少存在三个重要问题，即品格、能力、绩效。而这三个重要问题，至少存在三种情境，即日常情境、特殊情境、未来情境。而每种情境里，就算只需要具备一种特定的品格、能力与绩效标准。这将形成多少个评价区间？"

同事："明白！每个区间都会有特定的参数。"

我："实际上会远远不止这些。"

同事："那结论是什么呢？"

我："还是应坚持目标管理吧，但必须重视对人的主观世界的改造。任何形式的管理，最终都会异化人。因此，人必须努力去主导任何有可能异化自己的东西。"

同事："那管理学或领导学的出路在哪里呢？"

我："永不偏离对'成功的组织'进行研究。行在知先，实践永远走在理论的前头。"

同事："怎样通过阅读提升管理和领导能力呢？"

我："宁肯多读些哲学、历史、心理学、自然科学和传统文化方面的书，或干脆多读一点《红楼梦》这样的文学作品，都可以提升管理和领导能力。"

最有价值的勇气与担当精神，一定是来自道德的力量。

在国企，所有关于使命、核心价值观、愿景、战略、目标、原则、标准的探讨与实践，都是高层领导者最为基本的道德职能。履行这些职能的所有活动，都应与其他活动截然分开来看待，再融入每一项活动之中。甚至，很多岗位就是为专门履行这些职能而设置的。当然，身处这些岗位上的人是少数人，他们必须与组织内其他所有人通力合作，靠绩效赢得尊重，而不是只靠职位或是这方面的所谓"专家"。

他们应该对人性有深刻的洞察，并基于此对企业管理有深刻的理解，愿意身体力行成为履行道德职能的典范。他们应该在人力资源开发、营销、质量、清洁、安全、环保、法律与法规、创新等领域都展现出道德的力量，发挥着不可替代的作用。

任何时候，都不应怀疑道德的力量。

徒弟："道德能够培养和塑造吗？感觉难度很大。"

我："道德当然是可以培养和塑造的，几千年来都是这样传承下来的。如果连这一点都会产生哪怕丝毫的质疑，那只能说明我们的教育出了大问题。即便翻一下西方管理学和领导学的著作，最核心的其实还是离不开诚信、正直这些道德约束。"

徒弟："可是成年人的道德水平，塑造的难度会比较大。"

我："'难度'这个问题在坚定的从业者这里从来是不予考虑的。或者花不上几秒钟考虑这个问题。绝大部分时间是在考虑怎样做。至少我这几十年是这样走过来的。"

徒弟："这是一种极好的态度。"

我："我是这种态度的受益者。与身边很多人比，更是最大的受益者。用'难度'讲话就是在用情绪讲话，'难度'这种情绪背后的本意其实恰恰是'可以做''能做成'，它在提醒人们只需要认真量化一下付出与收益。"

徒弟："您说的是。"

当下，源源不断的新生代、鲜活的力量正在积极地涌入国企（特别是在一线城市）。这些挟带着时代气息的"90后""00后"，他们那看似不够强健的身体里却蕴藏着远超父辈的聪明与敏感、脆弱与单纯以及超强的自我意识、对独立人格与精致生活的渴望、对个人空间与休闲方式凛然不容干扰的执念、待人缺少传统礼仪却不乏真诚的态度，这些年轻人（确切地说是孩子们——甚至连他们自己都自称"宝宝"）进入职场后应该具有怎样的勇气与担当精神呢？

从工业文明伊始回望今天，至少从我国改革开放之初回望今天，或许可以看清这些年轻人应该具有怎样的勇气与担当。首先，这些年轻人根本无法在进入职场之前就能够领会什么是管理、什么是管理者以及他们未来人生的意义。可问题在于、也是最可悲的事情莫过于他们在学校学了很多所谓系统化的知识，这使他们自认为具备了进入国企从事管理工作的资格，对于管理而言没有什么比这更是有百害而无一利的事情。或许他们幻想着在职场里也可以像在学校里一样，通过考试拿到高分。固然，国企里现在也有很多知识竞赛。但可以说，在这种竞赛当中拿高分对于管理几乎毫无帮助。因为管理者需要获取的是业绩，而不是高分。

其实，年轻人进入到企业里之后，首先遇到的问题不是业务问题而是心性的磨砺甚至是磨难。可以预见，他们当中很多人要通过数年甚至十数年的时间才能走完这个心路的历程。关于对他们的培训，我们可以笃定地预测，培训的重心将逐渐转移到他们真正"成年"之后，也就是当他们拥有一定的管理经验之后，企业所研发和开设的更具针对性及实用性的课程。这如同军队的战役指挥训练一样，那些训练只适合真正指挥过军事任务的军人，并不适合刚刚入伍的年轻人。要知道，在企业里仅靠知识和概念是无法完成任务的。他们必须拥有经验、直觉、纪律和愿景。事实上，越是成功的管理者，他们就越是需要诚实和正直的品格。优秀的管理者不能指望只是通过知识、能力和技巧来从事管理工作，他们必须通过愿景、勇气、担当、责任感、诚实和正直的品格及素养来从事管理工作。

那么，怎样才能做到这一点呢？那就是必须学会赋予自己高度的社会责任感，才能达到未来对管理者的要求。就这一点而言，不但中国的国有企业，即使是民营企业和西方私人色彩浓厚的公司也不例外。事实上，至少近百年来企业的管理层已经成为全社会的领导团体。既然是领导团体，就必然肩负着重大的社会责任。而逃避这种责任，不仅将为企业也将为社会带来莫大的伤害。年轻人最终要认识到：务必设法让能增进公共利益的事情也成为企业的自我利益，企业才会拥有未来；务必设法让能增进企业利益的事情也成为个人的自我利益，个人才会拥有未来。这就要求每个年轻人都必须把企业的利益和社会的公共福祉置于个人利益之上。

而这对领导者的挑战，就是必须成为教练式领导。

例如在安排工作时，不妨尝试用这种方式跟年轻人说："对这件事，说实话我需要你的帮助……""我非常重视你的潜质，希望得到你的好点子……""希望你能接受这项任务，因为这对你来说是一个机会，可以跟最有经验的人一起工作……"

每个人都是有祖国的，要坚信：凡是对祖国有利的事情，都要设法让它对自己有利。只有这样的主张，才是个人获得领导职位或组织获得社会地位的唯一合法基础。因为在今天看来，再回到百多年前主张"私人之恶乃是大众之福"的社会是很难长远存续的。假如年轻人没有这种勇气与担当，那么不仅最终会被企业所抛弃，也将被社会所抛弃，被时代所抛弃。

# 八

## 灵活与务实

**导语：**什么是灵活、务实？两者结合会发生什么？

# 什么是灵活、务实？

灵活，就是敏捷、不呆板、善于应变、不拘泥。

令人深思的是，灵活也被作为"灵魂活动"的简写。

灵活的本质是拥有更多选项，而目标不变。

所谓灵活的人，是指一个人的灵魂不受限制地自由活动，使现实行动获益，而灵魂本身却不发生任何改变。

如果说一个人能力很强，恰恰是在说这个人很灵活。一切能力都只能在实践中生成，因此灵活的本质其实是技能而非态度。

能力强，就是指选项多。

一个人最重要的技能，其实是拥有灵活的思维方式。思维的优化远比知识的迭代重要得多。何况，绝大多数人所拥有的知识，都远远超过他真正用到的知识。对管理者而言，没有真正用到的知识与不曾拥有它没有任何区别。而一个人的思维方式，几乎是他随时随地、每件事情都在运用的。

现代社会，灵活的人更擅长获取、处理和运用信息。

灵活是传达内心真实信息的、一种生命存在的身心状态。

务实，就是指致力于实在的或具体的事情、讲究实际。

务实的本质就是求真（手段）、求实效（结果）。

当务实成为一种精神，那就需要妥协、照顾到大多数人的利益和意见（尽管这些意见未必正确）。

一个务实的人，擅长将远大目标分解成一层一层的、容易实现的小目标。他扎扎实实地实现小目标的姿态，就像龟兔赛跑故事里的那只乌龟。

中国农耕文化很早就发展出务实的民族精神。孔子不谈"怪、力、乱、神"，一直将目光放在社会生活上。王符在《潜夫论》中说："大人不华，君子务实。"王守仁在《传习录》里也说："名与实对，务实之心重一分，则务名之心轻一分。"这些思想造就出中国文化注重现实、排斥虚妄、崇尚实干、拒绝空想的精神。在中国社会，朴实无华的人受欢迎，华而不实的人被鄙视。

中国人讲求外圆内方，即表面随和，内心严正。又讲求内圣外王，即古代修身为政的最高理想，内备圣人之至德，施之于外，则为王者之政。所以，中国的铜钱形制也是外圆内方的，俗称"孔方兄"。用今天的话可以说，骨子里是理想主义，行动上是实用主义。

灵活属技术范畴，而务实属精神范畴。与务实相对的并非务虚，而是务名，即脱离实践或实验而强行解释事物（表现为不断制造概念，陷入用概念解释概念的自我封闭循环解释状态，这一现象在学术界包括培训界颇为普遍）。一个人过于务名，就好比过于追逐虚妄的念头。当然，对于虚妄的念头也不能一概而论。虚妄，指在现实中尚不能达成。但若有朝一日得以达成，则虚妄成为梦想。

至于务虚，其实是一种高级的务实状态。真正务实的人事实上都不同程度地善于务虚（他自己未必知道这一点），但善于务虚的人并不一定善于务实（他自己却常常不愿意承认这一点）。好的团队，不仅既应该有善于务虚的人，更应该有善于务实的人，且每个人都知道自己属于其中哪一种类型。

## 两者结合会发生什么？

灵活使务实更富效率，务实使灵活有的放矢。

一方面，灵活且务实的人无疑是最好的执行者。另一方面，这样的人如果成为领导者，他将特别擅长发现、培养和使用灵活且务实的人。

优秀的领导就好比优秀的培训师。有些领导天天满口讲道理，不会有什么效果。如同培训师最容易具备的能力，就是去讲知识，拿几本西方的书拼凑出一门领导力课程来很简单，只要PPT载量够多，都可以大讲特讲。合格的领导注重讲实际发生过或正在发生的事情甚至讲自己的经历，让下属从中反思。如同培训师比较难做到的其实是讲故事和亲身经历的案例，让学员讨论故事和案例说明的问题，那些问题都会是培训师将要阐释的理论问题。卢因说："理论才是最实用的。"但是，最不实用的乃是空讲理论，最实用的正是运用理论。优秀的领导擅长倾听，然后画龙点睛地指出要害。培训师最该具备的核心能力其实就是点评，培训师的点评就是培训师在授课，最精准的授课就是点评，培训师要讲的精华内容其实都蕴藏在点评里，但这是无法事先准备的。所以，优秀的领导者让下属畅所欲言，借用和升华下属们的想法。优秀的培训师懂得最好的课是半成品，另一半需要在课堂上与学员共创，共创出来的内容才是课程里最重要的内容。

但领导的点拨与培训师的点评也是有"道"的。第一，先肯定再批评。绝对不能先批评再肯定，或者仅仅是批评，没有肯定，或者是只有肯定没有批评。肯定什么？肯定下属或学员的贡献，肯定团队的智慧。要集中肯定其中最为闪光的地方，不要泛泛地肯定。集中肯定亮点、肯定好的创意、肯定非常落地的措施。必须肯定特别值得肯定的，值得重复、强调和分享。第二，批评要有建设性。要提出很容易就能得到改进的意见，下属或学员会很容易接受并乐于改进，不要提出或以后视情况再提出很难改进或一时无法改进的批评意见。第三，一定要有方向性建议。不容易改进的批评意见要放在这里来提，用提建议的方式来提。而这个建议必须符合战略目标或培训理念以及个人成长的规律。所有管理者的学习最终都是指向实践的。提方向性建议就要提那种经过长期努力才能实现的建议，不是简单就能实现的，这才有更重要的意义。

灵活来自真懂，真懂来自真会运用，真会运用来自与自己的经历融会贯通。

一次为北京师范大学MHR、MAP研究生授课，学生们在课后提交的作业里写道：

"那老师讲故事的授课方式让我印象很深刻。那老师讲课很犀利，一句废话都没有。我很好奇，为什么不多安排这种课？"

"那老师强调他说的是他自认为真的话，可以接受我们对故事有不同的看法，鼓励我们提问，这在我看来也是一种很开放的课堂管理方式。每个人对事物有自己的看法，兼听各种看法，才能不断完善自己。"

"像那老师讲的，你无法经历别人的经历，你所理解的只是和别人的经历相似的部分，我们无法想象自己从没有经历过的事情。那么在没有相关经历的情况下，我们应该怎么理解他人的经历呢？可以通过生活中的经历找到和他人经历相似的要素，这本身就是一个学习过程。"

"当那老师讲到和国企一把手谈指标的经历，他讲到他会关注时间，观察对方的情绪变化。我能够感受到当时的紧张感、严肃感。我回忆自己过去类似的经历，没有像那老师这样关注时间，没有意识到不浪费对方的时间及讲事情要讲重点的重要性。我以后在谈事情时，应该关注时间，坚定表达自己的想法，而不是赘述一些无关的信息。"

"我从课程中学到很多：识人选人需要和这个人共事才能真正了解，不能只靠观察；还可以通过培训来做招聘，找到有潜力的人；在国企中需要培育有责任心的人，责任心是国企人最重要的内核，能够弥补体制的缺陷；只有用好自己才能用好他人，我们每个人都是自己的管理者，培育自己成为想要成为的人；在用人方法上，要着力调动人的积极性。"

"老师说，主动询问下级的愿望是最重要的管理方法。如果领导能够在推动事情发展的同时帮助下级实现他的意愿，那就会起到事半功倍的效果，这也是用人方法中'尊重'的意义。"

"那老师说'现代人力资源管理理论所描述的模式对国企而言太过理想化'，指出了很多企业奉行的'筛选至上'原则的弊端，提出'对于人才而言，使用是最好的培养'这一观点。筛选，更多是挖掘候选者的潜质，发现优劣势。这样的人才测评思路主导了心理学视角下的人力资源管理，是心理测评与现代管理相结合的产物。对于潜能的测评和预估是有意义的。那老师提出'不关心个人优点缺点，重点关心的是能做好什么事情，做不好什么事情'，这句话使我茅塞顿开。"

"现实中，即使测评结果有很好的信度和效度，但在具体的工作情境中如何反映、以及其影响的高低，这些才是决定测评结果的价值的真正指标。因此作为一名测评专业的学生，应学会扎根实际，不过分迷恋专业性带来的快感，拿出个性化的、真正有帮助的报告。"

"那老师一出场就惊艳亮相，首先用颜值征服了我。没有想到，他的谈吐和表达能力，才是真正让人敬佩又深深吸引人的地方。那老师开场就讲了六个小故事，每一个都深深吸引着我。在老师的故事里，总是感觉老师谈吐得当，做事深谋远虑，决策拿捏稳当，活脱似一部国企'琅琊榜'，现实'梅长苏'。老师的阅历和经验，让我受益匪浅。"

"听了那老师的课，我对自己产生了一些期待：希望成为那老师那样侃侃而谈、娓娓道来、自信从容的样子。当然，这需要很多年的工作积累和表达锻炼。整场课下来，那老师都给人一种表达流畅舒服的感觉，想听他一直讲下去。"

"那老师非常谦虚、儒雅，上课时对于我们的提问回答很到位，没有超出范围也没有含糊其词，颇有一种'不愤不启，不悱不发'的感觉。将这些贯彻到自己的身上，不断修炼和磨砺才能成为这样的人。我也希望在最后的时期能够成为一个回首过去，足以让我能够挺起胸膛的人。"

"我特别想说的一点是，那老师这门课是我从小到大第一次在下课铃声响起的时候希望老师不要下课，希望能再听一会儿的课，更是我读研以来觉得最有趣的一次课程。"

"那老师上课，将国企用人之道用讲故事的方式呈现，有实战家的风范。但老师却不像我心目中国企领导那样大腹便便，而是十分的儒雅，且透着古代文人的气息。讲课中又透着一股狠劲儿，就像太极一样以柔克刚。他在国企里有自己的一套生活和工作方式，这与我平时所学到的西方理论截然不同，让我更有收获。"

"那老师很多思想都对我产生了很大的影响。他说'用人是少数人的问题，公论只作利弊参考''德行广大长远，才干是双刃剑，偏者可利用不可重用''害群之马不可轻视''困难是一种情绪'等。我非常喜欢那老师讲的这堂课，并且希望MAP多请一些像那老师这样阅历丰富、才华横溢、表达流畅的老师来给我们上课！我相信这样的话，专硕的学生们会幸福很多，学习起来也会更加愉快！期待带着那老师这些良方，未来我们的路上少走一些弯路，多发现自己一些价值！"

**有效果比有道理更重要。**

某年我想尽办法，仍无法解决随地乱扔烟头的现象。一天，我看到室外细雨如毛，几位男士三三两两站着吸烟。室内身边恰好一位年轻女性挺着隆起的孕肚在工作，我就问她："你愿意做一个体验类的项目吗？"女生敏锐地问道："你是想让我去捡烟头吗？"我点头，说："是的。"女生兴致大起，问："有什么要领吗？"我说："半蹲的动作要优雅，动作要慢，表情怡然自得。你身体没问题吧？"女生调皮地说："懂！折磨人呗？身体没问题。"

　　女生说着就要出门，我说："要用道具的。"女生问："纸杯？"我点点头，考她一下："到哪儿去取？"女生指着饮水机旁的一摞纸杯，答："这不是？"我摇头，指着垃圾桶："这里面全是纸杯，都很干净的。"女生点头，取了一个。我说："不够。"女生诧异："怎么不够？"我说："外面毛毛雨，烟头是湿的。"女生又取了一只，兴冲冲走出去。旁边一位男生目睹我俩的对话，呆立着。我说："你应该做些什么呢？"男生恍然大悟，说："拍照！"

　　我欣赏着窗外的情景剧：女生优雅地拾着烟头，男生在一旁拍照，那几位吸烟的男士僵立着，进退失据。正陶醉于自己一手导演的戏剧，忽然肩头被人重重地一拍："这是你导演的吧？"回头一看，正是刚刚在室外吸烟的一位老同事，不知什么时候绕到了自己身后。我问："你怎么知道是我导演的呢？"老同事笑道："这种损招一定出自你手！"我又问："那你什么感受？"老同事实话实说："尴尬之极！"

　　顺便提一句，那位男生拍的十几张照片，焦距都差不多，且每张背景都有一辆垃圾车，没有一张能用。做事用不用心，差距竟如此明显。

　　大家都懂得的道理，未必每个人愿意去做。

　　管理要看效果，不只是看谁说的有道理。

　　优秀的领导者还要擅长将解决问题的过程，同时当作培养人的过程。前者是显性的短期业绩，后者是隐性的长期业绩。


　　用概念回答问题，通常并不会有效。

　　一次早餐，几位催化师坐在一起。

　　曹老师："昨天我和朱老师聊到授课，我俩都对'温柔且坚定'深有感触。但我们都不认为自己是一个温柔的人。"

　　我："你问过学员吗？你温柔与否是他人的感受。"

　　曹老师："那怎么才能做到温柔呢？"

　　我："课堂上，假如一位老师对任何事情都保持开放，对任何学员的任何想法都保持好奇，很愿意与学员们共同探讨，那么这种姿态就会带给学员'老师好温柔'的感受。"

　　曹老师："这是温柔的本质吗？"

　　我："也可以这样理解。那坚定呢？你怎样理解？"

　　曹老师："您说呢？"

　　我："你此刻只是想知道我的答案，是吗？"

　　曹老师急忙点头，不好意思地笑了。

　　我："我的答案也只是我的感受，任何人都可以用感受回答任何问题，你用自己对坚定的感受去回答我就好了。"

　　曹老师："可是，我还是想知道您的答案。"

　　段老师插话："我的理解是放松和专注。"

　　曹老师看着我，在等我的答案。

　　我心里在想："坚定是由于相信自己，也相信学员，相信大家可以共创。"但嘴上却说："我想知道你自己的感受，晚餐时候我们再聊这个问题吧。"

　　对话中，如果能给出一个故事，总比用概念解释问题更直接、清晰和实用。很多场合，需要我们灵活地调动出一个故事来替自己表达想表达的观点或道理。


　　真实有效的领导力一定是因情境而生的。

　　部长来看望履新不久的我，我汇报着自己的工作，部长非常惊讶，问："你的变化令我吃惊，从严厉到柔和的这种转变很大，你是怎么做到的？"我说："在总部做部门副职要能顶得住事，在基层做正职要柔和一点。在总部更多的要讲原则性，在基层要讲灵活性，对手下的人不能急。从严厉到柔和的这种转变，对我是自然而然的事情啊！"当部长听我说到几次亲自当项目长做项目研发时，风趣地说："祝贺你成功地把自己干成总工了。"我说："有时候我的副职更像正职,他们对我的贡献就是能把我解脱出来,让我有时间去当总工。"

　　管理者的灵活与务实往往体现在懂得运用工具。但同时要警惕一种危险:拿工具当能力、糖衣或遮羞布。

　　文字用PPT呈现的必要性到底是什么?对有些人来讲只有一个理由:若不用PPT就不会讲话或讲课。据《纽约时报》报道,美军发现了新的"敌人",就是这个PPT,"被PPT整死""PPT让我们变笨"已成美军流行语,"滥用PPT"已经严重影响到美军的作风和效率。其实,当下培训师们对PPT的依赖也到了不可收拾的地步,在PPT里植入花哨的多媒体元素,卖相很好。对培训来讲,PPT扼杀了随机探讨,使得课堂的流动性很差,对深入讨论、批判性思考以及做出周密决策很不利。在哈佛商学院,提倡老师使用黑板和粉笔,写起来有声音,吸引学员注意。李政道教授曾讲到在美国哥伦比亚大学给高年级学生上课是不能用多媒体课件的,教师必须用粉笔讲课!讲课重在与学生做思维交流,这正是创新活动的关键。创新思维的一个重要特征就是活跃、流动、不呆板、随时聚焦于现场提出来的问题、不墨守陈规、崇尚灵感。而这就需要交流、切磋、推敲、启发,粉笔或白板笔能做到这一点。手写笔是永远不会被淘汰的,因为它在创新思维交流中的随机性,要比PPT的死板灌输灵活得多。培训师对PPT的依赖,将使得他对所讲的内容不会很精通。

　　其实,使用文字印刷品也同样存在类似问题。例如某些会议,印发材料还要念稿,意义何在?除非会前印发材料,会上直接讨论。或者会上念稿,会后发材料。又或者会上脱稿讲,会后根据录音整理印发材料。再如培训,事先印发讲义也是大可质疑的,特别在中高层管理者的课堂上。同样的道理,学员也会对讲义产生依赖。总觉得老师讲的都在讲义上,潜意识中就不会专注听讲,或者耳朵在听老师讲,眼睛开始往讲义后面看,像读手机微信里的文章那样快速地浏览,支离破碎地学习。耶鲁的教授们甚至对在课堂上使用电脑笔记本的学员抱有敌意!必须用笔快速地记录,才是耶鲁教授眼中的好学员。某些情况下甚至不需要课程表，在自我导向的课堂上，事先预设的课程表往往有害无益。

之所以需要灵活，是因为解决问题需要迅速而精准。立即回应并给出具体而精准的办法，在沟通当中是相当重要的。

在2023年夏，中国石油天然气集团公司322名催化师给6300名刚入职的新员工做课程催化，在全国共分为22个大区进行集中培训（这种做法已经坚持三年）。一天，在各大区催化师团队长的群里，一位催化师团队长发出提醒："我遇到了一个玩手机的学员，一直在小声说'我是个很现实的人，我只想早点下班'，我四次用询问和聊天的方式试图调动其积极性，都失败了。面对这种情况，以后在话术上还需要进一步磨炼怎样沟通。"

我立即回应："我能想到的句子：1. 我们大家都是很现实的人，只是选择的方式会不同，例如有人会玩手机，有人会选择投入，我想这背后有不同的判断吧？2. 我想很多人都希望正常正点下班，但为什么很多人甘愿选择加班？或许这是因为每个人心里最看重的事情是不同的，这背后应该不仅有不同的判断，还因为是有着不同的价值观吧？3. 你希望别人怎样看待你呢？4. 如果大家都玩手机，而你是老师的话，心里会有什么感受？你会对他们说什么？5. 设想一下，玩手机、总是回避加班的人，与其他人相比，五年后或十年后的差别可能会是什么？"

我又补充："上述回应，只是应急，因为在课堂上，时间有限，又不能打扰到他人。但即便应急，也会占用一些时间，所以最好在课间休息时单独沟通。但如果他的行为已经影响到大家，催化师就需要面向大家，应用上述几句话，不单独针对他，较妥当些。在我们的心里，不要怪会有这样的学员，反而要接纳和欣然地迎接他，因为正是他给了我们机会，呈现真实的、完整的、共创的课堂。"

但我所在的北京区又有另一位催化师求助，她也遇到全程玩手机的学员，在小组里从不投入。我问："我的那几句提问运用了没有？"她点头说："完全没有效果。"我跟段老师说："你去看一下吧。"段老师要巡场十几个班级，便进到那个班级，搂着那位学员的肩头只说了一句："你终究要生活在人群里，留点时间给身边的人吧！"

晚餐时，那个班级的催化师说："对那位学员，我很焦急。但段老师走后，那位学员的肢体及后面的表现就发生了明显的变化。"段老师说："就这一句话，我会叫他记一辈子的。"张老师说："之前的干预也是有基础的。"韩老师说："有的时候语言容易被当成教育和PUA（指很会吸引异性的人及行为，编者注），肢体语言传递出来的力量更强大，包括说话的语气、语调和力度。段老师给人的力量感，明显比前几年更强了。"我对那个班级的催化师说："你的焦急使你耗费能量，其他学员更需要你的关注。稳稳地推动流程就好，遇到这类情况只从正面引导。但如果想彻底解决类似问题，需要设定任务让他来完成，使他获得新体验以更新他的认知系统。"

**随时随地，都能发现提升管理的机会。**

一次我到自己负责的干部管理室去，看到报纸一摞一摞地放在书柜上面，显然都没有翻阅过。遂问："你们最不喜欢读的报纸是哪份？"有干事答曰某份。我从中抽出那份报纸，带回办公室，边读边用红色的笔在空白处写下感受与收获，连折页处的广告都写有批语。

下午，我召集科室人员学习这张报纸，只见这张报纸上写满了红色的字，这些批语全部都跟干部管理工作联系起来，有的透露着基层科研人员的真实工作情况，有的暴露了存在的问题，有的可视为进一步了解问题的线索。

在两个小时里大家都满脸惊讶，无论如何也没想到我会将一张报纸的每则消息都关联到本职工作。

只要肯联系，没有什么是与工作不相关的。

越是挖掘细节之处，越是能够学到灵活，也便越是务实。

一次，我让两位同事讲出打动自己的某位老师授课的细节。

柳："我听了四天田老师的课，他先用半天的时间回答学员的各种提问，一下子就把握住了学员们的真正需求，又调动了学员们的兴趣。他大部分的时间是让学员做练习，工具很多，过程中没有用一张PPT。田老师的故事很多，每到一处较难理解的地方或每当讲新的章节，他往往是先讲上一个故事。"

文："有一次，我去德鲁克学院听了两天课，有一小段视频印象很深，是德鲁克亲自参与饰演的视频，那是一段关于帮助兰德公司董事长记录时间使用情况的视频。观看视频后组织学员讨论，老师再来解读这段视频。老师有一句话让我印象深刻，'你不仅在使用自己的时间，还占用了他人的时间'。老师讲自己赴宴的案例，学员进行讨论，老师再解读。老师说，'你可以不接受邀请''要事第一'。讲如何进行有效决策时，视频只放一半，待学员讨论后再放剩下的视频，老师再来解读。老师说，'信息不完整情况下不做决策'，过程中还做了PEST分析。还做了性格测试，十道题，很有趣。整个过程中，老师不断要求学员审视自己，用小红花来奖励学员。虽然都是成年人，但得到小红花还是很兴奋。"

**对价值观正向、肯钻研、又有实力的人，讲真话往往就是灵活的态度，能够达到务实的效果。**

前文提到2019年11月底至2020年元月，我先后接受三家企业培训机构的同行来访谈，所谈及的内容既深入又具体。

同行："你说对内训师而言'备好的新课，只能是讲案例，学员讨论案例，老师回应学员的各种问题，带出学员的相似案例，用案例、数字、大家之言佐证'，我理解这个时候的课程是半成品。用半成品直接给学员上课有什么风险？这个过程之后是不是要提取案例里面的'理论'？"

我："半成品这个词用得很准确。好课就应该是半成品。剩下的一大半在课堂上完成。完成的主体就是学员。老师，那个时候是合作者的身份。风险就是收益的另一种表述，风险越大，收益可能就越大。最大的风险就是学员风暴出来的个人案例，会使老师陷入萃取的难局。但这更像是师生共同学习的重大机会。应该欢迎这种机会。萃取就是最好的'理论'回收。"

同行："一门完整的课程还需要哪些要素？"

我："没有完整的课。该结束的时候它才会完整。但多数情况下是做不到的，课时无法课前确估。不过就效果而言，也许足够了。从催化师的方面来讲要有亲身经历的案例。从学员的方面来讲要根据主题风暴出自己亲身经历的案例。并且从学员的方面来讲，要有高意愿度和真实的难题。考验老师的是我常讲的'四项站桩功'，即哲学、管理学、心理学、国学。"

同行："你说'选内训师的标准就一句话：岗位实践极其出色'。用哪些办法能够让我们选对人？"

我："选对人很难。要上级人事部门配合才行。案例精彩是选对人的标志。所以研发过程中是选对人的最后机会，要好好把握。若20人参与研发，能有10人走上讲台就已经很不错了。"

同行："内训师的授课，究竟好在哪里？"

我："好在能够灵活地看待难题的解决方式。一堂好课，是师生共创出来的。学员的贡献极大。我一直强调管理不是科学，管理是没有标准的。你所看到的标准都是今天的标准、昨天的标准，明天的标准还没出现，需要创造出来。这不是一个理论问题，而是一个实践问题。何况我们的管理越往深处走，越会发现做事情很难有一个所谓的标准。此时此际，最合适的办法才是标准，标准是变化的。企业应该追求这样的管理，不同的人做同一件事或同一个人在不同的情境下做同一件事，应该有不一样的标准。"

同行："让研发者接受当今最先进的培训理念有哪些有效的方法？有哪些经验或教训？"

我："最有效的方法就是在研发中运用行动学习的理念与工具，让他们深刻体验到管理者的学习是怎样发生的。迄今为止所有的培训活动，只要你愿意剖析都可以视为经验或教训。"

同行："您怎么看与社会上的培训机构合作这件事？"

我："在我眼里，就是帮助我了解一下新概念的存在。剩下的事情，全靠自己来闯。有些打着振兴中国教育的旗号，本质还是赚钱。很多人问我为什么不开公司，我开公司不出半年也会一门心思去赚钱。我不知道该怎么形容，今天中国企业的培训很悲哀，特别是国企。社会上的培训机构拿项目太容易了，一个项目动辄数百万甚至上千万。他们拿到项目的时候还不知道该怎么干，临时拼凑资源，倒也来得及。审项目的人多是外行，往外包是内行。这些社会上的培训机构最擅长的事情是做PPT，世界一流的PPT，很漂亮，母版各种要素都有，拼凑得很全。"

同行："您任培训中心主任时，用什么驱动员工？"

我："利益驱动、生涯驱动、价值驱动。分别对应普通员工、中层干部和那些对培训有使命感和坚定理想信念的人。总的来讲，驱动员工的核心是使他们自己成就自己。"

同行："对当下和未来的培训，您忧虑的是什么？"

我："企业决策层不懂培训，以为培训很简单。企业培训机构管理者不作为，不去花精力培植机构的核心能力，什么都外包。培训师不去钻研前沿培训技术，观念陈旧。社会上的培训机构本身缺少核心能力，热衷于引进西方概念，推出来的产品无非是一堆概念包装的常识。"

同行："您认为企业培训机构的发展方向是什么？"

我："五大中心：知识管理中心，通过课程研发的方式使本企业独特的实践积累转化为组织智慧，并使之以更规范、更有规模的方式进行传播。人才评价中心，建立科学完备的人才评价体系，为招聘、选拔、安置、培训、储备和团队建设提供参考依据。技术转化中心，根据培训需求引进外部技术，运用行动学习方式将外部技术内化为本企业应用型技术，推动本企业技术更新与进步。情报研究中心，对情报进行搜集、分析、处理，为本企业更好应对外部形势变化提供信息支持。学习发展中心，立足本企业发展战略，致力企业人力资源管理战略研究，通过设计组织学习、规划核心人才成长、整合内外专家资源，推动组织变革、战略升级与企业转型。"

问："成为五大中心？什么理由呢？"

我："未来到底会发生什么？永远是不确定的。但企业培训机构未来到底应该成为什么？我想是确定的。比如核心业务之外的事情能外包的一律外包，让我们核心的人干最核心的事情。用课程的方式把本企业创造的知识管理起来，这是企业培训机构的基本功。关于学习发展中心，我解释一下，我曾有一个计划，大庆油田25万员工，我要培养500名催化师，实现在培训中心消灭大部分培训项目，让每一个基层组织都成为学习型的组织，让每一个基层组织都看起来更像一个培训中心，他们是用工作的方式做培训的，是用培训的方式做工作的。而这个任务只有催化师能完成，500名催化师，三年就可以培养出来。我的培养方法，一次只培养十个人，用一年时间。这十个人用一年时间每一个人再培养十个人，是一百人。这一百个人用一年时间每个人再培养十个人，就是一千个人。三年后我来做一个认证，只认证500个人，另外500个人轮到第二年去认证，保证质量，我是说强行截止到500名，不管分数，其他的人照样在自己的企业里继续做催化师工作。这个方法就是迭代的方法。如果真有成就感的话，他不大需要那一纸证书。如果没有成就感的话，有那个证书也没有多大意义。"

同行："计算过成本吗？"

我："大大降低培训成本。更重要的是大大提升培训的有效性。每个项目大概有一半的课程不需要再请老师上课，由催化师来组织，直接拿工作难题来进行结构化的研讨，通过行动学习解决问题，在解决问题中提升能力。办周期性的班，第一期结业了就把他的行动计划放到岗位上去执行。第二期班就等于检查他们的作业。可以这样来讲，学习就是完成作业。只有外部纯讲授老师请得越来越少，才能愈发证明培训中心的价值。"

同行："您多年来从事培训工作的感受是什么？"

我："课程体系就像大树，实践是根，业务是枝，课程是叶。研发企业特有的学习方式同样重要。学习方式决定学习内容。优秀的内训师，应该给予学员刚好记住的内容和独自学习的兴趣。在课堂上，培训师是来学习的学员，学员是来做贡献的老师。培训的基本假设应是无所不能——包括培养动机，这样的假设虽无视大量事实，但能使事实更趋有效地进化。"

同行："想不到国企里还有您这样纯粹又拼命工作的人？"

我："这话很多人对我讲过。其实国企里有很多人，有情怀，干工作拼命。我数十年致力于中国国企干部管理与培训，不是因为喜欢，而是因为不愿辜负。不是靠才干，而是靠勇气。退休后我要潜心研究中国传统文化，这才是我命中注定要做的事情。"

同行："您今天的谈话里面体现了一种很深的工匠精神。对您这种探索和分享，我们深怀感激！很想知道，那您来学院工作几年来的感受是什么？"

我："我经常问自己的一句话是'我能为学院做什么？我能为中国石油的培训事业做些什么贡献？'我只担心两件事，一件事是我怕我配不上人们给我的一切，另一件事是我怕我配不上我所经历的磨难。所以，我将很多时间花在课堂上、花在培训技术研究上，以使自己心安。我很向往心安的那种感觉，就像我此刻的心境，一片澄明。"


**有些貌似重要的事情，不妨快做。**

在我任干部管理室主任的时候，一次接到部门领导安排的任务，由我牵头组织七个科室主任拿出一个公司人才培养方案。我采取了一个高效的办法，只用八个会议纪要就整理出公司人才培养方案。八个半天，每个半天只讨论一个问题，轮流发言，全部发言都做记录，形成会议纪要。过程中，每个人都要对其他人的发言，以"同意""不同意""有条件同意"进行表态。

避免漫无边际的发言和议而不决是我当时找到的好方法，与会者不会有人反对这样出炉的八份会议纪要，自然由这八份会议纪要整理出的公司人才培养方案也会获得通过。

更重要的是我不相信任何计划和方案会真正有效，事后我对部门领导开诚布公地说："很少有计划和方案真正得以彻底的有效实施，因此形成计划和方案的过程要比计划和方案本身重要。没有人会反对实施自己曾经同意过的计划和方案，因此没有人反对要比很多人赞同更重要。"

培养人是任何组织的永恒主题，而内训是最灵活与务实的方法之一。

在我任干部管理室主任的时候，经常组织内训。例如业务考试，每次就出一道题，比如某位干部的出生年月，考试成绩内部公开，用这种办法促进业务学习。还请大家列出感兴趣的问题，我做精心准备，给大家做辅导。有时也请内部其他人或已经到基层任职的人，就某个问题做精心准备，来给大家授课。

在任培训中心主任的时候，我成立了十个内训小组，例如科室主任小组、副主任小组、催化师小组、项目设计师小组，组织进行有针对性的训练活动。

企业文化手册很常见。

但像下面这样简约的文化手册，很少见。

这份我亲手为大庆油田培训中心拟定的文化手册全文仅12句话、259字：

成为企业内训师的唯一条件就是岗位实践极其出色。

优秀管理者与技术专家有责任成为本企业内训师。

案例和训练是践行道理的绝对路径。

学的精髓是"问"和"习"。

在思想上做培训的主人翁，在行动上做培训的主导者。

培训工作的所有细节都要与战略有关。

以培养人的理念指导工作，以培养人的标准推进工作，以培养人的效果检验工作。

不唯主办方，不唯学员，只唯品质。

无目的积累，有意识准备。

使学习成为汇集的过程、体验的过程、竞赛的过程、共创的过程。

用学习的方式工作，用工作的方式学习。

在解放思想中统一思想，在保持优势中打造优势，在转变发展中推进发展。

灵活与务实，应成为做任何一件事的原则。


灵活与务实的结合，在一件事上会产生多种策略。

以培训为例，培训的假设是什么？这个问题要根据培训机构的综合实力与职能来回答。初级的，可以假设为"培训大部分是无效的"，这样才会选择有效的部分来做精；中级的，可以假设为"培训不是万能的"，这样就会追求做自己尽力能做好的部分；高级的，则可以假设为"培训是无所不能的"，即相信人是可以培养和训练的，这样就会激发创造力，做重塑价值观、改变心智模式的培训，做引领技术创新乃至推动企业变革的培训。

个人或组织无论以怎样的方法做一件事情，也无论个人或组织是否有意识地定义这件事情或为这件事情设定基本假设，事实上都会存在这样一个假设。还是以培训为例，目前乃至很长一个时期以来，国企的培训都是排排坐听大课，老师请得越高大上越好，这种行为对培训的定义和对培训的基本假设是什么呢？就是："培训就是办班，办班就是天天听讲座。""学员们听了高大上的课程就会提高素质和能力。"实际上，没有比这样的定义和基本假设更愚蠢的了。

人们总是无意识地信奉内在形成的基本假设，这会让人们认定什么才是现实。基本假设决定了人们的关注点，决定把哪些东西认定为事实，甚至决定了自己的目标和行为方式。基本假设是如此重要，但很少有人对自己的假设进行剖析、质疑，更谈不上解释清楚或因地制宜地转换自己的假设。

在自然学科里，基本假设尚不能影响宇宙规律，最多会促成或延迟对规律的发现。但在像管理学和领导学这样的社会学科里，基本假设一定会对结果产生深刻的影响，更何况有效的假设随着时间的推移和情况的变化也会变成低效或无效的假设。伟大的事业，一定基于超前的、有效的、适时更换的假设。

仍以培训为例，对全员的评估比对学员的评估更有意义。为什么这样说呢？因为无论怎样对学员本人进行评估，都无法证明学员受训后对全员产生了哪些实实在在的影响。从这一意义上说，没有哪项专业对于行业是不可缺少的、更不会是唯一重要的，而是所有专业对于任何行业都是重要的。反过来看，也不会有哪一种需求只能由一个行业或一种成果所满足。进而，我们有理由相信，任何行业都应该同等重视确定的顾客群体与非顾客群体。甚至非顾客群体更加重要，因为未来就孕育其中。

还是以培训为例，培训理念比培训产品更有价值，这一点要让培训者和被培训者都知道，才更有利于培训行业的发展。从这一点上来说，企业应该设立首席学习设计师这一职位。因为企业管理涵盖两大范畴：第一，内部实践；第二，外部资源整合，包括信息处理、智力资本合作、建立联盟。首席学习设计师要针对这两个方面，个性化地定义及设计本企业的学习。

对企业而言，一切成果与任何形式的绩效，都可以用两个字概括：价值。并且，只能由顾客根据感受来定义。


务实是奔向问题解决的，而灵活仿佛导航仪。在时间有限的情况下，若要快速解决问题，需要攻陷对方的底层逻辑。

一次课间休息，我问一位学员："你们昨天上了什么课？"学员说："三到法课程回收。"三到法是我创立的学习方法，即学员用听到、想到、做到进行课程复盘，强化学以致用。我问："你认为有必要上这门课吗？"这位学员大概不知道我是三到法的创立者，含糊地说："还是有一点必要的。"另一位学员听到，颇为不满，说："你没说实话。"

我转向这位学员，问："那你呢？说说你的实话吧？"他说："没啥必要。"我问："为什么呢？"对方答："我没记下多少笔记，咋弄听到啊？"我说："这倒是实话，不过，这倒不全怪你，因为大部分学员平均每堂课记不下十句话，除了各种标题之外。"接着我问："所以呢，你没有记录老师的话，才是你认为没有必要做课程复盘的理由，是这样吗？"学员一时语塞，显然他意识到自己的因果逻辑有问题，似有所悟地点着头。

这时又有一位学员接口道："都记录下了，就更没有必要复盘了。"我便转向这位学员，问："所以呢？你其实是认为培训的目标就是记录下老师们讲的知识，是这样吗？"这位学员露出像前面那位学员一样的表情，一时语塞，也似有所悟地点着头。

我转向第一位同我交流的学员，说："你看到了吗？你们的内在使用的因果律，其实在严重地影响你们对课程的吸收。我只用一句提问，就攻陷了你们的底层逻辑。"看到他们好奇又疑惑的目光，我说："只要关联目标，任何问题都会水落石出。"

让我欣慰的是，三位学员的态度一直很好，很诚实地与我交流。待课间休息结束重新上课，我便把刚刚这段对话复述给全体学员，从大家专注的神情看，这非常有必要。


**灵活并非充满技巧。简单与朴实，往往最为高效。**

美国有一家很成功的医疗用品批发商的总裁和董事长每年都拜访公司600位顾客中的200家医院。他们在每家医院待一整天，不推销产品，他们拒绝接受订单，而是花时间讨论顾客的问题与需求，并且要求顾客对他们的产品和服务提出批评。

这家公司的最高主管将每年的顾客调查看成首要之务，在过去12年中，这家公司能够成长18倍，都要归功于这种简单与朴实的做法。


**化繁为简，既灵活又务实。**

有五个有效的具体方法：

第一，事情或头绪较多的时候直接做减法，只盯住一件最重要的事去做

（例如黑熊被狼群围攻的时候，最好的策略就是先全力咬死头狼）。

第二，面对任何一项重要的任务，最多只拿三套方案（曾见到有人拿出16套方案，更像是在让决策者做单选题）。

第三，长期精熟地运用某项工具（例如大庆油田长期运用"两分法"，积累出一整套各种情境下都符合个性特征的、简单又实用的思想方法。再如韦尔奇时期美国GE公司长期运用群策群力法，并逐渐衍生出上百个小工具）。

第四，将所有的备忘录内容严格限定在一页纸之内（例如宝洁公司就是这样做的）。

第五，暂时先放弃这件事（时间会使事情发生改变）。


**能够验证灵活与务实精神的，唯有成事。**

在组织部刚刚任部长助理不久，正值全国掀起公选干部热潮，我搜集资料认真研究，感觉这种做法对企业是很不妥的，而且数年前大庆油田就搞过公选干部，至少不算成功。但我又意识到这件事大庆油田将躲不过去，便跟部长和公司主要领导沟通，主动争取到这项任务。

我做的第一件事，就是在无一人支持的情况下，顶住压力将这件事改为每两年进行一次的任职资格考试，我的目的与公选的"考而优则仕"正相反，而是定位为"考而劣则两年内不得提拔"。第二件事，就是乘公司总经理出差给他打电话（让总经理觉得我打扰他接听电话是因为这件事很重要，同时方便将谈话时间控制在三分钟之内），请示考试将以《二次创业指导纲要》为主要内容，得到批准。第三件事，就是成立由内部专家组成的出题组，在部署出题工作的会议上我将自己的讲话进行录音（这做法有点悲壮），明确告诉大家，考试的内容以《二次创业指导纲要》为主要内容，出题的思路一是读五遍就能及格，二是要考实际工作能力，使实际工作能力强的考生打高分。出题组组长后来告诉我，他们封闭起来后五次听我的录音，终于统一了思想。第四件事，成立由内部专家组成的判卷组，在部署判卷工作的会议上我又将自己的讲话进行录音（我让我自己没有任何退路），严肃地告诉大家我将为自己的话负责，判卷的思路就是让绝大部分考生及格，明确地说"57分以上的都撩到及格"。第五件事，我拿着2000多名考生中154人不及格的名单找到部长，郑重地说："不及格的人比我预想的多，我们的压力就更大，但我们宁肯离开组织部，也要做到这些人两年内不得提拔。"部长说："有这么严重吗？不至于吧。"果然，有几位考生尽管自身素质、能力和业绩比较欠缺，但通过疏通各种关系仍被列为拟提拔人选，最终由于任职资格考试成绩不合格，没有被提拔。第六件事，将考试成绩优异的列为后备干部培养。

公选干部往往存在"会考不会干"等弊端，实行任职资格考试制度则使考试成为最低标准，既避免了凭一张考卷选人用人的弊端，又使那些素质和能力较差的干部被挡在提拔"门槛"之外。同时，实行任职资格考试制度，能够更加有效地促进年轻干部的学习。后来我的几位同事跟我说，他们通过这件事才意识到，使绝大多数参加考试的干部成绩合格是一种现实策略，可以更加孤立少数素质和能力较差的干部，避免"说情风"的干扰，既保证任职资格考试成绩不合格者不得提拔的硬性规定得以落实，又使企业选人用人的质量得到一定程度的提高。

任职资格考试是否成功，很重要的一点就是看考试成绩能否形成整体正态分布，两头小、中间大，即考不及格或考得特别优秀的少，成绩居中游者多。之所以要防止很多人不及格，是因为要考虑队伍稳定的问题，以减少不必要的麻烦。不管怎样，不及格者在规定期限内不得提拔，这一点必须坚持。国企的每件事情都有特殊性，因而做好每件事情都需要创造性。

我曾多次在课堂上讲这个案例，学员们反馈：

"整个课程给我的感觉用惊心动魄四个字来形容非常贴切。那老师很认真地给我们讲述了在工作中遇到的六件有代表性的事情，让我只是听这些故事都能感觉到国企用人和其他企业的不同之处。"

"那老师讲'经验和人本身就可以作为测量工具'，颠覆了我之前对心理测量的某些认知。在任职资格考试的案例中，那老师讲到将以往的公选由设定最高标准也就是'考而优则仕'变成设定最低标准，即'考而合格则始有被提拔的基本资格'。也就是说'优未必胜'，但'劣必汰'。让一小拨人不及格，不及格的人两年内不得提拔。考得很好，最多也只能是重点培养。这种方式其实是一场很大的变革。其中的一个做法让我感触很深，就是控制不合格的人数：在一场2000名考生的考试中将不合格的人数控制在100人。因为如果不及格的人太多会影响企业内部的稳定，甚至会有人认为不公平或者遭到反对。"

"那老师讲的国企用人之道是自己印象非常深刻的一门课，虽然仅有半天的时间，但内容的丰富程度不亚于一天的课程。作为一个曾经在职场中有过三年短暂经历的人，听那老师在分享案例的时候会多了一份代入感，也获得了一些感悟和启发。首先是开头分享的六个案例，在工作中需要多动脑子，做事要讲方法，能做成事的前提是深刻把握所在组织的文化以及人心，同时要有一定的胆识和魄力才能推动事情朝自己的预期发展。在'任职资格考试'的案例中，那老师对所遇到的阻碍的预估以及对事情推进节奏的把握很值得学习。正如老师所说，要'温水煮青蛙'，先小幅度地升温，所产生的结果都在自己的可控范围内，之后再慢慢加热。高人下棋，走一步看三步。系统思维和大局观是成为优秀干部的必要素质。"

"那老师这节课对我而言更深的触动在于一种做人的态度。我认为老师做到了通透二字：有坚守的东西，也有妥协的手段。我对老师充满了敬佩。例如任职资格考试这个故事，'公选势在必行，只好主动出击'，我在心底暗暗叫绝，这实在是一种太高明的手段。我觉得这样一种解决问题的方式，未来我一定用得到。真正的处世原则不是坚守自己，认为不对便选择对抗，也不是放弃自己跟随大众的选择。"

"老师说在两方利益的取舍上一定有一个折中点，只是看我们愿不愿意去寻找。这个道理我深以为然。形式上的妥协以寻求本质的坚守，是我追求的最佳处事原则，可能也是最难的。任职资格考试案例最打动我的地方，是能够形成自己的信念并坚持下去，往往需要裹着世俗的外衣，却偷偷地以一种滑润的手段令所有人点头，根基处却从未偏离本心。我穷尽一生也不一定有这大智慧，但我知道这是大智慧，并试图为之努力。"

但灵活与务实还需要一种坚持的精神，不问成败。

同事："安排我写一篇人才履职能力标准体系的论文。"

我："这个特别复杂，我至今没有看到成功的先例。"

同事："怎么写呢？感觉这个课题好难。"

我："这类的研究，管理学创始人德鲁克是不认同的。我是赞成这种看法的。不过尽管如此，我也想给你出一点主意。第一，以终为始，先搞清楚某类人才需要为组织创造什么样的工作成果。第二，依据对这份成果的描述，回答'怎样做才能获取这些成果？'第三，依据对'怎样做'的回答，回答'做到这些，需要具备怎样的素质与能力？'"

同事："可是你刚才还说，关于这种人才履职能力标准体系的研究，还没有看到成功的先例。"

我："梦想总要有的，虽然未必会实现。不过，我刚才讲的这三点应该是符合管理的底层逻辑的。你知道的，永动机是伪命题，但围绕永动机的研究还是有意义的，带来了许多其他的发明。你在写这篇论文的过程中，一定会产生很多有益的思考。"

如果觉得有价值，就随时随地将自己的感悟与思考分享给伙伴们，对组织来讲是共赢的事情。在互联网时代，这是举手之劳的、低成本的灵活与务实。

一次授课，我给徒弟们发了一小段学员研讨的视频。

我："他们非常认真，非常投入。但明显因没有导入'学习是如何发生的'而偏离了学习方向。刚刚我特意纠正了很多关于学习方向、学习方式等方面存在的问题。"

徒弟："为什么会这样？根源在哪里？"

我："大部分的项目设计毫无理念、章法与技术可言。要知道，培训项目设计的失败是培训根本性的失败。"

徒弟："有办法解决吗？"

我："长远看，当然有办法解决。培训项目设计是培训的重中之重，必须得有大导入。培训项目设计的缺陷是培训根本性的缺陷，无法事后弥补。"

徒弟："大导入是指班主任在开班前的导入吗？"

我："不是，大导入是专门的一堂课，'学习是如何发生的'，否则必然会偏离学习方向。人们对培训的误会太深，无论是学员还是培训工作者。"

徒弟："可否在班主任的导学中，通过加入这部分内容来进行呢？还是必须以专门的正式的一堂课的形式呢？"

我："必须以专门的正式的一堂课的形式。"

我："一个培训项目至少要有四门课程。第一门就是前面说的，'学习是如何发生的'。第二门就是核心课程，核心课程一般要几天的时间。第三门就是通过课程回收与复盘，研究问题解决的对策，这是极其重要的，排在培训目标的第一位。第四门就是学员展示共创的行动方案，老师点评，进行滴灌。任何层次的学员、任何项目，就项目设计结构而言，都是这样的。"

我："关于这个问题的底层逻辑，就是要回答什么是培训、企业为什么要做培训这两个问题。如果回答不精准的话是不可能做出有品质、有价值的培训的，绝对不可能。"

徒弟："您说得真好！"

我："核心课程有的长达十几天，只一个老师授课，通常要带助教。至于其他老师的课程，都叫作辅助课程。因为从更严格的角度来讲，一个培训项目只能有一个讲授式课程模块，即核心课程模块，不可能有好几个讲授式课程模块。"

我："你知道我干23年培训最过瘾的是什么事吗？不是讲课，而是跟项目组的人一起做项目设计，大概要两周时间才能把一个项目设计好，每天要花掉至少六个小时。咱们集团公司的三阶催化师项目就是这样设计出来的。"

徒弟："听起来感觉就很棒！我也想要这样的体验，大家一起共创！"

我："非常过瘾！我大概在23年里能达到这个程度的，只有过一两次。另外大概有十几个项目设计，虽然稍差一点，但也算能让自己基本满意。不容易！"

徒弟："关键要做到什么？"

我："最关键的就是项目设计组成员要有绝对的自主权，并且每个人都愿意表达和坚持自己的观点。"

我："领导除非懂专业，也只能以成员的身份参与设计，否则的话不可以'管理'和'指导'项目设计，更不可以审批项目设计。所有的项目设计都是实验品，不可能有完美的、事先就可以肯定效果好的项目设计。"

徒弟："项目设计组怎样才能有绝对的自主权呢？"

我："第一，领导者授权，领导者应该清楚自己的职责与技术边界。第二，像洪老师那样，能争取到这样的自主权限。第三，像段老师那样牛，完全不理会领导的干预。"

徒弟："牛就可以做到不理会领导的干预了吗？段老师的领导如果存心干预，不用段老师，段老师可以做什么呢？"

我："像牛到段老师这种程度，任何一个理智的领导都得用他，给他一定的空间。我这么多年从听过的课所认识的老师当中，我心目中的No.1就是段老师。"

徒弟："他的牛，如果没有实践试错迭代的平台，又是怎么来的呢？又是怎么被看到的呢？"

我："段老师的'嗅觉'非常好，他可能不需要那么多次的试错就知道什么是正确的。还有他的天分，以及性格优势。"

徒弟："总之还是我能力不足！"

徒弟："我不开心。"

我："活在当下。"

我又发了一小段学员在又一个研讨阶段的视频。

徒弟："没有一个人游离在外。"

徒弟："还是得有坚定的内心和信心，相信自己能够影响到领导者，领导者对授权的担心才可能会松动。"

我："授权的本质是还给他人本来就有的、早已随着他加入组织就独立存在的、通过释放潜能以为组织做出贡献的权利。只有授权，才会使有知识的人成为知识工作者。"

徒弟："现在很多培训机构还是以高端师资大拼盘为主，这可能也是一种惰性。"

我："这主要是价值观的问题，这部分原因应该占到七成。剩下的三成是不懂得如何回答那两个根本性的问题，什么是培训？为什么做培训？或许他们也不想懂得。"

我："今天这段对话，你留存下来，至少要看五遍，这就是我所体验和探知到的培训的真谛。"

徒弟："谨记在心。"

可以灵活与务实的机会几乎无处不在。

正因为有着坚定的信念，一个人才愿意灵活，也能够展现出灵活的能力。也正因为相信目标的正确性和重要性，一个人才愿意务实，也能够展现出务实的精神。

老友："您相当成功，能够将自己的实践转化为著作。"

我："其实第一本书《思维创新》是我当时在大庆油田抓企业内训时，带头上讲台授课的讲稿，否则那时候工作特别忙，不可能有时间写书。出第二本书《大匠无弃材》是因为当时两大企业整合，我的工作一时被边缘化，同时自己的夫人因病住院需要我护理，因此有时间写书。写第三本书《隐藏的教练》是因为调到中国石油管理干部学院专门做培训，主要运用企业教练技术、NLP、隐喻、行动学习法，与很多学员线下线上互动，积累了很多故事，遂将其中的115个故事写成了一本教练式的对话集。写第四本书《管理者怎样学习》、第五本书《让对话温暖而有效》和正在写的第六本书《洞见：国企领导力行知录》是因为又陷入除了授课就没事干的境况，同时赶上疫情，又不想浪费时间，才有时间将自己亲历的、觉悟的、信仰的，都形诸文字。"

老友："不管怎样，您将'亲历的、觉悟的、信仰的，都形诸文字'，就是在布道，这些年有大量的追随者，我发自内心地认可您。"

我："其实我宁肯一直埋头实践，无暇著述甚至无暇读书。"

老友："您现在给自己的定位是什么？"

我："实践的记录者与思考者。"

老友："那您具体做什么呢？"

我："两件事，输出和研究。输出的方式，就是授课和写作，输出的内容就是刚刚说的'亲历的、觉悟的、信仰的'。研究的方式，就是反思和读书，研究的内容用关键词表达就是情境、重构、共创、行动、反馈。"

老友："这才是真正的培训。"

看清自己当下的境况，调整自己的目标，始终做正确而重要的事情，一个人就会淡定而不纠结地工作和生活着，也就会一直处在灵活与务实的状态。

**灵活有时是一种委婉的警告。**

一次，一位分公司正职对副职说："这几件事你做得很好，但公司很多人会以为这些事情是另一位副职做的。"这话大有意味。另一位常务副职排名靠前。副职立即回应："我作为副职，主要为正职负责，您知道这些事情是谁做的就行啊，其他人怎么看不重要。"正职一时默然。

在有限时间的沟通中，用隐喻的方式说话，往往会收到既灵活又务实的效果。

一次与出版社某编辑通电话。

编辑："您这本书为什么字数这么少？只有七万字，可以写十万字吧？"

我："这好比生孩子，上次生的是九斤的，这次就是五斤。"

编辑是一位女士，她在电话里笑了，说："这个比喻好。"

我提到上一本书，说："上一本书是41万字，被拿掉的十万字，不是赘肉，而是胳膊和腿。"

女士在电话里又笑了，说："那这本书呢？"

我："这本书是浓缩，像香皂放水里，得读者自己搓。"

她第三次在电话里笑了，说："先发样章来吧。"

尽管这本书没有在这家出版社出版，但这段充满隐喻的对话倒让我自己印象深刻。有趣的是，这位编辑说中了一件事情，的确在边找出版社边反复修改书稿之后，由另一家出版社出版的时候，这本书已经接近十万字。

无论是对于管理者还是对于培训师来讲，重要的学习经历、研究经历、生活经历，都可用于隐喻。隐喻，没有任何建议。但答案就在里头，须同事或学员去悟。


管理是没有标准答案的。相信这一点，才会有质疑精神，基于情境去看待问题，不断在实践中发现更好的选择。

要不要听小报告？这是没有标准答案的。我在组织部工作期间是听小报告的，因为在考核领导班子和领导干部当中，任何信息都有分析的价值，而且我也想知道哪些人喜欢打小报告。到培训中心工作后，我是不听小报告的，无论小报告传递的信息多么有价值，都不听。因为这个单位一向打小报告成风，为了端正风气，从我一把手做起，坚决不听。

谈管理，如果只用一个词，那就是目标。但目标不是用来谈论的，而是用来实现的。

学员："每个人都有自己的目标要实现……"

我："未必。"

学员吃惊："难道不是吗？"

我："多数情况下，那不过是人们用来说服他人和安慰自己的借口。"

学员："那什么是目标？"

我："打算实现的。"

学员："难道人们对自己的目标并不打算去实现？"

我："那他怎样向人们证明那是目标呢？"

学员："怎样证明？"

我："只有行动能够证明，那确实是他的目标。"

学员："否则呢？"

我："否则只能叫愿望或念头。"

学员："能说得详细点吗？"

我："譬如，你将自己的目标写在小本子上，放在那里。然后，每天在小本子上即时记录你所做的事情及所花费的时间。一周或一个月下来，你就会发现，那究竟是不是你的目标。"

学员："没明白。"

我："如果你每天花费很多时间在做与目标强相关的重要的事情，点滴地支持着目标的实现，那才能叫真实的目标。"

学员："难道不是吗？"

我："难道是吗？你可以照我说的试一下。"

学员想了一会儿："我仔细检视了一番，的确不是目标。我忽然发现自己这几十年都过着没有目标的生活，这太奇怪了！说实话，我很震惊，也很沮丧。"

我："不用太难过，几乎我所认识的人当中，都如此。"

学员："我应该怎么办？我不想这样下去。"

我："你说呢？"

学员沉默了一阵子，然后用力点点头。

我："我们刚刚还只在谈个人的目标，如果现在让你重新打量组织的目标，你有什么感觉？"

学员想了一会儿："这又太奇怪了！几乎都是像您刚刚说的，'不过是用来说服他人和安慰自己的借口'，无法用行动来证明那些都是真实的目标，这太可怕了！"

我："不用太难过，几乎我所经历过的组织，差不多都如此。"

学员："不对呀，那您怎么解释人类社会的进步呢？"

我："你刚刚说自己'几十年都过着没有目标的生活'，可是不也成长到现在？"

学员："懂了，我原本可以生活得更好。"

灵活与务实，假如失去目标，将变得没有意义。


但从现实意义上讲，任何人在实际上又都是有目标的——只是不一定被自己知道或承认，包括宣称没有任何目标的人。

徒弟："有些人可能并没有意识到或没有澄清自己到底想要什么样的生活，或是按照别人希望的模板度过了一生。但没有目标或许并不意味着生活不幸福，这可能是一种傻人有傻福，带着一种船到桥头自然直的生活哲学活在当下。当有了明确目标后，人的生活便会依目标将自己的方方面面切分为优势和劣势，也就有了执念和桎梏，痛苦和成长便会同时生发出来。"

我："事实上没有目标的人是无法生存的，尽管他自己也说不清楚目标是什么，你所谓的一种'傻人有傻福'，'带着一种船到桥头自然直的生活哲学活在当下'，那就是他们的目标。但若将这目标明示给他们，他们又未必承认或接受。"

因此，这个世界上并不存在时间，而唯有当下。

有几位朋友陷入苦闷，我便录下几段语音发给他们：

"如果一个人完全地活在当下的话，那他一定是快乐的，至少是平静的。"

"可是现实生活中，绝大部分的人，在绝大部分的时间里是无法活在当下的。那他们活在哪儿呢？他们活在过去或者未来。他们用什么方式活在过去和未来呢？那就是不断地去回想过去曾经发生的事，那些好事或坏事会让他陷入高兴或痛苦当中。他们对未来的期待、幻想或者是对未来的恐惧、担心，都会把这个人拉入到痛苦或者兴奋当中。活在过去和未来的人，绝大部分会使自己活在痛苦里，空幻的兴奋只有一少部分。"

"所以绝大部分人，在绝大部分时间里，他们脑子里想的都是过去和未来，唯独没有想现在。他们其实对生活、对世界、对身边的人包括花草树木都是缺少观察的，他们更不会观察自己。所以你要问我什么是活在当下呢？那首先就是观察自己，观察世界，用不带评判的心去观察。不下结论，不做判断，只是全然地观察。观察色彩、觉察温度、倾听声音，不去评判，只是感受，把自己放在这个世界里一同去感受。"

"除了观察，在当下最重要的事情是什么呢？应该说最重要的事情都跟过去和未来有关，但不是直接去回忆过去和幻想未来。我来解释一下什么叫作'有关'，比如说你过去做了一件事，无论是高兴的还是不高兴的事，你都可以从中找到跟当下有关的部分。例如你曾不小心踩到西瓜皮上滑倒了，那么你当下要做的事情其实是观察地面有什么障碍物，这就是你当下要做的事情，而不是回到当初被摔倒的痛苦情绪里去。"

"对未来也应如此对待，比如你下周要讲一堂课，或者跟一位领导见面，你就不要让自己陷入猜测、幻想或担心出现什么状况，不要陷入这里边。要把对未来所有的猜测、幻想或担心都看成是目标，都看成是一项任务。那么这个目标和任务跟你当下的关联是什么呢？那就是你能为实现那个目标和任务，在当下需要做哪些准备，这些准备无非就是环境层次的、行为层次的、能力层次的、个人价值观层次的、身份层次的和你所处的整个系统里的。"

"那么为了实现那个目标，或者完成那个任务，你当下只需要考虑你需要在什么环境里做什么样的事情，提升什么样的能力，怎样去优化你的价值观，怎样去完善你的身份。身份，其实不是岗位，也不是角色，而是一个人内在的品质，即他的自信心、他的价值，他对岗位、对家庭、对社会存在的价值。"

"把未来的目标和任务分解到当下，总会是一些很具体的事情。比如说你要去爬山，那你现在就要做深蹲，锻炼大腿的肌肉，做攀援，锻炼上肢的力量，而这些活动是非常简单的，也是快乐的。在很多人看来，登山是危险或痛苦的，但其实为登山所做的准备，那些细小的准备都是简单和快乐的，这就是活在当下的意义。"

陆续收到朋友们的回复：

"听起来有疗愈作用。"

"听了好多遍，直抵心灵。尤其是对未来要做准备的几个层次是精髓。"

"当下就是为过去的事情做检视，为未来的目标做准备，这或许就是当下本身的意义。"

"最近当我总是陷入某些情绪、观点或者判断时，发现让自己动起来接触当下的小事，通过行动转变注意力焦点，是不错的方式，进入了某个事件、融入了某个环境，便可以当刻不执着于那些过去和未来的思索。回到当下是一项需要不断练习的能力，我从大三开始注意到这是我的努力方向，但似乎在浮浮沉沉中会忘记了对这项能力的修炼。"

"把担忧化为目标，用六个层次向目标推动。"

"这种'应该'活在当下，对绝大多数人来说是做不到的，我观察过很多人，尤其观察自己。应该具备几个条件才可：1. 有较高且正确的认知。2. 非常自律。3. 因为非常痛苦，自己想改变。4. 有正确的方法。否则，这会儿改变了，对境一来就又小我重现。至少对钝根之人就是这样。头脑层面的道理懂了，但情绪控制身心，会情不自禁思绪乱飞。持续修心，会慢慢好起来。退转的，放弃的也很多。我现在正师从印度的一位瑜伽博士，据他统计，这个'绝大多数'占总数的80%。活在当下是修行的结果，过程很艰苦，有三个条件必须遵守：1. 苦行。2. 自律。3. 臣服于至高无上的存在，也就是老祖宗所说的'道'。"

从来不存在浪费时间这一概念，浪费的只会是当下。


很多时候，执行者需要为不正确的方案找到正确的理由。

某日早餐，同事："问题解决工作坊，被拆成两次来上课，提建议也不管用，看样子以后也会是这样安排，真不知道设计者是怎么想的。"我："设计者没有工作坊的体验，又不听专家的，就会这样。"同事："怎么办？上这种半截的课真头疼。"我："那就为这样的安排找到一个正确的理由。"同事："什么理由？"我："你就对学员说，'中间停顿这些天，就是为了让大家深入思考问题'。"同事惊愕地露出仿佛听到有人在说谎的表情："这种话我可说不出口。"我："但这是最善的解释，因为你的目标应该是想尽办法使课程有效。"同事的脸色明亮起来，很认真地点头说："是这样的。"

现实中，相当一部分的决策和决定都不会是完美的，有些甚至很糟糕。在万般建议都无果的情况下，那又能怎么样？执行者除了灵活与务实之外，其实是别无选择的。


灵活与务实的本质是崇尚科学，以追求效率。现代管理的最大特点是决策层与组织成员从根本利益上能够日趋达成一致，进而在需要形成协同力方面日益能够达成共识。这可以称之为近现代以来最为重大的精神变革之一，每个人都基于对工作意义的正确理解而建立起对组织和同事的责任观念。

与大约一百多年前的劳动力状况截然不同的是现在运用知识而非纯体力

工作的人越来越多，他们需要提高非常不易界定和衡量的工作效率。也就是说，他们需要在艰难和复杂的工作中通过自我修炼，变得更加灵活和务实。而从组织的角度，应该从五个方面着手提高他们的工作效率。

1. 界定每一个岗位的任务。

尤其是界定每一个岗位的核心任务，并且视核心任务为最终衡量工作效率的唯一重点。什么是核心任务？或许是现代一切组织最难以确定且有勇气用行动来回答的。何况很多情况下，只有知识工作者自己才能确定什么是当下的重要任务。

2. 记录和分析任务完成情况，做出新的安排。

每一名成员现有的意愿决定着他的工作态度、责任意识与自我管理意识，因此组织必须充分了解和尊重个人的意愿，赋予其一定的自主权。要从他的意愿、素质与能力出发，对其完成任务所需要的知识、心理、时间、体能（很多管理工作和专业技术工作相当需要良好的体能）等几个方面进行记录和分析，针对下一个周期（例如半年或一年）制订工作效率提升计划，对他的知识补充、心理建设、时间使用、体能调整等提出新的要求和做出新的安排，并按照逻辑顺序重新安排他的工作程序。

3. 设计和使用新的工具。

根据新的工作程序和每个人一向所擅长的工作方式，帮助他们重新设计完成任务所需要的工具（当然包括实物工具，但更多的是知识性工具），并组织开展掌握和运用新工具的培训活动（使人力资本升值）。

4. 对每个岗位的绩效提出新的要求。

根据前面三项工作的反馈，每年对每个岗位的绩效都要提出新的、清晰的要求。其中重点是创新。很多情况下，他们给自己设定的绩效要超出组织的预期。

5. 根据绩效确定报酬并实施奖惩（以奖为主）。

现实中，真正按照上述五点着手提高知识工作者的工作效率的组织，少之又少。但若不从根本上分析问题，则永远不会找到正确而高效的解决方法。

真正的灵活是永远不会忘记宗旨的，而真正的务实是永远都愿意选择灵活的。

孟子曾说："大人者，言不必信，行不必果，惟义所在。"在孟子眼里，领导者说话不必守信，做事不必求果，唯有正确的、公正的、合理的、应当做的事情，才是必须坚持的。

# 九
# 学习与成长

**导语**：什么是学习、成长？学习、成长与领导力有何关系？如何学习与成长？

# 什么是学习、成长？

学习，指一切获得知识或技能、改善心理与态度的过程。

学习的本质是基于行动的有意的改变。

学习最有效的手段是实践，包括模仿、刻意练习。

对职场人士来讲，学习其实是自主的终身行为。

任何人、在任何地方、在任何时间里、在任何情况下、采取任何方式，都能够进行学习。

对一个人来讲，任何结果都可以视为学习的结果。

成长，指身体、技能和心理向成熟发展的经历。

广义的成长是自然的发展过程（例如三岁小孩会穿衣服）。

更有意义的成长是自觉而主动地加快成熟的历程。

死亡（或破产、解体）是成长的一部分。

学习与成长既是职场人士的基本生存方式，更是人生收获幸福感的根本理由和依据。

学习是成长的加速器。

学习可以让人成长为"人"——每个人只能依靠自己去实现。

## 学习、成长与领导力有何关系?

在所有资源中，只有人具有成长性。

也只有人，才是最昂贵也是开发和使用效率最低的资源。

学习与成长是成为领导者的充分且必要条件。

学习与成长是领导力的源泉。

领导力只能依靠学习与成长去提升。

领导力是检验学习与成长的权威指标。

对领导者而言，学习与成长是终身之事。

未来对于管理者和领导者而言，将更具挑战：

1. 广泛地应用AI将使管理者和领导者的工作领域更扩大、更有深度、更有创造性，甚至需要更多数量的管理者和领导者。

2. 高度地分权。

3. 工作时间更具弹性。

4. 自主性更强。

5. 更灵活的、跨地域及跨专业的、不断重组的、从头到尾地完成某项具体任务的小团队将成为常见的组织形态。

经常能看到某些优秀的领导者似乎并不爱好读书，但千万不要以为他们没有在学习与成长。事实上，他们一定无时无刻不在学习、无时无刻不在成长。

反过来说，我们也经常看到某些人爱好读书，但千万不要以为他们一定能够获得学习与成长。事实上，他们当中某些人只是爱好读书而已，并没有意愿或根本就没有能力成为一名真正意义上的领导者（哪怕他们就处在领导岗位上）。

## 如何学习与成长？

优秀的领导者都具有持续学习与成长的习惯。

对职场人士来讲，更快捷的学习与成长是效仿成功领导者。

总结能力是成为领导者最为迫切需要提升的能力。

更优秀的领导者较之他人只是拥有更为突出的学习力。

每个人专注于成长是最终使组织获得成长的前提。

无论对于个人还是组织，成功只是成长的副产品。

在任何组织内，注重学习与成长的人往往会成为领导者。

斯宾诺莎说："人类所能进行的最高尚活动便是学习。"

借用经济学的边际收益等概念（边际收益指每增加一单位产品的售出所取得的收益，边际成本指每一单位新增生产或购买的产品带来的总成本的增量，当边际收益等于边际成本，此时边际利润等于零，即达到利润最大化），每个人也都应该在学习与成长这方面追求收益最大化。

要做到学习与成长的收益最大化，首先要根据自己所处的位置进行选择，搞清楚学习与成长的方向和重点是什么。

通常对高层来讲（无论正副职），最重要的是学会制定战略。

对正职来讲（无论职级高低），最重要的是如何做正确的决定，特别在处理复杂问题和驾驭复杂局面的时候。

对副职来讲，最重要的是如何更好地执行决定。

对员工来讲，最重要的是提升做好本职工作当中核心业务的技能（例如会计的工作内容有十几项，但核心业务只是记账）。

对中层来讲（无论职级高低），最重要的是承上启下。

对基层来讲（无论担任何职务），最重要的是做好事情。

对经营管理层来讲，最重要的是协作。

对专业技术层来讲，最重要的是掌握和运用核心技术。

对技能操作层来讲，最重要的是提高动手的熟练程度。

但对所有人来讲，要认真思考和回答以下五个问题：

1. 我的优势是什么？

2. 我的风格是什么？

3. 我与他人协作的能力如何？

4. 我更适合出主意还是更适合做事情？

5. 对照他人的特长，我可以调整和转化的是什么？

通过回答这五个问题，可以辨识学习与成长的方向与重点。


要做到学习与成长的收益最大化，还要了解最适合自己的学习方式是什么。

在教育界和培训界，最为低效或接近无效的假设就是认为学习的方式只有一种是正确的，而且适用于每一位学生。

对一名管理者而言，通常有以下几种学习方式：

1. 实践（包括游历、训练和效仿）。

几乎所有人都认可实践是最根本、最主要的学习方式。

2. 阅读。

正确地阅读会使一个人快速成长，这是毫无疑问的。

现实中，的确有很多优秀的人并不经常阅读。但这并不等于说，他们如果喜欢阅读就不会变得更优秀。

3. 培训（不只听课，还要与他人讨论、交流）。

事实上，很多人过于重视听课的意义，却忽视与同学讨论、交流的意义。其实，若没有即时与同学的讨论与交流，听课就没有多大的意义——尤其对管理者来讲。

4. 反思（包括研究）。

任何方式的学习都离不开这一点，否则无法升华。

5. 随时记录（包括写作）。

随时将自己的所见所闻或灵感记录下来。

需要观察——向外观察和向内观察。

需要体验和感受，愿意尝试新事物、愿意感受自己的感受。

需要练笔，文字是思想的外显。只要不管不顾地写、写、写，总会在某一天忽然发现自己所写的文字开始有了灵魂。

很多人（例如学者）会被自己所写的文字所震撼。

6. 请教（包括听自己说话）。

孔子说："三人行，必有吾师。"只要愿意张口请教——不论向任何人请教，总会有意想不到的收益。

也的确有人是通过倾听自己说话进行学习的，尤其是滔滔不绝的讲授、激情奔放的演说、即兴挥洒的发言、自由碰撞的辩论、漫无边际的聊天。

7. 确立目标。

只要有目标，并且真的打算去实现，且一直在努力着，那么一定会源源不断地吸引资源，使自己获得成长。如果目标很聚焦，那么成长会更快更好。

8. 运动（包括冥想、睡眠、吃喝玩乐）。

冥想属于运动范畴，它是一种高级运动，身体的能耗极低，因而精神的力量很强大，可以增强自我觉知。从健康角度讲，睡眠是王道。人类千百万年进化的身体是有智慧的，很多人只要大汗淋漓地运动一次、酣睡一场或纵情地吃喝玩乐一番，确实能够脑洞大开、灵感泉涌。

上述学习方式，必有至少一种是最适合自己的。

但令人惊讶的是，几乎大多数人都不知道适合自己的学习方式是什么，甚至就算知道适合自己的学习方式是什么也没有坚持刻意地按照这种方式去学习。

可以这样说，凡是按照适合自己的学习方式去学习的人，几乎都会成长为领导者。

任何学习方式，离开反思都不会产生切实成效。

但人们总是会本能地避开促使自己深刻反思的机会。

一次，一位领导跟我说："我参加过行动学习课程，我的真实感受是很不好，很不舒服。我觉得这不是我的观念落后与否的问题，而是他们的方法适配与否的问题。"后来我与另一位领导谈到这一节，这位领导说："他感觉到不舒服就对了！因为行动学习把不同的人放到了平等的位置和特定的情境，其规则排除了一些领导的权威和强势，面对其他优秀的人及独到见解的贡献会感到窘迫，他人的洞见性提问又激发了他内心平时不想暴露的消极思想，看到了自己的差距，脱离了舒适圈，检验出这个人平时在多数情况下是怎样想的，以及他在紧急情况下将会怎样做，而这其实是他内心并不想看到的。"

无论身处什么岗位、从事什么工作，都不过是一个修炼自己的道场或工具而已。履行自己的本职、做好自己的本分，就是最好的修炼途径。其中，最重要的就是要安下心来、踏实做事，如此便会在任何小事上都有出色的觉知力。

有一个古老的故事，一位父亲让儿子去找山里的一个老人学道。儿子去了之后，发现那个老人是一名剑士。

那个老人每天让这个孩子干各种杂活儿，同时警告他自己随时会用木剑攻击他。一个月之后，这个孩子就能做到在任何情况下都不被老人攻击到。老人告诉孩子，他将用真剑攻击他。但孩子的觉知力已经练得相当好，老人用真剑也伤害不到他。

老人说：在你睡觉的时候，我会用木剑攻击你。孩子着实被打痛了好几回，但他后来渐渐练到即便是身体在睡觉，心神也是觉醒着的，老人伤害不到他。老人又说：你在睡觉的时候，我会用真剑攻击你。可这依然伤不到孩子，老人非常满意。

孩子在要离开老人的时候，忽然想：我能不能用木剑攻击老人呢？这时候，老人说：我已经老了，你不能有这种想法。孩子大吃一惊，原来老人的觉知力已经练到了如此程度。

孩子回到父亲身边，问父亲：不是说让我去学道吗？可那是一位剑士。父亲说：学剑只是学道的一个工具而已。

一个人若果真能在工作和生活中的各种小细节及平凡的事情当中，都能够安住当下、修炼出觉知力，那他就是生命本身，就是万物本身。


**成长需要时间，也需要机缘。**

四位陌生的同行专程从外地赶来，找我探讨培训。

同行："早就知道你，没太引起注意，三次到你工作过的单位办班，也没发现什么。但有几个细节引起了我的思考，比如有一次你曾经的同事跟我聊起V字形理论，我忽然感觉这些细节背后一定有一位灵魂人物。虽然知道你很早，但找到你很难，接受你更难，花了两年多时间。也可以说，知道得早，认同得晚。这次专程来就是想聊得透彻一些。"

我："机缘来了，我也很开心！"


学习与成长的秘诀之一，就是不试图改变自己（不做如同改变肤色般的努力，尽力避免邯郸学步、东施效颦），而是要根据自己所处位置搞清楚自己未来的成长方向和学习重点，运用最适合自己的学习方式去成全自己（完善那个内在的真我）。唯有发挥优势、取长补长（最多稍加调整和转化以最低成本去弥补短处），才能成就更优秀的、更像自己的自己。

或者说，要工作业绩的时候，当然是发展自己的优势来得更快。但要修心性的时候，还是攻克自己的弱处更为见效，且于长远来看，成果也将更为显著，也许会迎来人生的高光时刻。

每个人都有自己的使命。相信这一点，就会寻找它、定义它，直至感觉某种使命给自己带来巨大的惊喜和幸福感。

年轻人："我要努力向着您的方向成长。"

我："每个人都有自己的使命，你要向着你的使命前进。"

年轻人："恳请多指点。"

我："我能帮助你的，大概只能是向你提问。"

年轻人："好啊！"

我："我要问的问题其实很简单。第一个问题：'你到底想要什么？'先不用急着回答。花一年半载的时间，时不时地想想这个问题。每一次对这个问题的回答其实都会是不一样的，时间跨度越大，答案越不同。"

年轻人："谨记在心，我会持续思考。"

我："特别是在很多重要的当下，都需要回答这个问题，然后再采取行动。"

年轻人："嗯！"

我："当对这个问题的回答坚持较长一段时间的时候，你就可以尝试着回答我要向你提出的第二个问题，那就是：'当下做什么才是最重要的？'你可以每周甚至每天找出若干时刻问这个问题，然后按照自己的答案去采取行动。"

年轻人："我会持续认真思考，不啻微芒，造炬成阳。"

每个人向着使命前进的路上，都需要这样的提问来护持。

当然，学习与成长的前提是深知自己的价值观是什么。

若个体的价值观与组织的价值观不一致，最好的办法是离开这个组织（前提是个体的价值观不与整个社会发生冲突）。

再若一个人的价值观与自身的优势不一致（这很常见，例如春秋末期很有经商才干、被后人尊称为"商圣"的范蠡，却一心匡扶天下，曾助勾践兴越灭吴），还是应该遵从内心去做符合价值观的事情（唯有价值观会赋予事情以意义）。


在学习与成长这件事上，最终要回答这样的问题：

1. 我是谁？我想成为谁？

2. 我属于哪里？我将到哪里去？


在管理语境里，有些词汇是同义词，这对学习者意义重大。

试举几例：

1. 中正与开放。

当一个人保持中正状态的时候，非特指态度，更指判断。事实上，唯有对任何一件事情的结论或结果保持好奇，才会开放地接受事情的多种面向和多种可能性。

2. 需求与内容。

真正的需求并非由个体需求者定义，亦非由群体需求者定义，更非由满足需求者（供应方）定义，而是由创造需求者（往往并非已有的供应方）依据满足需求的效果来定义。无论怎样，一旦确定了需求，便会知晓内容。但若无内容的出现，也无法证明需求。

3. 提问与回答。

所有的提问都包含回答，所有的回答（往往是行为）都基于提问，无论事先是否知晓这一点。而参透这一点，就可以通过创造洞见性提问，打开行动局面。至少可以通过替换导致低效或无效行动背后的提问，促使局面改观。

4. 实践与基因。

实践（基于环境的演化）塑造基因，基因决定实践。基因的变异，由实践主导。实践的突变，由嵌入基因的经验（属于个体或组织）来表达。这不是宿命，而是规律。

世界是平的。向外学习不仅必须，而且并不像想象中那么简单。如果不能内化，就会邯郸学步，白费心血。

**拿来主义当然是对的，但内化才是王道。**

在2010年调入培训中心后，我接触到TRIZ，深感震惊。TRIZ意译为发明问题的解决理论，是由苏联发明家、教育家根里奇·阿奇舒勒和他的研究团队，通过分析大量专利和创新案例总结出来的。我引入黑龙江省某TRIZ团队，在大庆油田进行推广，收到意想不到的良好效果。我决心内化TRIZ理论，组建中心自己的团队，但没有成功。

调入到中国石油管理干部学院后，我又强烈建议学院领导引入那个黑龙江省TRIZ团队，通过培训项目在中国石油天然气集团公司进行推广，收到非常好的反响。我又建议领导内化TRIZ理论，组建学院自己的团队，取得了初步成功。

对年轻人来讲，犯错是一种主要的学习方式。如果不能在他年轻的时候通过犯错从中获得成长（低成本），那么很可能为他在担任一定的职位后埋藏下致命（高成本）的犯错隐患。

**任何事情，都可以成为学习的机会。**

一次，国内某位教授在某次国际学术交往中遇到当代最具影响力的管理咨询大师拉姆·查兰。教授很激动，决定向拉姆·查兰讨教几个问题。可是一个多小时的谈话结束后，教授忽然发现整个过程不知怎么变成了自己一直在讲中国的管理学发展现状，他回忆起当自己向拉姆·查兰讨教的时候，被对方反问了几个问题，才使自己滔滔不绝地侃侃而谈。他暗下决心，如果自己有机会再次见到拉姆·查兰，一定多听对方的教诲。幸运的事情又落在他身上，不久教授又在一次国际学术交往活动中遇到拉姆·查兰。他急忙问出早就想问的几个问题，没想到对方轻松反问几个问题，教授又不知不觉地侃侃而谈了两个小时。回到酒店才醒悟过来，悔之不迭。

教授跟我讲起这两个小故事的时候，一副即幸福又无奈的表情。我想，这不能怪教授，只能说拉姆·查兰的反问拥有强大的洞见力，这源于拉姆·查兰具有强烈的汲取意识。

从另一个角度讲，控制不住自己甚或得意洋洋地向他人推销自己的专业和特长这种习惯是会使自己错失很多聆听的机会从而妨碍自身成长的。

面对任何人、任何事情，都要把注意力放在"其中什么是有价值的？""我能从中学到什么？""我怎样做才是真正对自己、对他人都有益的？"

要养成输出的习惯。

对于理论家来说，讲理论并非输出，将理论付诸实践才算输出。而对于实践家来说，讲实践也并非输出，将实践提炼出理论才算输出。唯有这样的输出，才是最重要的学习方式。

成长是需要时间的，这如同酿酒。

因为疫情的关系，我有近五年没见到儿子。这倒使我们在微信里的交流更频繁且有深度。

我："自上次你谈到工作所悟，我就感到这几年的磨炼使你有了质的飞跃。"

儿子："嘿嘿，工作真的能很快地改变一个人。"

我："实践出真知。"

儿子："亲自验证理论，再拓展、丰富、完善它，才会成为企业人。我的工作可以提供很多这样的机会，对我很有帮助。老板说从我身上看到了质变，给我升职又加薪。"

我："升职加薪代表认可，老板通常首先认可品质，其次认可能力。我大学毕业荒废了十年，33岁才有点开窍，开始由此及彼地考虑问题，不再只盯着一个点、为了完成工作而完成工作。到38岁才有质变，眼里没有困难，什么问题都能解决，自信而沉稳。那时最擅长的事情就是判断方向和同上级领导打交道，很多事情是逆流而上做成的。"

儿子："领导对你的信任从何而来呀？"

我："应该是观察到我是一个正派的人。另外，我不断地用成果展现给他们看。有时他们反对我的想法，也同意我去尝试。"

儿子："竟然可以这样！靠经验多一些还是靠直觉多一些？"

我："直觉。但靠做人，才是根本。"

儿子："直觉也是从经验中提炼的。"

我："经验好比原料，要通过总结才能加工成优质产品。我的每一本书都是对自身实践经验的阶段性概括。感觉每完成一本书，就完成了一次升华。所以，写书其实是非常好的自我提升手段。我的第一本书《思维创新》其实是我大力推动企业内训时的一本内训讲稿，到现在为止都是国内少有的系统地论述思维创新的著作，知识性、趣味性很强。最初由中国经济出版社出版，几年后由中国人民大学出版社再版。书中有很多有趣的观点，思维是由人的品格与习惯决定的，人的深层底蕴决定人会产生什么样的思维方式，思维创新是一切创新的由来与去向。"

"第二本书《大匠无弃材》是我从事13年干部管理工作的沉淀，这本书被媒体誉为'目前国内人力资源管理书籍中，最中国、最符合中国企业个性气质的扛鼎之作''海内外近十年来论述大型国有企业用人的道与术中，最为出色的一部作品'。"

"第三本书《隐藏的教练》是一本纯讲提问的专业著作，国外也不多见。这本书写了115篇对话，都是我亲身经历的案例，每个案例配有结语，对提问进行专业性解读，既生动有趣又系统深刻地呈现了洞见性提问的惊人效果与永恒魅力。"

"第四本书《管理者怎样学习》是一本积淀着20多年大型国企人力资源工作实践的心血之作，实战性和学术性都很强，案例很丰富，也很生动。这本书强调'以改变为目的'的学习才是管理者学习的首要特征，管理者必须自己培养自己，致力于在学习中解决工作难题、优化心智模式、推动组织变革。"

"即将出版的《让对话温暖而有效》是一本教人说话的书，这本书想告诉人们，生活中的每个人都需要通过提升对话水平来提高工作和生活质量，而慈悲与灵活才是对话的灵魂。若无慈悲，对话将充斥着功利、技巧和无聊；但若无灵活，对话将使人感觉空洞、贫乏和无趣。这需要通过刻意练习，尤其是提问。"

儿子："其实每本书我都应该看一看。"

我："随着你对工作领悟越来越深入，你应该好好学习一下怎样提出洞见性的问题。迄今为止，人类所有的发明创造背后都是源于一句洞见性的提问。提问是行为的预设，行为是提问的结果。人与人之间打交道靠对话，富有建设性的对话，取决于你能提出怎样洞见性的问题。"

不论是渐悟还是顿悟，都与时间有关。

无非一个漫长，一个刹那。

但是，时间真的存在吗？没有！只有当下。

漫长，也由无数刹那组成。

人生，只有当下。


实践出真知，这话道出了两者的逻辑关系。

老同事："初八就上班了，又开启两点一线的生活，简单且充实。争取以有限的时间、有限的能力、有限的空间，多做点有用有效的事。"

我："对！相信实践。实践是什么意思？不只是'实干''做事情'的含义，具备四个特征，才能叫实践。第一，尝试性。指特别的、个性化的、具胆略的、探索性行动。第二，长期性。指聚焦于一个方向，全力以赴，不分散精力去面面俱到，只主攻一件事情，并付出艰苦努力。第三，创造性。指不相信任何人、任何理论、任何框框，具有独立的创意。第四，具远大目标。凡不是为远大目标的一切'实干''做事情'都不能叫实践。泛用或滥用实践这个词，危害甚大且隐蔽。'听话'且'干事'的人，算不上实践者。"

另一位老友："最后一句话，让人深思。"

一位年轻人："大部分人的实践可能还停留在既定框架里的操作，有创造性突破性的摸索可能并不是所有人都具备这种条件和机会。"

我："这是一个十分重要的问题，之所以很多人很多组织做不好工作，主要是对实践的定义弄不清楚或望文生义地自以为很清楚。"


**养成记录的习惯。**

某天偶翻日志，我看到自己记下的2020年2月29日给北京师范大学MHR、MAP研究生授课的几段话：

"兴趣不是行动前的想象，兴趣是行动后的选择。甚至需要与某些东西长期周旋之后才能决定是否感兴趣。"

"要创造机会跟很重要的人接触，养成将大部分精力花在很重要事情上的习惯。"

"想要表达一个观点时，最好是讲故事，不要定性，定性总是很危险的。"

"做有技术含量的事，做其他部门不能做的事，做其他部门能做但角度不同的事。"

"有时背锅就是有担当。"

"无论成为一个优秀的好汉还是一个糟糕的坏蛋，都需要这种执着。"

"用好的制度和流程管人，可以帮助管理达到80分。但如想接近满分，还需要企业将价值观融入其管理体系。"

"困难是一种主观的情绪。做成一件难事的办法，就是不当难事做。难事之所以叫难事，是因为这件事能够做成，只要我们不把它当作难事。"

"我们许多时候从事不到自己最热爱的工作，那么就想办法热爱所做的工作，全身心地投入到当下的每一个细节中，专注于当下的每一件小事显得尤为重要。"

"在人力资源管理的任何情境下，都要有良知。"

"片面就是某种深刻。"

"只认可体验过的道理。"

"干部考核是过程中的事，而不单单是结果。我们更多的是将案例看作一个人的成就，那些有血有肉的案例和故事，极为生动地描述了一个人的多个侧面。"

"我们认为的困难很可能是想象出来的，在很大程度上是因为我们没有亲自下场、沉下心来、扎扎实实地去做事。"

"这个人安排在这里可能是不合适的，但是从全局的角度来看就是合适的，这才叫优化。"

灵感之所以宝贵，就是因为她往往只光顾一次。


内训既是组织成长的最快通道，也是教学相长的最佳形式。

内训活动应成为组织的工作方式，即由岗位实践极其出色的人，运用亲身经历的案例及经特别训练掌握的知识萃取技术，带领做同样工作的特定群体，基于各种实际工作难题，共创切实可行的行动计划。

内训最大的价值是基于情境去创造和传播知识。

内训师与学员都是基于情境去创造和传播知识的主人。

例如市面上讲沟通的课程很少谈到职位、代际、地域因素对沟通的影响，这样的课程等于什么都没有讲。对职场人士来讲，脱离情境的学习是没有实际意义的。

在一次讲授国企领导力课程之后，收到年轻学员反馈：

"那老师的授课方式与寻常老师干巴巴讲理论的方式很不相同。他用一下午的时间为我们带来了他自己的真实的故事，让大家在故事中体味其中蕴含的奥义。"

"老师讲'大匠无弃材'，这句话很短，但极具震慑力。"

"这门课程是一次非常难忘的体验。不仅涉足了一个我完全不了解的职场世界，也从老师结合自身经历的生动讲解中了解了许多识人用人及处世之道。老师通过六个故事来引入用人之道的主题，又通过积极互动的方式，由同学提问与师生交流来推进课程。"

"当面谈话会增加影响力和被认可的程度，信任感会更强。发挥影响力就是发挥领导力。随着对权力意识的冲击和反抗，传统的'硬权力'如法定性权力、惩罚权力的影响力越来越小，'软权力'如参照性权力、信息权力的效果更加显著。在同级之间的影响或者下级对上级的影响中，缺乏实行'硬权力'的条件，只能依靠'软权力'产生影响。"

"在实际管理中学习，或在模拟场景中体验，都是让人获得直接感受，发掘该情境下自身的真实反应，才能做出最有针对性的改变。而同伴学习和以有经验的精英为教练，都会启发更好的解决方法。现实生活中没有相同的情境，因此学习别人的经验不是生搬硬套，而是将他人成功的因素迁移到自己的情境中，经过改造和整合才能真正应用。"

"老师说'虽然行动前需要思考，但决策比思考重要'。"

"当然收获最大的是老师口中的'真话'，可以为我日后管理人积累知识，等待时间将我锤炼成有能力在公司中使用这些'真话'，也等待时间去打磨出新的用人之道。"

"最大的收获是：要倾听他人的想法，促使他人进入决策过程。"

"老师说跟一把手打交道不要占用他太多的时间，最好不要超过三分钟，超过三分钟，他可能会不喜欢你。这个经验让我想到在实习公司的时候，一些同事为了想在领导面前多表现一些，有时候不知分寸、不识时务地占用领导的时间。我要在以后的工作中锻炼自己简洁果断大方的沟通风格，给同事和领导留下好印象。"

"那老师提到'不能实现共赢的原因是不相信共赢。一开始就要冲着共赢去，不考虑困难，所有的困难都可以帮你发现有利因素'。我首先想到心理学中的归因理论，遇到问题的时候，把问题的原因归因为外部因素还是内部因素，归因于内控因素还是外控因素。不同的归因，会导致人们不同的行为。面对困难的时候，要学会正确的归因。其次，我想到心理学里面的'吸引力法则'，指思想集中在某一领域的时候，跟这个领域相关的人、事、物就会被吸引而来。"

"除了用人以外，老师讲的还可以用到生活上。比如老师提到：困难是一种情绪，它可以用来发现我们的价值观和信念，我们会因为什么样的事情激发起我们的情绪就证明我们真正在意的是什么。情绪是神经系统为我们安排的哨兵。所以我们不要调整情绪，而是要看清它，以此来检测自己的价值观。如果能将困难看成一种情绪，那么整件事情就会变成：可以做，会成功。由此就可以转换困难。比如一件事情张三是困难因素，那我们应该想的是：'张三不可以，那么李四行不行？''怎么做会将张三转换成积极因素？'学会转换困难、相信可以做到共赢，那么我们就会离共赢又进了一步。"

"老师说困难是一种情绪，不要调整情绪，情绪是用来发现自己的信念的，情绪是用来检测自己的价值观是什么。看清自己的情绪，会让你觉得'可以做''会成功'，所有的困难都可以帮你发现有利因素。听完这一番话，让我有一种被点醒、被触动的感觉。有时候并不是事情真的有多难，而是自己把事情想得太难，还没有开始做，就找到千百种不去开始的理由。情绪会放大我们看事情的程度，也可能会歪曲我们看事情的角度。当觉得为难的时候，先好好觉察自己的情绪，再尽量以一个第三方的视角来看问题，能帮助我们更好地还原事实的真相。"

"老师讲'最好的政策，都是个性化的。没有最好的政策，只有更适合的政策。好的政策是实践出来的，不是借鉴过来的。政策不宜过度追求先进性'。老师这个观点我很赞同。"

"老师根据多年的经验，教给我们识人的方法：找准时机、动态识人。观察的时机可以是组织重组时、重大安全稳定事件时、干部交流时、一把手变动时、重要政策出台时、发生突发事件时、本人受到组织处理时……要观察一个人在这些事件前后表现进行对比分析。还可以通过投资行为和困境来识人。越是困难的企业，越能出好的干部，因为在困难的企业中会有更多处理困境和思考的机会。考察干部不能光看报告，更要到一线、到现场去。这里老师又举了一个我特别能理解的例子：看一个人家的厨房就能看出这个人过日子的态度。"

"老师说'现场能看到很多问题，给人一种感性的认识'。在组织用人前的考察中，此人的优点和缺点不是最重要的，重要的是他最能做好的一件事是什么，他稍加学习就能在未来做好的事是什么。短短一下午，我记了很多笔记。"

"老师指出国企的企业文化其实就是一把手文化。一个好的一把手不一定会当一个好的副职，一个好的副职也不一定会当一个好的一把手。这句话让我对于国企人员晋升的方式有了新的思索。老师还强调在用人的时候，要注意相处的方式，一个好的管理者会以成就人才为目标，会着重表扬，减少批评，尽可能授权，让人才真正得到锻炼，让他们学习为自己的决定承担责任。"

"老师讲到，不要孤立地考核干部，要把干部放在班子、企业里去考核。也就是说，要建立全面的考核系统，把考核干部与优化班子结构联系起来思考。实践是检验干部的唯一标准。从实践中来，到实践中去，重点考核他能干什么、未来可以干什么。"

"老师讲到在用人方法上，要调动人的积极性，多表扬，少批评。这和我们心理学的观点是一致的。我认为作为一个成功的领导，就要学会授权，否则所有的事情都要亲自去做，这使得事务性工作量大大上升，领导者没有时间思考一些战略性、政策性问题，一些小事让领导者忙得团团转，他也就没有晋升空间了。对于小人，我的父亲跟我讲过，千万不要惹小人。因为，小人每天啥也不爱干，就琢磨着害人，一旦招惹，将永无宁日。老师讲'对难缠的是非之人，多安抚，少招惹，冷处理，不结怨'。"

"如果工作让你毫无压力感，你就该提高警惕了，这可能说明你遇到了瓶颈。一个有压力的工作，可能会让你快速成长，也可能让你心理崩溃，选择退出。中国正在飞速发展，我们每天面临不同的挑战和机遇，这就要求我们具备一定的抗压力，抵住压力，迎难而上。这就是那老师给我的启发，我会继续努力，做一个思想有高度、沟通有技巧、负责有担当的人。"

"我感觉到老师的每句话都蕴含了他多年来的亲身经验与深刻思考。这堂课给我带来很多启发，对我未来的工作很有帮助。"

"课程结束时那老师的精妙总结，是我非常赞同的观点，'用人的根本是人道精神，是爱，用好自己才能用好他人，符合人性的管理才是人道的管理，在管理中提升人性的境界是企业的社会责任。归根结底，价值观的管理才是真正的管理。'"

对迫切需要解决问题的职场人士来讲，学习怎样更好地运用已知要比学习新知重要得多。就学习的本质而言，学会运用已有的知识其实也算是掌握了一种新知识。

在企业里，更重要的是在实践中学习，多么有知识、多么有潜力并不是值得特别看好的理由。假如一名学霸入职时表现出很好的潜力，那么在人近中年时他未必就比其他同龄人更优秀。

任何新的现象都值得重视。

凡出现过的，一定会再次出现。

凡只是出现在头脑里的，终将在现实中出现。

凡重复出现的，一定有其规律可循。

这便是学习与成长的过程。

一次，我对同行说："注意第一次，研究第二次，创造第三次。"同行问："怎么解释？"我说："所有第一次出现的事物，都要引起我们的注意。"同行点头说："这很好理解。"我说："当它第二次出现的时候，我们要研究。"同行说："这虽好理解，但主观上想达到研究的程度，恐怕还远不够。"我说："我们真正所要做的，其实是创造它的第三次出现。"同行重重地点头："您前面说这句的时候，我完全没有理解，但现在忽然懂了这句话的含义，非常深刻！"片刻，同行又补充道："不同的是，当它第三次出现的时候，人们以为是全新的。"

领导者如果能够做学问，就实践那部分而言无疑是具有极大优势的。但任何人做学问，都要从最基础的部分开始。

例如不知晓每一个汉字的蜕变（必读《说文解字》）、不知晓每一个英文单词的词根的原意，研究学问也难。

更不要小瞧名词解释，例如"管理""管理者""领导力"之类的名词，几乎绝大部分人都在误读。

我常对同事说："做培训，懂英文太重要。"

一次，我读一本英文翻译成汉语的培训专业书籍，对书上的一句话总感觉很模糊，莫名其妙。

我没有学过英文，只学过日文——当然学得很烂。

于是，我问精通英文的杨老师："这个地方用'环境'这个词，英文中'环境'这个词有其他的解释吗？"

他扫了一眼，说："我也看不懂这句话。不过，你的提问倒使我有点开窍，'环境'这个词英文中也有'上下文'的意思，似乎更妥。"

我恍然大悟，说："啊！那我懂了。"

杨老师："不过，此处翻译成'环境'这个词倒没有错。"

我："明白。这就是翻译难的地方。"

又一次，听韩老师讲："哈佛商学院强调培训的情境、方法、内容，同时很强调'知识''技能''品格'这三个词。"

我听了，没有感到特别的深意，至少没感觉有什么新鲜。

但第二天，听占老师讲："'知识''技能''品格'这三个词最早是美国西点军校总结的，但翻译的不太对，应该翻译成：新补充进来的系统化的知识、基于个人职责或特长的大量练习、在向他人学习的过程中成为自己。"

我惊醒似的脱口说："这就对了！这么翻译肯定对。"

培训的精彩世界，目前还是英文的世界。


真正的学者未必会流畅动人地演讲，但当他现场回答问题的时候，那份纯真的表达和深刻的见解一定是无与伦比的。

相传普朗克获奖后，常奔波于各地演讲。他的司机说："您每次讲的都一样，我记得烂熟，这演讲也太容易了，我也能讲。"普朗克同意让他试一次。一次在慕尼黑，司机登台对着一群物理学家演讲了一番，讲得跟普朗克一样，内容非常完整。这时，一个教授举手，请教了一个非常专业的问题。司机笑着说："这个问题，我让我的司机回答一下……"

这个故事流传甚广，但无从考证。我的爱人是医生，她倒给我讲了一个与此相似的真实故事。一次，一位专家到央视做节目，现场怎么拍导演都不满意，这时陪同专家前来的办公室主任急得上前演示教专家怎样讲，导演对办公室主任的表演非常满意，竟然问可否由他代替专家来演讲，专家也泄气地表示同意，但办公室主任却说绝对不行，因为自己不会回答问题，他对导演说，专家回答问题的时候会非常精彩。于是，导演将节目做成了问答为主的形式，大获成功。

当前的流量学术明星，有多少是有真才实学的呢？入戏太深，或许连自己都会相信自己就是普朗克。

无论哪行哪业，也无论在什么岗位上，年轻人都要关注自己所在组织的核心技术。

某位年轻人，入职以来不曾对组织的核心技术发生兴趣，一心一意走在通往仕途的路上。然而这样的人，未来能当好领导吗？不会！充其量只会成为一名政客。

一次，一位朋友跟我说："有几个人聊天，竟然评价另外一个人'说真话是政治上不够成熟'。"我说："这种拿腐烂当成熟的现象，在体制内还是很普遍的。"

我多次告诫自己的徒弟："在像我们学院这样的学术机构里，单纯地走仕途是没有意义的。除非成为学术权威之后再走上学院领导岗位，他才会真正懂得学院的主业与核心技术是什么。"

关注什么就会成为什么。除了关注组织的核心技术、核心业务，年轻人还应该养成的习惯是关注自己的优势是什么以及附带发展出来的优势是什么、未来稍加努力就能做好的事情是什么，而不是关注自己有哪些弱点不足或始终做不好的事情是什么。

附带发展出来的优势，这一点倒是不易觉察——领导力的多维素养之间必然是不同程度地相互关联的，例如美国著名游泳运动员菲尔普斯夺得了2008年北京奥运会8枚金牌，甚至意大利选手法比奥·弗里利在第27届悉尼奥运会田径男子铁饼和排球两个跨界项目上都获得了金牌。事实上，这是关于学习力迁移的重大问题。用一句笑话可以形象地说明这个问题，"一位厨艺上佳的裁缝，很可能是个好司机"。

人总是有缺点的，这不足为奇。任何优秀和卓越的领导者也都会有缺点，只是他们懂得如何不使用到自己的缺点，而且懂得如何使用他人的优点来弥补自己的不足。

今天的学习形式已经发生了深刻的变化。例如在线学习、利用AI来学习。

在线学习无论如何进化，其本质都是一种消除分离的学习。利用AI来学习，将成为未来最重要的学习形式之一。

学习的效能，主要体现于决策。

部长喜欢在做决策时发扬民主，让大家畅所欲言。有一次我说："通过充分发扬民主而做出的决策，往往使每个人都感到些许不满，同时有安全感。但正确而有效的决策，往往只是少数人甚至是一个人做出来的。"

部长意味深长地看着我，说："如果我不去充分发扬民主，你还会对我说这些话吗？"我一怔。部长说："不过，你的话对我有启发。既要民主，又要集中。"

学习的角度，可以有很多。

任正非有一次约一位老师喝茶，俩人第一次见面，任正非说："王老师，你的新浪微博有9400多条，我时常看。"王老师经常到各地讲稻盛哲学和阿米巴经营，便扯起自己熟悉的话题："中国兴起稻盛哲学热，有些企业家想让员工改变工作态度，多干活，少要报酬。其实，稻盛和夫就是一个制造精密陶瓷的，却建设了两家世界级500强……"任正非打断他的话："王老师，你根本不了解稻盛和夫！你说'他就是一个制造精密陶瓷的'，太过轻淡！稻盛和夫做的精密陶瓷，你知道吗？那不是你通常认识的精密陶瓷，那是氮化镓，是一种新材料。未来精密医疗器械和电子网络的核心部件，有广阔的应用场景。氮化镓在未来10—20年会引领一场实实在在的新材料革命。"

任正非接着说："京瓷有全球一流的化学家、物理学家和数学家，稻盛哲学就是他们几十年如一日，聚集优势资源击穿一技，不断追求极致，才拿出了引领新材料革命的好产品。没有引领新材料革命的氮化镓等产品的支撑，稻盛哲学如何能够走出日本？如何能够走到中国？皮之不存，毛将焉附？！你这样脱离产品空讲哲学，会害了一大批中国企业家！"王老师问：

"那请您给中小企业一个建议，您会说啥？"任正非说："50亿以下的小企业不要找方法、找模式、找套路，做企业就是磨好豆腐给最亲的人吃！只要守住这一条，就一定会有活路。"

王老师撰文将这次会面经过呈现出来，称"一下子我的脸就红了。我的书他看，我的文章他读，我与稻盛和夫的对话是吸引眼球的。但是，任正非一闷棍就打过来了！"

既然如此，任正非为什么主动约王老师喝茶？说明任正非学习的角度非常多。

**学习的角度，取决于对未来抱有坚定的憧憬和信念。**

有一个时期我每年都去参加培训年会，每次回来都对同事说："虽然贩卖概念者居多，但我对听到的任何事情都感兴趣，都能联想到有用的东西。"

虽然经常不得已参加各种会议，我每次也都奋笔疾书，将许多思考记录下来。例如有几次，我受到同事黄处长、谭主任的表扬，称赞我竟然在任何会议上都能思考。

还有一次，我参加美国领导力专家伊莱恩·碧柯的工作坊，她称赞我一直在思考和记录。

**学习的目的，全在于应用。**

一次我与一位年轻人聊到SWOT分析，年轻人说："这个我读研究生时学过。"我问："那你用过吗？"年轻人说："没有。"我说："那跟没学过没有什么区别。"

我接着讲了一个故事："我选行动学习小组长经历了三个阶段，最初选有权威、有号召力的，这个阶段有三年。后来我发现有问题，就开始选择年轻的、好学的，这个阶段有两年。后来我发现还是有问题，就选包容的、好奇的、尊重规则的，一直到现在，有七年。算来我花了五年时间，才学会选小组长。”

关于学习与成长、关于提升领导力，可以用到一句古语：看花容易绣花难。

对管理者和领导者而言，任何情况下谈论素质与能力的前提都必须是基于岗位与核心业务才有意义。同时，具备任何一种素质与能力并不是最重要或值得骄傲的事情，而是要问："那么，他的行为特征是什么？"若没有基于岗位与核心业务应呈现的行为特征，任何素质与能力都没有意义。而一个人的行为特征不仅仅与他的专业能力相关，更与他的品行、个性相关，且与他在做事情时所处当下的情境相关。

人类是哺乳动物，成长也是需要反刍的。

一次我到某公司为中层干部培训班讲授第一课，讲"学习是怎样发生的"，课后有学员说"枯燥"。至培训班结束之前，后面授课的老师告诉我，不断有学员提到第一课的内容，那位称"枯燥"的学员说第一课对他仿佛一笔"存款"，他在后面的课程里可以不断"提现"。

所有的经历都是一笔笔的"存款"，需要优化思维模式（找到密码）才能"提现"（获得成果）。

职场人士读书，第一要选准，第二要反复读。

选准并不容易（很难），反复读则需要定力与勇气。

有位同事推荐我读李中莹先生著作《重塑心灵》，当时没在意，读了一遍自以为读懂了。后来又读了七遍，且应用于授课，才有些懂。现在这本书就放在案头，随手翻阅不知多少遍。每日所遇之人、所闻之言、所观之事、所做之事，皆能联系书中某些部分去理解和应对，真切体会到融会贯通的感觉。

例如一次谈到子女教育，朋友说："这是学校和社会的问题，我们家长是无能为力的，只好顺其自然。"我说："你这段话用NLP的信念系统理论可以这样来分析，'这是学校和社会的问题'，属于信念部分；'我们家长是无能为力的'，属于价值部分，'只好顺其自然'，属于规条部分。"朋友问："什么是NLP？"我说："NLP是神经、语言、程序三个英文单词的首字母，它是一套效果强大、快速又含蓄的技巧，能够广泛和长久地改变人的思维模式，使人获得更大的灵活度和能力。"朋友问："那它怎样解决我刚才提出的问题呢？"我说："这要运用NLP的另一项研究成果——检定语言模式，使用提问的方式，例如：你说的'学校和社会的问题'，在你刚才谈到孩子的那件事情上具体体现在哪里？如果你感到'无能为力'，那么你将怎样看待和履行自己作为家长的责任呢？'只好顺其自然'，是指无法采取任何可行的有效措施吗？"朋友想了一会儿，说："确实有触动！开始思考自己能做点什么。"

　　学习，关系到民族的记忆。
　　一次到某研究院授课，30多位高学历中青年专业技术人员竟然没有一个人知道陈云是谁，我深感震惊。
　　失去民族记忆是最可悲的事情。

　　苏格拉底说："人类的知识是一种回忆。"柏拉图说："所有的学问都是灵魂的再度觉醒。"培根将人类知识分为"记忆（历史）、想象（文艺）和理性（科学）三大部分。"
　　我第一次打高尔夫球的时候，震惊到了身边的教练，他说我极有天赋。我第一次射击的时候，五枪打了46环，震惊到了教练，说我极有天赋。这两件事分别过去了至少20年、40年，现在回忆起来，自己当时打球和射击之前就冥冥中感觉十分自信，感觉自己像老手一样，只是通过回忆去打球、射击。
　　近年喜欢读脑科学方面的书籍，据说人类祖先将经验嵌入到基因，人们后天遇到合适的情境，嵌入到基因的经验便能够自动表达。人类在探索宇宙，但或许应该从探索自身开始。

我们今天的成长经验，终究会嵌入基因。

人类的文明就是这样薪火相传。

**少年强，则国强。**

某日，姚老师说李老师要来见我。我想李老师70岁的人，我怎能让他跑来，便去见李老师。李老师很谦虚，阅读量很大，非常勤奋，他跟我说《管理者怎样学习》这本书他刚刚读了第三遍，还准备读。他跟我讲了三个小故事，让我记忆犹新。这三个小故事非常相似，都是某年轻人社团，请李老师去讲毛泽东思想。其中一次，某上海众多民营小企业年轻经营者社团还声称没有讲课费，只出交通费和住宿费。

唯有年轻人觉醒，民族才有希望。

**反思是学习与成长的催化剂。**

某日，一位诤友问我："你能说出不喜欢自己的三个理由吗？"我一惊，随口说："当然。总被人视为清高、总上网下棋、总看抖音。"他目光犀利，用十分肯定的口吻说："我信。但有一个更重要的理由你没有说。"

成长的过程就是这样，每个时期总会有一个不喜欢自己的理由是不想告之于人的——哪怕是对诤友。

**家教是一个人学习与成长最深厚的背景。**

2018年初夏，在医院里陪护母亲。母亲对我说："以后出去讲课，不要跟人家要那么多钱，也不要让人家叫你教授。"母亲是新中国成立前参加革命的老干部。我问："那是为什么呢？"当时母亲躺着，面部祥和，微闭着眼睛，嘴唇动了动，她大概是没有在心里措好辞，便没说什么。

正是因为母亲没说什么，才让我感觉说了很多。

如何关怀和激励年轻人成长是组织的核心竞争力之一。

身边从2018届毕业生开始，忽然很多都进入迷惘状态，无方向感，散漫而随性，又不愿苦学，缺乏笃定的气质。

从根本上讲，班子建设对中层干部带队伍有很大影响，会形成不会带、不愿带或不敢带的组织文化。年轻人身上的问题，其实折射着班子和中层干部的问题。

优秀组织的成长，必然是老中青联袂奔赴共同的目标。

读书不能全凭喜好。

喜好只是在培养偏好。喜好检验着一个人的价值观。读书只是修身的手段，修身的目的全在于成事。读书之难，首要在选择读什么书。其次，在于反复读一本书。读到能背诵的程度，进而每经历一件事都能自觉地应用所学。

一个人，应该警惕自己的任何喜好。

精通比博学重要，而精通在于应用。

有位培训界朋友，凭兴趣去美国学过生命能量、企业教练和NLP（身心语言程序学），但据这位朋友讲既没有应用于工作，也没有应用于生活，至今只是作为知识储备在笔记本里。

我不怀疑这份知识在潜移默化地影响着这位朋友。但若能教出来、用出来，知识的力量才会最大限度地彰显。我一直坚持将每日学到的东西分享出来的习惯，在亲友微信群里讲给亲人、朋友和学生，也常常会收到他们精彩的反馈，对我亦有教益。

团队的核心要素不在于硬实力，而在于软实力。

某次带团队给某集团公司50多位高管做行动学习，集团公司董事长上午没来，但下午和晚上、翌日上午都全程参加。我们的催化师上课比学员来得晚，踩着点来，三年半里也只训练过一次，有两位在翌日上午中场休息后就走了，没听到董事长讲话。董事长讲得极其精彩！那两位催化师其实可以听完再走，理由是下午试讲新课，其实中午完全可以驱车返回，只是辛苦一点。返程时大家在车里复盘，有位催化师坐在前面，自己说完拉倒，别人说的没有听。当我讲解到重要的技术问题时，也没有几人听，有的还把话题扯到别处。

幸运是需要时时注意到的，最终才会成为幸运的人。

**幸福就是要在此时此地实现才有意义的。**

很多我的学员甚至同行都说过类似的话，例如宁肯调到我们学院扫地，也想听我的课与我一起修炼成长。

人们总是以为幸福的生活只在别处的远方，连同那些有趣的人、有学问的人、有道德的人、高尚的人。

其实笨想想，都不可能是这样的。

**正确地执行正确的决策，还须下一番苦功才行。**

很多年前曾在大庆油田接待过国资委挂职锻炼年轻干部。横竖怎么看都是一项英明的决策。那些曾经的学霸、今日的骄子们，多么需要与工人们同吃同住同劳动、与普通劳动者建立起深厚的感情啊！可是一年内，他们打算得很精：游览祖国的山水、尝遍各色当地小吃、读博、央求海外项目组带他们出国。

汇报会上，却很能说，深深打动了前来听取汇报的领导。现在有一个词：精致的利己主义者。谁这么有创意呢？竟然有人总结出来这么精准的词汇。

**在完全不同于本专业的领域进行深耕，是很有必要的。**

我保持下围棋的爱好至今已有四十多年，近二十多年我研究围棋的另一种与传统截然不同的下法（不论是人类还是AI都不承认的下法），我却用这套战法能够升至六段（线上平台的业余段位）。最初我这样做的目的是研究人在对弈时的心理与思维，现在我已经以此为专长在培养我对管理学与领导学进行研究的信心、开放精神和孕育灵感。

在两个不同的领域相互参照，最终的感受完全相同。

学习与成长，与回答"我为何而工作？"大有关系。

徒弟："您看起来总是很淡定，却极有主见。这是为什么呢？"

我："不管怎样，我个人的工作永远被我自己激励着，这一股主要的力量催促着我前行。我的工作状态更像是一名志愿者，而不是岗位上的工作者。'让领导满意'从来不是我努力工作的目的，甚至'让其他人满意'也不是。我的目标是让自己满意。对我自己不能满意的部分，我会耿耿于怀吗？没有，但这部分却是激励我更努力的主要原因。退休前——退休后如何我还不知道，我不会为自己的爱好而学习，但我必须热爱我的工作。"

徒弟："像志愿者那样，这句我记住了。"

自有人类便有管理，并非有了管理学家才有管理。同样，自有人类就有领导，并非有了领导学家才有领导。而在人类历史进程中，知识从未成为过社会的装饰物或奢侈品（尽管很多时候看起来是那样的）。不仅知识如此，人类创造的一切都是源于实践且指向实践的（装饰物或奢侈品也是如此，都有着看不见的实际功能）。更重要的是迄今为止，人类还不能如那些善良的人们所期望的那样仅靠创新与变革开拓前进（这或许是善良者最大的局限），因为历史规律总是告诫人们：没有任何人或任何组织会自愿离开舞台中央，除非被赶走。随着人文与技术的进步，暴力的形态可能会变，但本质不会。

中国的发展离不开人。未来的中国仅靠那些只会精巧地处理事情的人还不够，要有大批受过高等教育的人才行。学术是用来生活的，学术要踏踏实实地进入人们的生活。学术的进步（尤其是社会科学），要减少对数理模型和实证分析的依赖。唯一能够依赖的只有生活、只有实践。

如同将多幅世界名画的精彩局部采集起来并不能组装成一幅世界名画一样，将他人身上的优点集合起来同样也并不能造就一位优秀的领导者。领导者首先是人——一个完整的人，他的缺点和特长都是他的一部分，这些缺点和特长历史地自恰地构成其主人。任何一座高山都有峡谷，没有峡谷是不能成就高山的。填平峡谷，高山也会消失。

有缺陷的领导者，才会有凡人之心、包容之心。他才能更加懂得如何领导人——与每个人的缺陷相处。

学习是任何组织内任何人的首要责任。假如他获取了权力，同时他就肩负领导与协助他人以完成组织目标的重大责任。学习则是他获得权力合法性的重要途径。

管理固然以成效为评价标准。但什么是成效？需要准确定义。假如一个人为组织留下宝贵的思考难道不是成效吗？或他做了很多失败的尝试，难道不是成效吗？

组织的成效，有着丰富的内涵和外延。

无论对于组织还是个人，确定一些重要的目标固然是有必要的，但核心的目标只能有一个，并且必须完成核心目标（至少要完成80%）。否则，其他目标完成得多么好也没有决定性意义。这如同一位百米选手必须集中精力于百米项目，其他如4×100米、百米跨栏、200米等项目只能行有余力才去兼顾。

人生的每个阶段，其实都需要向自己发出几个重要的提问。

一次，我对朋友说："近一个时期，我对自己有三个重要的提问。'我将如何运用我的时间？''我能做好的是什么？''我可以改变的是什么？'"

朋友问："特别好奇，这带给你自己的体验是什么？"

我说："时时刻刻提醒自己，否则一个人常会不由自主地松懈下来。"

朋友说："如果我也问自己这三个问题，感觉将使自己脱虚向实，放弃舒适安逸，走向修炼。"


所有的出路，都在当下，都在此刻此处，不在别时别处。

一次，一位年轻人在微信里问："我想调到上次跟您提到的那个部门，想听听您的建议。"

我："很好。那个部门是你们单位唯一做正确事情的地方。另外，人这一辈子，跟谁在一起很重要。那位部门主任很务实、擅长抓精要，也擅长沟通。"

年轻人："昨天才有机会跟她沟通，之前您一直提醒我多与她沟通。之前也没想起找她聊聊。"

我："你跟她能学到真本领。"

年轻人："昨天聊完，感觉去了能有很多事做，也许能缓解我目前迷茫的状态。"

我："她如果进班子，单位能有点起色。"

年轻人："我工作的终极目标是进总部。"

我："你去了或许会后悔的，那里干事的、整事的、看事的各占一部分。官僚主义的空气，令人窒息。整事的人一心弄权，心里没有国家，毫不体恤石油工人，浪费惊人。"

年轻人："这是我最难以接受的。"

我："你要爱惜自己。懂吗？爱惜。"

年轻人："您这两句话瞬间让我眼里充满泪水。"

我："不要给自己污染自己的机会，一点都不要给。所有的污，都在于自己决定接受，与他人无关。"

年轻人："直击心灵。"

我："所有的出路，都在当下，都在此刻此处，不在别时别处。其实，我身边很多年轻人都像你一样处在迷茫的状态。但是，唯一能让一个人走出迷茫的就是沉浸在做事情里。全力以赴地用心做一件事情，哪怕是扫地这样的事情。"

年轻人："明白，我一定踏踏实实地用心做事！"

我："只有当他把每一件很具体的事情做得很好的时候，他才有资格去迷茫，否则他是没有资格迷茫的。但话又说回来，如果每一件具体的事情都做得很好的时候，难道他还会迷茫吗？可以思考，但不要迷茫。"

年轻人："记住了。"


常听到人说"放下"二字，听得多了，不免想："若很多东西连拿都不拿起来，就谈不上放下了。"


通常，人们会面临三种选择：

1. 先想再干。

2. 先干再想。

3. 边想边干。

恐怕很多人会不假思索地选第一种方法。但事实上，先思考妥当再行动，从管理的逻辑上来讲就是错误的。只要有目标，就应该采取行动。对管理来讲，一个"立即执行"的70分的决策，要好过一个"以后执行"的100分的决策（管理如同战争，不存在100分的决策。战争年代，我军将领说"有五到七成把握就应该打仗，而等到有八成把握可能就会失掉战机"）。70分的决策，往往会在执行的过程中得到补充和完善。真理是在行动的过程中慢慢总结出来的。不可能一开始就能想得明白，想得清楚。换句话说，能够先想清楚的问题，通常都会是简单的问题。

或许也会有很多人认为边想边干这种方法很实际。的确，很多事情都是用边想边干这种方法干成的。但这也只适用于一般的事情。真正有挑战的事情，一定是先干再想。若不敢于迈出第一步，永远会落在后面，难以成为领导者。

运用这三种方法的次第：

1. 遇到有挑战的事情，要毫不犹豫地投身到行动中（准备工作就是行动的一部分），能教会人的，永远只有行动本身。

2. 打开局面后，可以边想边干。

3. 收拾残局的时候，才可以先想再干。

当决定采取行动，就应有勇气将行动计划公布于众。


人生的体验是不能通过知道答案获得的。甚至很多人要等事情结束很久才能体验到。先学习再实践这种说法，严格来说逻辑不通，因为学习和实践是同时发生的，无分先后。一个人如果不是抱着学习的态度，或者在接受知识的时候没有代入到曾经的实践里，那就会竹篮打水一场空。

不能把"知道"和"学习"混为一谈。如同不能把"告诉"和"教"混为一谈。如果老师停留在"告诉"这个层次，无论对教育还是对培训，都是灾难。


学习与成长总是有成本的。成本的另一种说法就是成果，成本绝不会独立存在，它是为成果而生的。集中资源于成果是最好的成本控制方法，这就是将机会最大化。但如果没有成果，成本的准确说法就是浪费。通常无所作为是昂贵的浪费，但乱作为才是最大的浪费。误打误撞的成功会助长乱作为的意识与习惯，这要比任何失败都可怕。

绝大部分的成本都是为极少部分的活动而服务的。砍掉某些活动，就是在最有效地降低成本。为自己的热爱和特长付出成本，就会抓住最大化的机会。

没有任何一种成本比时间更宝贵。换句话说，将时间看得万分宝贵的人一定是优秀的学习者、领导者。而时间的本质就是运动（做事情）、就是当下（马上做）。

对企业来讲，当员工知道他们节省的成本将成为企业的利润及自己的红利的时候，就是企业文化最为辉煌的时候。事实上，聪明的领导者应该相信任何一位员工都有能力指出不止一项"不需要发生的费用"。

不管怎样，一个人越是不断学习，那么他学习的成本就越低。因为前期学习的效能已经无形中成为新的学习的投入。

说起来很难令人相信，对管理而言，那些"很不错的想法"几乎没有任何实际意义，除非提出或听到这些想法的人愿意采取行动。而事实上，在管理当中很多"很不错的想法"都没有被尝试过，它们只是被谈论着。甚至很多事情做得很差的人，都会脱口而出那些"很不错的想法"。换句话说，哪怕资质平平的人，只要肯于采取行动，都会在行动中学会怎样做好事情，逐渐成长甚至发生脱胎换骨的改变。

学习与成长，总归是离不开信息的。

但这件事并不简单。

文字的发明是人类的第二次信息革命。它的本质是创造不须即时面对面交流信息的时间与空间。那么，手抄书、印刷术、互联网也是信息革命吗？算不上。因为传播的成本、传播的速度、传播的总量、传播的广度，并没有改变"创造不须即时面对面交流信息的时间与空间"这种传播的本质。真正算得上信息革命的应该是对信息的理解（包括即时面对面交流信息），事实上这正是第一次信息革命（即时面对面交流信息仍然需要即时澄清已获取的信息）。对信息的理解，那仍然是信息本身的运作——靠获取新的信息来理解已获取的信息。

而对领导者来说，理解信息的能力相当重要。例如当听到有人说："这不现实！"领导者会问："那你认为什么是现实的？"实际上，所有被认为"不现实"的事情都是组织的重大机会。从这个意义上说，理解信息比信息本身更重要。例如说"理解信息比获取信息更重要"，或者说"互联网思维比互联网本身更重要"，也可以通俗地说"口头解释比文字解释更重要"。

如果预言第三次信息革命，相信很多人会想到脑机连接。但难以预测的并不是它将何时到来（或许很快），而是到来之后将会带给人类何种深刻的影响。


很多人误以为书里都是知识。准确地说，书里没有知识，只有信息。在现实的管理语境中我们说一个人很有知识，并非在说他书读得多，而是指他行动能力强。知识的本质是运用信息的能力，这种能力只能在行动中生成。一个人必须有能力用他的知识改变现实，通过改变现实以塑造未来，而这一切必须建立在充分理解各种价值观、各色文化与不同传统的基础之上。

出色的领导者，必然是一个拥有全球化思维与远见卓识的人，不仅立足本土文化有所扬弃，还能借鉴异域文化兼收并蓄。而造就一大批这样的领导者，正是人类社会更好前行的希望所在。因为，他们是人类迈向美好社会最为关键的资源。

就知识而言，对一名管理者或领导者来讲：

1.他一定有自己的独特的知识。

2.他的知识一定来源于实践。

3.他自己对自己的知识的解释最具权威性。

4.他的知识终究会过时（但萃取出来就会成为常识性的通用知识，且在相当长的时间里都会具有效力）。

5.他只能在自己的知识体系里面才能做到游刃有余。

或许我们可以这样说：知识的使命是不断颠覆自己。

在生活中，如何定义概念，其实是很个人的事情。

一次，我的徒弟问："知识和智慧的关系是什么呀？"

我："狭义地讲，智慧是佛教用语。世俗地讲，智慧是顶级知识。我个人认为，智慧并不是用来解决问题的，而是用来不制造问题的。"

徒弟："我感觉有智慧的人能更好地运用知识。"

我："知识是双刃剑，尤其对人类的前途命运来讲。"

学习与成长最大的障碍来自自我认知的偏差。

一次老友问："为什么一个人的自我评价总是好的？"

我："别人眼中的自己和自己眼中的自己会是一样的吗？肯定不一样，而且差别很大。那究竟哪个是真实的呢？一般来讲都不够真实，但相对真实的是别人眼中的自己。"

老友："这是为什么呢？"

我："因为别人在评价你的时候是根据你的行为，而你在评价自己的时候往往根据自己脑子里的想法。另外，为什么说两方面的评价都不够准确呢？因为别人在用自己脑子里的想法去解释你的行为，你也在用自己脑子里的想法解释自己的行为，而任何人脑子里的想法都是主观的。"

老友："脑子里的想法？"

我："是的，脑子里的想法的背后往往都是既真实又美好的动机。当别人聚焦于行为来解释你的时候，你在这个世界上存在的意义就相对真实，多数人的主观加起来除以人数往往就是客观。而你仅从自己的想法去解释和看待自己的时候，主观的意味会更加浓厚。虽然别人脑子里的想法跟你脑子里的想法一样都是主观的，但他的焦点放在你的行为上，而你却把焦点放在你的动机上。任何人的任何动机都是良善的。因此，你眼中的自己也总是比较好的。"

老友用质疑的口吻："任何人的任何动机都是良善的？"

我："譬如一个人抢银行，他的动机是致富，抢银行是他致富的手段。或者一个人斗殴杀人，他的动机是确保自身安全，杀人成为他确保自身安全的手段。"

老友："看来不仅自我认知很重要，而且区分动机与手段也相当重要。现在我有点好奇，怎样最快地看清刚刚结识的人的自我认知程度呢？"

我："看他怎样介绍自己。如果介绍任职经历，说明自我认知程度还不太高。如果是介绍自己承担过的任务及由此获得的能力，那说明有相当程度的自我认知水平。如果他介绍自己正在学习的领域和自己尚未搞清楚的问题，希望得到帮助，那应该是具有相当高的自我认知水平。"


学习与成长的障碍并非来自外部，而是来源于内在。

1. 读书没有成为每日必做的重要事情（事实上，国企管理者最大的问题之一就是缺少阅读）。

2. 对自己没有经历和体验过的事情，不能保持开放的态度。

3. 对外部发生的变化，失去探究和了解的兴趣。

4. 对自己正在从事的工作，缺乏改善的愿望和改进的动力。

这样的状态，事实上已经放弃了学习与成长。

一次跟一位退休不久的领导（他曾是我开发的内训师）聊了五个小时，有点惊讶他工作那么忙（退二线和退休后他先后在两家企业任高管），怎么读了那么多书，我读过的管理类图书他几乎都读过，而他读过的我不一定都读过。

几天后与两位老友聊天，我提到这件事（两位老友也是企业里的领导，与那位退休领导也很熟悉，且更年轻几岁），就问他们："你们今年读了些什么书？"

两位老友摇头："太忙了，只是在手机上看了些文章。"

我脱口而出："在手机上读文章与读书是截然不同的。其实，不读书的原因就是不想读，没有其他理由。"

与其中一位老友聊到我们一起练的功，他几次半途而废，我却颇有成效。另一位老友说："最好不要碰那些神神道道的事情，过人间烟火的日子就挺好。"

我试图再聊聊俄乌局势或新科技甚至儿童教育的话题（他们总将孙子挂在嘴边），他们竟然也兴趣不大。

最后我问那位过烟火日子的老友："你的经历其实非常宝贵，为什么不写一本反映国企党建类的书呢？"

他摇头，一副有心无力又无可奈何的神情："其实也没啥好写的，写出来了也没啥太大意思。"

退一万步来讲，企业领导也要为自己远高于工人们的工资而不放弃奋斗、学习与成长。


**很多小事，都可窥测到很深刻的内涵。**

一次与同事聊到几位老师，我问："他们半路出家，又非专业，但为什么他们的很多做法比很多资深教师甚至包括很多年轻教师都更正确呢？他们当中有行将退休的也有从事后勤或机关工作的，为什么钻研培训技术的劲头比年轻人还大呢？"

同事说："您为什么不去问问他们？依我看，他们都是很认真的人，只是单纯地对学习本身有兴趣，没有杂念。还有就是对培训抱有热情吧，能打开和感染学员。说起来是老生常谈，我最近有一个感受，做事先做人。"

我便去问其中的一位老师，她很直接地回答："因为这是做好培训的根本啊！学员为什么要接受培训呢？不带来案例、难题和想法，还怎么称得上是学习？学院又怎么算是价值中心？"

我又去问另一位老师，得到很意外的回答："我一直有成为老师的使命感，只是过去没机会。尽管职业生涯最后这两年工作很累，奖金也不如在机关拿的多，但内心是充实的，要感谢院领导的知遇之恩。退休后学习一直没间断，继续搞培训，能继续完成这个使命，所以很坚定地选择跳出舒适区。我刚从深圳回来，去参加了一个实修三天的觉醒课程。"

经典案例好比京剧名段，其价值不在于故事性（猎奇）而在于艺术性（赏析）。对于任何岗位或层次的职场人士来讲，学习案例远比学习理论重要得多。

只有工作成果才能检验他们学习与成长的质量，而以下七点则决定着他们工作的有效性：

1.热爱自己的工作（收入不再是最重要的激励因素）。

2.有较高的与他人合作的意识水平与能力。

3.清晰地知道自己每个阶段的工作目标和任务是什么。

4.自己决定自己每天的工作内容和工作程序。

5.自动自发且主要地依靠创新来推动工作。

6.负责对新加入团队成员的技能传授（参与招聘更佳）。

7.自己衡量自己的工作成果（数量和质量）。

假如绝不考虑任何现实因素，以上七点是完全且自然就成立的。任何组织都不应简单否定或指责上述七点无法在现实尺度上操作，而应研究如何使之成为最大限度的可能，因为他们脑子里的知识、创意、经验和潜能只有在自愿且自主运用的时候才会超乎所有人（包括他们本人）意料之外地释放和迸发。全部管理工作和领导工作的焦点、难点及全部意义，正在于此。

换句话说，上述七点也应成为一切职场人士学习与成长的重要方向和主要内容。尤其刚入职场的新人，起步伊始就应该将自己置于这样的高度。

时时与亲友忆起祖先，会在成长中获得家族的能量。

学员在微信里问："我纳闷了很久，斗胆问您，是什么让您和别的领导不一样？您家族是否也有家训？那是什么？"

我："我太爷爷是清末的武官，每次回家省亲，骑马走将近两百公里，他都让随从只送到拉林仓，剩下的八里路他弃马，佩刀，自己徒步走夜路回家，就是为了不扰民。那个年代土匪很多，没有护卫，路上很不安全。"

我："有一次他回家，看到有人乘黑偷我家的柴火。偷的太多了，扛不到肩上，他就从后面帮了一把。那个人扭头看了一眼，不认得我太爷爷。"

我："还有一次回家，他看院子里拴了一头骡子，不是自家的。他就问家人是怎么回事儿，家人都不敢跟他说话。原来是佃户交不上租，强行拉来顶债的。他沉着脸说，把骡子拉来了，人家明年不就更交不起租了吗？家人就赶紧送了回去。"

我："我爷爷在日本鬼子侵犯东北的时候，组织过地主武装抗日，还剿过匪。一次他们夜宿在一个地主家，我爷爷用烟袋锅子敲墙，不想却敲破了一个洞，露出了金条。我爷爷不动声色地就掩上了。第二天走的时候我爷爷走在队伍后头，招手让地主过来，小声说了昨晚的事，让对方回去查验一下短了没有。爷爷的队伍走出了几里路，地主气喘吁吁追上来非让回去吃猪肉，地主把猪杀了，还没到年关就杀猪，就算是地主也是很奢侈的。"

我："他剿匪还是有些成绩的，打死过一个惯匪，当地很有名的，百姓很害怕的一个独行匪，祸害当地多年。很狡猾，官兵剿过多次，也抓不到他。被爷爷的队伍围困在高粱地，两天一夜。第二夜，那匪乘夜色突围，被乱枪打死了。"

我："老屯有一个赖皮，仗着自己是拉林镇警察局局长的一个什么本家，到处唬人，欺凌乡里。一次到爷爷家敲竹杠，爷爷其实早想好了计策，直接叫人痛打了赖皮一顿。然后坦然自若地去拉林镇，主动找上局长办公室，一进门先夸局长一顿，如何勤政，如何爱民，然后就大骂，说竟然有人打着您局长大人的旗号，为害乡里，给您脸上抹黑！我揍了他一顿，赶了出去，今儿我来领赏来了。"

学员："铁骨铮铮又不迂腐，那个局长怎么反应的呢？"

我："那个局长，哑巴吃黄连，无话可说，只能就坡下驴。"

学员："简直大快人心！"

我："我爷爷常看报纸，总跟家人说，将来必是红色的天下，留着土地只会祸害子孙。整天忧国忧民的，话很少，总叹气，培养儿子们上学读书，很快将全部土地弄光，到东北解放时我家一贫如洗，成分定了贫农。"

学员："太有远见了。"

我："如果定不上贫农，我爸爸、我大爷不可能有后来，我大爷成了县委书记，爸爸成了森工学校的创始校长。"

我："我爸爸不到20岁的时候，就当拉林镇某个区的区长，那时候东北先解放了。他因为不满官僚主义，跟某领导对抗，被下放到学校，一辈子随各种学校搬了20多次家。我爸爸几次讲到一个故事，他去北京，住了快一个月，不停找上级，后来周总理批了30万元建校，那个年代，巨款。"

我："我爸爸被当右派批斗的时候，被造反派塞进了火墙里，我妈妈怎么找都找不到。找了一大圈，又回到之前一个房间，那儿有五个造反派在开会，我妈妈已经来了一趟，没找到我爸。但到别的地方找了一圈没找到，她直觉我爸还是被藏在那儿，然后又返回去了，那五个人还在。我妈妈像疯了一样就到处找，然后从火墙里把我爸爸拽出来了。我爸爸在里边不敢吱声，明明听见我妈来找也不敢吱声。后来这五个造反派都当领导了，但是把毕业证弄丢了，评职称要用，那个时候他们去找我爸妈，我爸妈早退休了。他们先为当年自己的事情道歉，然后我爸爸以老校长的身份给他们出具了一个毕业证明。"

学员："造反派好像有些忌惮妈妈？为什么呢？"

我："女人疯起来吓人吧。"

学员："我理解为这是您对妈妈的敬畏。"

我："妈妈跟我说，她跟那五个来补证的人说，你们当年要批斗可以，但不能那么弄人，但证明还是会给你们补的。爸爸没说啥，直接就写了证明。"

学员："我好奇，还有多少人和我一样想知道您家族里的故事？'不停找上级'这个细节很触动我，我常常是只试了一次得不到明确答复就偃旗息鼓了，甚至自己揣度领导可能不会同意就偃旗息鼓了，即使是这样仍然经常觉得自己不识趣，总是不得领导欢心。"

我："下面这段话是我大爷的长子写的一段话，其中那氏家风的四句是他爱人托我总结的。'那氏家风：崇善崇和，重义重德。尚学尚勤，爱家爱国。家风是一个家族许下的长久诺言，子子孙孙按照它的要求成长生活。珍惜家风、谨记家教、传承家训，并不断地使之发扬光大，这是我们的责任担当！在繁忙的工作中、在幸福的生活里，良好家风将伴随着我们一路前行！传承家风、如影随形！'"

学员："很震撼，虽然从前也隐约感觉到您的家族不平凡，但这些故事还是让人感到震撼。刻在基因里的高贵大概就是这样吧：为自己家族中前人的作为感到荣耀，愿意用自己的作为延续家族的荣耀。'一个家族许下的长久诺言'，这样的语言让人不再自怜自身渺小生命虚无，而是愿意着眼于当下，为家族的责任担当积累善行。"

学员："这也警示我，要警惕自己的语言，我如何对我的女儿描述家族中的故事取决于我想让我的女儿背负怎样的家族传承。老师，我明白了您在我们的结业式上对我们的忠告'警惕自己的语言'。"

学员："刚才我经历了一个短短的心路历程。刚听您家族的故事时，是自怜和无力感：我没有那样一个高贵的家族在基因里影响我，我甚至为了摆脱家族中一些负面事件和情绪的影响，这两年尽量不去和他们接触。但现在我意识到，我的长辈们也许不完美，但是他们把自己的基因传承下来，一定做对过很多事情。比如我的爷爷，有很好的厨艺。在50年代，就可以凭借厨艺赚得每月30块钱养家。我的奶奶，有极强的治家能力，在严重困难的年代，用爷爷每月寄回家的工资，在农村养活了8个孩子。我的公婆，1979年生下了我的爱人后，再没要孩子，用尽全力把这个独子供上了大学，一家人从此走出了农村。我的爸妈，凭借自己的力量，都做到了副科级的职位，爸爸退休后仍在自费参加学术研讨会，坚持学习并工作着，妈妈退休后自学中医给家人调理身体。我要做的不是要求我的亲人们完美，而是从他们身上学习那些优点和长处。"

学员："至此，我感到豁然开朗，不再自怜为什么我这么不幸，不能有幸生于像您这样的家族。我看待我的亲人们的角度变了，不再是嫌弃的、厌烦的、无力的，而是欣赏的、好奇的。我甚至悄悄做了个决定，下次有机会见到他们，我会偷偷用催化的流程组织我的亲人们聊聊家族中的那些故事。"

我："你说的很好，你的反思很深。"

我："这段对话我可以写到书里吗？"

学员："我的家人如果知道我曾经嫌弃厌烦他们，会不会感到受伤？"

学员："您可以帮我修改一下吗？"

我："修改的话就失真了。"

学员："虽然明知道是匿名的，可是还是怕万一伤害到他们的感情。那好吧，反正他们也不怎么读书，也不会知道是我，而且我会用行动表示我对他们的感情，您可以原汁原味引用。"

学员："老师，今天是我心愿得偿的一天。从提问训练营开始，就一直好奇您接受了怎样的家族熏陶。谢谢您愿意回答我的问题。我还有一个小心愿，希望有一天可以看到您为家族写的传记。"

我："我曾经想写一部长篇小说，几年前写了有两万多字，后来事情多，放下了就没再写。"

学员："我在提问训练营里做训练的时候，说过一个离奇的想法，想变成一只命很长很长的松鼠，在一个优秀的家族中陪伴上一两百年，亲眼看见影响到家族命运进程的每一件重要的小事的发生。这个想法现在一点一点变清晰了，其实指向我心中的疑问就是：什么样的事件，会累积造就一个不屈从于时代的、不随波逐流的、高贵且有力量的灵魂？我们的时代需要更多有着这样灵魂的人。您的这部小说如果写成家族故事合集，就会像是这样的一只松鼠的叙述。"

我："你了解一下海灵格，他重视家族传承对后代的影响。"

恰恰来自外部的所谓障碍，都是学习与成长的机遇。所以，每次向人倾诉障碍的时候，请一定在内心认定：这些都是学习与成长的机遇。

对成长性良好的管理者和领导者来说，从不会屈服于重大的失败，一切挫折都只是"课程"。

优秀的领导者也会遭遇失败。失败的领导者仍有机会成为一名优秀的领导者——至少他可以公开地深刻反思，那么他的失败将成为组织的一种资源和教材。在管理领域里，真诚、勇敢、正直才永远是真正无敌的。

在学习与成长中，领导者（无论是否身处领导岗位）将视自己为志愿者、视一切同事（无论上下级）为伙伴。而他的目标，将不再局限于绩效，而是着眼于全人类的幸福感。

在国企里，每个人都必须在他们的工作实践中、在他们的职业生涯里，找寻到许多学习的方向，决定着许多成长的选择，发展出许多专业的技能。

尤其刚刚从学校毕业进入国企的年轻人，要深知这一点——尽管这非常难以深知，要吃过许多的教训才能懂得。

何况，当下社会对传统教育的习惯和假设早已发起极其严峻的挑战，而未来社会更将如此。因为一切人类创造的理论、技术和思潮最终都会僵化、落后和腐朽而成为桎梏甚至灾难。

无论对于个人或组织，学习与成长都是永恒的主题。

# 结 论

# 唯有坚韧直行才能在夹缝中成事

**导语**：什么是坚韧直行？夹缝是指什么？为什么一定要成事？如何定义工作在人生中的意义？为何说唯有坚韧直行才能在夹缝中成事？

# 什么是坚韧直行？

坚韧，就是强固而柔韧，不动摇，不屈服，不变色，不放弃，不易被摧毁。

直行，就是走正道，始终遵循着道义去做事情。

坚韧直行，就是面对任何困难与危险时，都敢于坚持走正道，表现出极强的耐受力、隐忍精神和后劲儿。

在国企，所谓坚韧直行，就是必须学会如何在自己没有平台、没有资源（除了自己）、没有指挥权力、自己既受人控制、又不能控制他人的情境下，通过持续不懈的、有效的自我管理对组织产生积极的影响。

但这还不是更难做到的，更难做到的是一个人在组织里拥有一定的平台、拥有一部分资源、有一定的指挥权力、自己并不怎么受人控制、又能控制某些人的情境下，肩负着更大更多的责任，因此要克服更大更多的困难，通过持续不懈的、有效的自我管理对组织产生积极的影响。

迄今为止，没有任何一本书能教会人们这种本领。

一个人只能在自身的实践中锤炼出这种本领。

## 夹缝是指什么？

夹缝，就是指两个对立事物间的狭窄空隙，形容进退维谷、无所适从、骑虎难下、进退失据的处境。

夹缝是一种隐喻。

人生中充满了夹缝。

回想一下中学时期的哲学课，每个人就都很容易理解夹缝。

任何事物都存在着对立的两面，矛盾是无处不在的。

正因如此，人们才能在解决矛盾中前进。仿佛鞋子与路面的摩擦，正是行进的动力之源。

但人为制造的夹缝，最难周旋。

每个人都在夹缝中工作或生活，每个人也都在参与为别人有意或无意地制造有形或无形的夹缝。

## 为什么一定要成事？

在国企，每个年轻人都会感觉不适应又说不清楚问题的根源究竟在哪里。到壮年的时候，总感觉做一些有价值的事情怎么就那么难。直至快退休的时候，假如他雄心未泯，便常会感慨时光的无情或命运的多舛。

然而这些都只能怪自己终于是一个屏头。要知道，那些挫折、障碍都是社会大学安排的课程，不自修毕业是不行的。

当然，抱怨到体制和机制上去是很方便的。

但终究于事无补。

如果用一句话形容任何人的任何使命，那就是要成事。

而所有不凡的或高质量的事业，无不在夹缝中成就。

在夹缝中成事，验证着人生的意义。

## 如何定义工作在人生中的意义？

唐伯虎有一首《七十词》："人生七十古稀，我年七十为奇。前十年幼小，后十年衰老。中间止有五十年，一半又在夜里过了。算来止有二十五年在世，受尽多少奔波烦恼。"

中间这些年，除了睡觉，还有工作。

睡觉是人生之必须，工作才主要承载人生的意义。

可不可以这样说：愿意赋予工作以何种意义，便是赋予自己的人生以何种意义。

这不是劝说，而是请你选择。

## 为何说唯有坚韧直行才能在夹缝中成事？

本书正文除"前言"和"结论"两个部分外的九个部分，讨论了领导力九个方面的内涵。

这些内容有两项前提：

1. 每一个人都迫切需要也能够提升领导力。

2. 唯有坚韧直行才能在夹缝中成事。

而第二项前提，对所有职场人士来讲又包含三层含义：

1. 夹缝总是最严峻的现实。

2. 成事是身处夹缝中的唯一正确选择。

3. 坚韧直行是成事最重要的方法论。

事实上，这九个方面的内涵其界线并非泾渭分明，甚至可以说有相当程度的交叉与重叠。

但好比登临九层宝塔，每一层所能看见的风景，虽然也可以从其他层看到，但由于视角不同所呈现的景致也迥然不同。

这九层宝塔，每一层都从不同角度展示着人生的意义。

从某种意义上讲：

1. 夹缝也是对一切机遇或创新环境的特殊描述。

2. 一件事一件事地成事总是不会招来反对的声音。

3. 坚韧直行才是实现目标最智慧的方法。

被誉为"20世纪世界第一CEO"的杰克·韦尔奇说："如果我抱怨体制，就会被体制拿下。"

我们太多的年轻人，被动或甘愿"被体制拿下"。

将症结都归到平庸或狡黠的领导者身上，会让大家心安理得。这要比让大家相信"真正的问题在于每个人都要在某种程度上提升领导力"容易得多。

在国企，尤其要提倡"在夹缝中成事"的理念：立足做事，先做简单的事，大量地做事，慢慢由浅入深地做事、由简入难地做事、由小到大地做事，渐渐达到"温水煮青蛙"的效果——体制就是"青蛙"，做事就是"温水"。

靠做事形成制度，靠做事形成文化。

最好的制度，就是由做事而内生的制度。最好的文化，就是由做事而积淀的文化。这样的制度才靠得住，这样的文化才管用。

一般来讲，对人的觉悟、自律、谦让、正直等方面素质要求过高的制度是有严重缺陷的制度。但同时由于我们看到的都是失败的人治或者有严重缺陷的人治，因此人治在人们心目中的印象很不好，这又会丧失很多机会（例如靠觉悟、自律、谦让、正直来成就事业的机会）。

任何人都在组织中被授予不同的权力。

权力最能检验人的品性。

在职场里，人们往往通过行使权力，真切地感受到自己人生的现实意义。事实上，这正是提升（或丧失）人生意义的机会。

伯特兰·罗素说："社会科学中最基本的概念就是权力，其地位就像'力'在自然科学中的地位一样。"毫无疑问，非凡的领导力必须在拥有更大的权力时才能充分发挥。在现实世界里，领导力就是运用权力的能力。一个富有领导力的人，获取更大的权力是他的重要责任和历史担当。

因此，在夹缝里走正道的品行才是领导力的根基。

全力以赴的状态，最能使人接近事物的本质。

但是，现代社会价值观多元、太多新事物令人眼花缭乱，身居较高职位的人，每天要面临很多大大小小的事情，头绪繁杂。如果他不能全身心地投入到工作，他就不可能成为出色的领导者。因此，拥有出色领导力的人无论在什么岗位上（哪怕只是一名护士），都将是全社会最为紧缺的人才。

欠缺专业能力固然不好（外行领导内行的成功之处在于懂得如何使用有很强专业能力的人），但若欠缺正直诚信的品格（这是令人无法原谅的）和判断力（偶尔有失误是正常的）等这些构成领导力的关键要素，才更麻烦。

但有一点，根据职位的高低去区分设定领导力的素质能力模型，采取这种方法希图得到某种"科学"的结论基本上是一厢情愿的想法。甚至一名大国工匠身上所具备的素质能力很可能贯穿那些研究者辛辛苦苦搭建起来的所有领导层级各自所应具备的素质能力——更甚至一位班组长也能穿透两个层

级。企业管理是一种实践活动，永远是活生生的，且随着每个人及当时情境
而不断流动和变化着的，更是深受时代、国别、种族与民族、文化、宗教、
地域、阶层、专业领域、性别、年龄、个性等方面影响的——甚至同一个大
型企业内部不同分公司之间的同一层级领导人员的素质能力也会呈现出明显
的差异。但所有运用那种"科学"方法研究得出的结论虽然是大可质疑的，
但毕竟很多案例与数据是真实的，可以引发深刻的思考。

很多人只看到领导岗位上的人发号施令，就简单地以为这就是领导力。
人人都持有的看法，常常是错误的。那不是领导力，而是输出领导力的某种
形式（这种形式因简单、不耗时而显得粗暴）。如何做出号令的决策过程，
才体现领导力。当然，卓越的领导者甚至很少发号施令。

在夹缝里做到游刃有余是拥有很高领导力的境界。
其中奥秘：
1. 利他之心（以公众需求为个人需求）。
2. 擅长（最好是非常擅长）发挥团队作战的优势。
3. 高超的领导艺术。
很重要的一点就是要学会教。如果不擅长教别人，就很难修炼领导力。
教别人最好的方式，除了讲故事，就是提问。修炼领导力与修炼自己是一回
事。修炼自己的任何方面，都是在修炼领导力。也唯有修炼，才会使我们成
为自己。当我们决定修炼自己的时候，其实就已经走在成为领导者的路上。
越是修炼，我们就越发知道自己是谁。

德鲁克和韦尔奇都盛赞美国军队在培养领导力方面所展示出来的成果与
能力，这当然是无可置疑的。在这方面，中国共产党的军队展示给世人的风
貌与战斗意志，或许更有说服力。
但为什么军队在培养领导力方面会如此优秀？是因为无论就训练、演习和

真实的战争而言，其结果都是容易考评的，那就是消灭敌人保存自己。世界上任何军队的一切目标与手段，都最终与生命相关。

在企业里（或政府部门）经常看到"为了摆脱某些表现不佳的人而对其进行晋升"（"明升暗降"式的提拔），这在军队里可以想象吗？明知不称职还要提拔为将军？那将可能会牺牲多少生命！在企业里（或政府部门）还经常看到"无法晋升在目前职位上不可或缺的人"，这在军队里同样无法想象。例如三国后期名将凋零，司马懿为屯田让下属去找一名农田水利方面的专才，下属便找来稻田小吏邓艾。此人非常专业，将自己的考察报告著成一本《济河论》，把魏国面临的军粮问题及解决之法阐述得非常详尽。正因采纳邓艾之策，魏国在淮水流域的水利和军屯建设得到飞速的发展。但司马家族没有因邓艾出色的农业才能而固定在农业方面使用邓艾，而是让目光远大、见解超人、具有难得的战略头脑的邓艾率兵打仗，使邓艾成为助魏灭蜀的第一功臣。再如项羽没有重用的韩信，助刘邦打下天下。韩信正是楚汉相争的人才焦点，更见刘邦比项羽的高明之处。

在国企里，没有任何理由因为不被提拔而放弃努力。应当将每一份工作、每一份任务，都看成战士的性命，去完成它！不论夹缝如何狭窄、如何险恶，都必须以成事为追求。


对有用人决策权力的人来讲，如果组织内任何一个人（包括中高层管理者或领导者）仅仅是一直以来没有出什么错误，工作表现尚可，那么他应该辞职或被免职，至少应该调离现岗位；而如果组织内任何一个人没有经受过严峻考验，那么就算表现还比较好，也应慎重提拔使用。

在国企，将一位管理者或领导者边缘化并不少见（例如安排在一个与专业不相干的岗位或挂一个闲职）。但凡用一点心思都不可能这样用人，这是最坏的用人，没有之一。第一，这个人的作用没发挥。第二，这个人将从此颓废。第三，这个人在新岗位上无所作为的状态将对组织产生消极影响。随便说一个办法都比这种办法强，且不谈免职，即使给这个人100%发工资和奖金，让他回家待着，至少他不会影响到所任职的单位，而成本都是一样的（其实并不一样，消极影响将转化为新的成本）。为什么这么多的国企会采取最差的用人方式呢？原因其实很深刻，那就是用人者不想负（不敢担）责任。

就领导力的本质而言，它只是一种行动表现（包括语言表达）。当一个人言行一致的时候，则更具领导力。坚韧直行是当下国企里每一个人修炼领导力的重要（很可能是唯一）方法论，非如此难以在夹缝中做成难且正确的事情。

但关于领导力的某些认识显然正在将领导力引向歧途，例如过分强调个人魅力、领导力素质模型等等。要知道，这些都如同一个人将镜子中的自己误当作真实的自己一样荒唐和可笑。因为领导力朴实得不能再朴实，它只是看清使命、甘愿付出、持续努力、履行责任、赢得人心。

具有非凡领导力的最好的证明就是能否真正利他。例如一个人看到某位同事没有做好一件事，当视为自己要负某种责任；或一个人看到某位同事做好一件事，当视为自己的某种成功。如果一个人不能在激发他人潜能方面做些什么事情，或一个人不能从他人身上学到什么，都可以视为某种意义的失败，那就更谈不上提升领导力。

如果一个人连一件小事都做不好或不肯好好做，就很难相信他会具有领导力。从这个意义上讲，优秀的操作工人、优秀的管理者和优秀的领导者并没有什么两样。

有一点是肯定的，如果一个人一开始就不以成为领导者（并非仅指走上领导岗位）为目标，那么他就不可能释放自己的潜能或产生足够的创造力，也就不可能有所建树。

因此，对一名刚入职的年轻人来讲，要想收获丰富而多彩的职业生涯，那从入职的第一天起就应立志成为一名领导者。哪怕当他退休的那一天他还只是一名普通岗位上的员工，但他一定在亲身的实践中无数次地体验过激动人心的、充满成就感的时刻，并得到同事们发自内心的尊重。

坚韧直行的人往往最有创造力。

这是成事最坚实的基础。

成为富有创造力的领导者，至少要考虑以下几方面：

1. 始终关注趋势的流向。

2. 尽量使工作变得简单。

3. 从小业务、小单元、小细节抓起。

4. 最终目标是领导变革。

5. 业务不要多元化（核心价值观也是如此）。

6. 致力于发挥自己的长处（避免使用自己的短处）。

7. 重视和重用团队的力量。

富有创造力的领导者并非都喜欢或擅长冒险，而是他们都比常人对风险更为敏感，更加擅长在日常活动中降低风险。何况在普通人眼里的风险，在富有创造力的领导者看来都是机遇。

如果说领导力的本质是利他，那么最大的利他其实是发挥他人的价值——尤其是将他人的知识、潜能和善意激发出来为整个社会所用。

而最成功的组织一定是那些能够使任何层级的每个人都获得成长与发展的组织，这样的组织绩效必然会成倍增长。

回顾本书各部分的观点和案例，都可以归结到这样一件事：赋予夹缝以课程和机遇的况味，反倒能够使我们放松地接纳和面对任何工作岗位和任何生活际遇，从而使坚韧直行成为带有主角意识（使每个人都可以具有主角意识）与志愿者意识的旅行，不过分在意终点，而愿意专注当下的过程。

于是，九个方面的领导力内涵成为主角们和志愿者们完整生命的构件，也赋予他们朴实而轩昂的气质，使得坚韧直行成为他们人生中的最大可能与最优策略，同时也成为在夹缝中成事的必备条件与根本理由。

第一，坚韧直行因人文情怀而更显恢宏。

因为忠于人类文化中优秀的、核心的、健康的部分，并始终对其抱有珍惜与喜爱的心境，所以在坚韧直行中能够看见人、重视人、尊重人、关爱人，承认和接纳任何人的任何特殊性。既有雷霆手段，又有菩萨心肠。不仅将人当作人对待，还将人当作自己对待。

人文情怀是领导力最重要的底色。在国企，正道只有一条：首先成为能够很好地领导自己的人，进而能够很好地影响他人。国企领导者肩负着的神圣责任就是使企业中的每个人都能够成为有价值且有幸福感的人，这是国企领导者对社会所能做出的最大贡献。在这条正道上坚韧直行，将形成正确的是非观、业绩观，将愿意且擅长做有色彩、有温度、有价值的小事情。

第二，坚韧直行因责任感而更显坚定。

责任感为坚韧直行增添不竭动力。责任感源于对人类的前途与命运有着强烈的关怀，对组织内人与人之间关系的本质有着深刻的理解，表现出一种自觉主动地做好分内分外一切有益事情的精神状态。有职权的人更应富有责任感，而社会的公平性应该体现在：对任何富有责任感的人，应赋予一定职权。

坚韧直行，最突出的表现就是凡事都要先从本质上弄清它究竟是什么，有钻研精神，不惧权势，崇尚务实，绝不空喊。坚韧直行会影响其他人培养自己的责任感。领导者更有责任培养富有责任感且敢于坚韧直行的员工。任何层次的管理者都必须通过增强责任感才能提升领导力，也必须通过提升领导力才能富有责任感。责任感是优秀领导者内在最深层次的内涵，出色的责任感会发展出远见、胆识、创造力和坚韧直行的品质。

第三，坚韧直行因贡献意识而更显力量。

自始至终都能从"我能做出什么贡献？"考虑任何问题的人，擅长发现和创造非凡的任务。他们的眼睛始终盯着组织的最高目标而坚韧直行，这使得他们的耐受力与后劲更加强劲而持久。在他们眼里，一切人事物都存在关联，进而都是实现组织目标的资源。

坚韧直行需要伙伴，而贡献意识最能够使人懂得如何与人相处。当一个人将组织成果设置为与任何人相处的前提之时，他将能够带领好团队，正确地与上级领导打交道，与同级精诚合作，也能够更客观而中正地看待和对待群体中的自己。

第四，坚韧直行因大局观而更显从容。

大局观就是对胜利的根本看法。有大局观的领导者，他们热衷、擅长且习惯于获取胜利，因此敢于且愿意坚韧直行。他们对胜利的根本看法就是除了胜利，什么都不重要。大局观，为坚韧直行赋予发力的正确方向；坚韧直行，为大局观提供践行的根本方法。

坚韧直行并非一味苦干蛮干，他们常常展露出赤子的状态，散发着天真无邪、通透而纯粹的人格魅力。大局观从本源上讲是愿意为自己的生命意义负责，而这只能通过愿意为他人的生命意义负责来完成。胸怀大局且坚韧直行的人，必定是高尚的人。

第五，坚韧直行因执着而更显强固。

遵循道义且坚韧不拔的人，都具有执着的品质。走正道并不难，难在一直走正道，不偏移、不动摇、不变色、不屈服、不放弃。做一个不易被摧毁的人，必须坚韧、执着。

领导者的使命，就是做正确而难的事情。满怀信心地去做，下大决心去做，百折不回地去做，且以乐观的态度去做。做正确而难的事情，必须不怕任何困难与危险，有极强的耐受力、隐忍精神和后劲，正道直行，敢于胜利。领导者的一生，必然会影响几个人、一群人乃至整个人类。

第六，坚韧直行因前瞻、洞察与创新而更显智慧。

坚韧直行就蕴含在前瞻、洞察与创新之中。前瞻就是向前看，展望、预见未来，而非主观臆断。向前看的欲望强且坚持向前看的人，往往前瞻力更强。洞察，就是将事物的本质看穿，又对局部明察秋毫。洞察力强的人，体验感与联想力也强，能激发内心深处的情感，因此才能够持之以恒地全身心参与到创造性的观察与思考之中。创新就是本着某种冲动或需求，毫不怀疑地完全相信凭借已知及现有资源，就能改进或创造出新的见解和事物，以获得期望的有益的成果。

坚韧直行，使前瞻、洞察与创新成为可能；前瞻、洞察与创新，使坚韧直行更有智慧。每个人在自我革命的路上，都需要坚韧直行，才能达成内在自觉与外在自发相统一的自我发展。


第七，坚韧直行因勇气与担当而更显雄壮。

若无勇气与担当，无法坚韧直行。坚韧直行的结果之一，必然增添一份勇气与担当。勇气所包含的果断性和积极主动性的心理状态，以及这种心理状态经多次心理体验所转化成的刚毅果敢的性格，都会使人敢于冲锋，不惮去冒险。

而担当所包含的义不容辞的责任感，会使人不顾一切地去承担他所认为应该承担的事情。勇气与担当使人敢于负责、敢于牺牲、敢于胜利，这正是坚韧直行的雄壮底气与前进动能。


第八，坚韧直行因灵活与务实而更显通达。

灵活，就是敏捷、不呆板、善于应变、不拘泥，也被作为"灵魂活动"的简写。灵活的人，灵魂不受限制地自由活动，在行动中获益，而灵魂本身却不发生任何改变。灵活的本质是拥有更多选项，而目标不变。灵活的本质是技能而非态度，它使坚韧直行更有效率。

而务实是指致力于实在的或具体的事情、讲究实际，其本质就是求真、求实效。走正道，需要坚韧直行，更需要崇尚实干。当务实成为一种精神，就会放弃空想，拒绝虚妄。

第九，坚韧直行因学习与成长而更显淡泊。

坚韧直行的状态比实现目标更打动人心。人生的意义全在于体验。而学习与成长能够拓宽和丰盛人的体验感。学习与成长没有人能教，但人人可自我训练。在学习与成长的道路上，需要模仿、刻意练习、汗水和自我批判，需要坚韧直行的状态。

对一个人来讲，任何结果都可以视为学习与成长的结果。当一个人通过学习获得成长的时候，他必将以更开放的姿态和更欢欣的态度投入新的漫漫征程。

毫无疑问，坚韧直行最终将带给人成就感、幸福感。要相信，每个人都可以成为领导者并收获幸福。这包括需要时时注意和感受到自己的幸运，这样才能使自己成为幸运的人。而这一切，都与怎样回答"我为何而工作？"大有关系。

幸福就是要在此时此地实现才有意义的。所有的出路，也都在当下，都在此刻此处，不在别时别处。遇到有挑战的事情，要毫不犹豫地投身到行动中，能教会人的，永远只有行动本身。同样，人生的体验是不能通过知道答案获得的，一切挫折、障碍都只是自我训练的课程。

领导者将视自己为志愿者、视一切同事为伙伴。而他的目标，将不再局限于绩效，而是着眼于全人类的幸福感。

坚韧直行还包括要坚定地相信可以寻找到真正的自己。要知道，任何性格或风格的人都可以成功。每个人都是独一无二的，他只需要寻找到真正的自己。无论多么富有潜质的人，单纯地去模仿多位卓越领导者的那些特质，最终都会失败。

即便是很多人都已具备上述这九个方面的特质，那体现于每一个人身上的样子也会有着各异其趣的风貌。如同某个品牌的服装，穿在不同的人身上也会呈现出不同的神采和气质。

要相信，在生活和工作中，我们每个人都至少在一个方面成功地扮演着领导者的角色。他所需要做到的，就是充分地意识到这一点。如果他愿意的话，他不仅会将这一个方面做得更好，甚至还能将这种能力迁移到其他方面。

现代社会日益由细化分工的各种组织所构成，人们借由组织获得自己的社会身份及实现自己的社会价值。而企业从诞生之初主要承担创造物质价值的机构，日益成为创造物质价值和人文价值（例如企业文化与社会责任）的机构。因此，企业的宗旨是在社会日益成为员工型社会的今天，通过正确的领导与有效的管理，提升人性的境界，提高人们的生活质量，使人们获得幸福感，而创造顾客只是手段。

再说一遍，企业的宗旨是为社会创造价值，而创造顾客只是一种手段或体现。至于营销和创新，只是能够为企业带来丰厚利润（利润同样也只是企业实现宗旨的必要手段）的最为直接也是最为重要的两项任务。

中国国有企业的宗旨，尤其应该如此解释。

企业里的每一个人，都在这样的宏大背景下工作着。每一个人都将通过工作获得自己人生的意义，每一个人的工作态度、工作能力都将决定自己人生的意义。这份意义全由每个人自己一手缔造，虽然专属于自己，但注定将影响他人。

# 后记

　　从1987年进入职场，只有一年是在一所中专学校工作，剩下的35年都是在国企里。2021年9月动笔写这本关于国企领导力的书，心里已经没有任何事功的期待。只是去写，意图对自己的职业生涯做一个交代。其实，我的整个职业生涯都应当看作为写作这本书所做的准备，我要记录这期间发生的很多难忘、难做或难受的事——至今这些事仍然每天都在发生着。

　　2023年9月完成这本书的初稿，内心竟然开始慢慢期待这本书能被更多的人看到，甚至开始期待我没有来得及去完成或没有机会去完成的事情，能由年轻的人们接着去完成。当然这份期待已失笃诚之心，只算对自己的慰抚。但不管怎样，我已如释重负，可以安心。

　　我的世界已一片澄明。

2023年9月11日